日中の非正規労働をめぐる現在

●

石井知章 編著

御茶の水書房

序　日中の非正規労働をめぐる現在

石井知章

本書の背景

　本書は、2017年5月20日〜21日の2日間にわたって明治大学（駿河台校舎）で開催された「第3回日中雇用・労使関係シンポジウム――非正規時代の労働問題」へ参加した日中双方の研究者によっておこなわれた報告、さらにそれに基づいて新たにまとめられた論文を収録した報告集である。本シンポジウムは、北海道大学で第1回（2013年）が開催されたのをはじめに、第2回（2015年）が北京首都経済貿易大学で開催されたのに引き続いての開催となった。

　日中間の相互依存関係は、国境を超えたカネ、モノ、ヒト、情報の国際的往来の結果、中国側の改革開放政策の進展とともに、相互に影響を与え合う状態を着実に維持、かつ拡大してきた。これまで日中関係は、さまざまな紆余曲折を経験しながらも、日中間相互で繰り広げられた貿易、金融、直接・間接投資、さらに観光、サービスなどの分野で、とりわけ1990年代以降、経済的相互依存を急速に深めてきている。これにともなって、大学や研究機関などを通し、政治、社会、歴史、文化など、経済以外の周辺分野でも、さまざまな学術・人的交流が進められてきた。だが、これまで労働分野での相互交流は、連合など労働側のナショナルセンターを含めても、きわめて限られたレベルにとどまっている。

　これにはいくつかの理由が考えられるが、主なものの一つとしては、やはり何よりも両国間の政治・社会体制の違いが挙げられる。たしかに中国は、市場経済社会主義体制の下で、ある意味で資本主義国家以上の経済発展を達成してはいるものの、そうした国や産業のもたらす富の労働への分配という観点で見た場合、それが適正なレベルで維持・拡大しているとは必ずしも言い難い。た

しかに、GDP の拡大によって、底辺および中間層の所得が底上げされれば、成長が広く社会的に実感され、不必要な政治的緊張が緩和され、都市と農村、さらに富裕層と貧困層との経済格差が社会不安につながる可能性は小さくなるかもしれない。だが、中国では生産年齢人口はすでに減少傾向にあり、日本と同じように、高齢人口が急増するという局面に入っている。こうした人口動態の変化により、経済成長率の低下が半ば不可避なものとなり、格差拡大は社会的安定を脅かすきっかけにもなっている。そもそも、社会主義とは本来、労働者と農民が主役となるべき社会であって、しかもそのことが中華人民共和国憲法によっても規定されているだけに、社会主義国家成立の根幹にかかわる「支配の正当性」をめぐる根源的問題にもかかわっている。

中国における非正規労働者としての農民工

そうした産業労働者のうち約6割を占めている非正規労働者としての農民工（出稼ぎ労働者）の都市への労働力移動は、現在、大まかに鈍化傾向にある。これまで農民工は、北京、上海、広州といった大都市における製造業や建築業で非熟練労働力として就業するケースが多かったが、近年では農村により近接した、都市と農村の中間地点としての中小都市での経済発展が進んだことから、現地での雇用の機会も増えるとともに、大都市での賃金上昇の影響により、地方の中小都市での相対的賃金上昇も実現するように変化してきた。このために、農民工が農村にいる家族のもとを離れ、大都市へ出る必要性も以前よりも軽減されてきているし、逆にこのことが大都市での農民工の一層の人手不足を生み、大都市でのさらなる賃金上昇を招いているともいえる。たしかに、政府による農民工の一部の都市への半ば強制的な移住によって農村における余剰労働力の問題が緩和されつつあるとはいえ、そのことで農村問題（農業の低生産性、農村の荒廃、農民の貧困）が根本的に解消されたわけではないし、2015年以降、労働力人口が減少に転じていることからも、今後さらなる賃金上昇にともなう労働市場の逼迫傾向は当面、免れ難いと見られる。

一方、早くから大都市の非正規労働者として短期労働契約を継続して職を転々としてきた農民工は、すでにその帰属意識を故郷からは引き離し、都市市民としての意識を高めている。それと同時に、正規労働者との労働条件の大き

な格差を目の当たりにしつつ、彼らはますます逼迫した労働市場において、自らの労働条件を転職によってではなく、使用者との団体交渉によって実現するという必要性に迫られている。こうしたなかで発生したのが、2010年春の広東省仏山市でのホンダでのストライキであった。それは官製組合である中華全国総工会がこれまで実現できなかった非正規労働者の権益を守り、かつよりよい労働条件を実現するために行使された、完全に正当なる、合法的労働行為であった。この当たり前の社会的権利を求めて農民工らとともに立ち上がったのが、広東を中心にその活動を繰り広げてきた労働NGOであるが、習近平体制の成立後、とりわけ2015年の一斉弾圧により、これらの労働NGOはほとんど壊滅的な打撃を受けている。いうまでもなく、中国における農民工をとりまく状況は、「非正規」労働という、きわめて政治性の高い敏感な問題として扱われてきたということである。

非正規労働をめぐる日中間の認識のズレ

じつは、主催者の一人である筆者が、日中共通の課題として取り上げたいテーマとして当初から想定していたのも、まさにこうした農民工や派遣労働者など、社会的弱者である不安定雇用労働者の雇用条件・労働条件の改善に、どのようにして取り組むかという問題であった。ところが今回、中国側が共通テーマとして選んできたのは、同じ非正規労働とはいえ、中国で近年、急速に拡大してきたプラットフォーム経済、シェアリング経済、クラウドワークといった新たな雇用形態をめぐる諸問題であった。これは明らかに、非正規労働問題が潜在的に抱えている政治的リスクを、中国側が慎重に回避した結果であると思われる。

たしかに、欧米先進国や日本などと同様に、中国におけるインターネット経済では、情報通信技術がさまざまな社会的資源の統合を進め、新たな経済システムの形態とそれにともなう雇用の機会を創出している。中国でもさまざまな新規の雇用形態が現れており、インターネット予約配車、フードデリバリー、インターネット代行運転などの業種で、そうした就業の機会が確実に広がっている。ここで企業は労働者に対し、通常、伝統的直接管理はしておらず、企業と労働者の関係はより緩やかなものとなり、労働者はこの労働過程で一定の自

主決定権を得るようになっている。こうした新たな就労形態は、はたして雇用関係にともなう法的性格には変化を与えず、伝統的労使関係を維持しているのか、それともそこにはすでに正式な雇用による労使関係は成立せず、労務請負による協力関係にあると考えるべきなのか。こうした問題をめぐり、中国国内では現在、激しい議論が繰り広げられている。われわれの二日間にわたるシンポジウムにおいて、日中双方で主に活発に議論されたのも、こうしたお互いに微妙な問題を抱えている今日的テーマであった。

プラットフォーム経済をめぐる日中間の労働問題

現代中国において「ネット＋従来産業」は、両者をたんに足して加えたものではなく、情報通信技術とネットプラットフォームの利用により、インターネットと従来の産業を融合させ、新たな発展形態を創りだすものとなっている。李克強首相は2015年3月、イノベーションと起業を大々的に提唱し、「インターネット＋」モデルの発展とそのための制度的基盤づくりに乗り出している。『国務院「インターネット＋」の積極的推進に関するガイドライン』(2015年7月4日)は、「インターネット＋」がネットのさまざまな社会・経済分野と融合することで技術革新・効率向上と組織改革を促し、実体経済のイノベーションと生産力を向上させ、より広範にネットをインフラとする独創的な社会経済発展の新たな形態になりつつあると指摘している。現在中国では、モバイルアプリなどのネットプラットフォームによって運営される新たな業種が続々と現れており、旅客・貨物の輸送から、エステやハウスキーピングサービス、車両保守サービスにいたるまで、さまざまなサービス産業に及んでいる。こうした就業機会の増大が、非正規労働者の労働条件を守るべき雇用・労使関係をめぐる権利・義務関係の有無という、新たな労働問題を惹起しているのである。

だが、一方の日本では、インターネット予約配車による労務の提供に限っても、この分野では道路運送法という規制があり、例外的にNPO法人などが自家用車を使用して身体障がい者や要介護者の移送ができるだけで、基本的には旅客を載せて運送するには特別な許可が必要である。タクシー業界は「白タク」とも呼ばれるこうしたライドシェアに反発し、国土交通省もライドシェア解禁については「慎重に検討する」という構えを崩していない。とはいえ、ウーバー

のような形態に限らず、「雇用に拠らない働き方」についての論議は、近年日本でも急速に高まっている。経済産業省による「雇用関係によらない働き方」に関する研究会が2016年から継続的に開かれ、その「雇用関係によらない働き方」に関する報告書（2017年3月）は、「労働法制や社会保障の中で雇用関係によらない働き手をどのように位置付けるか、議論を深めるべきである」と提言している。厚生労働省によってまとめられた報告書「働き方の未来2035――一人ひとりが輝くために」（2016年8月）も、「働き方改革」によって「一億総活躍社会」が実現する近未来では、「個人がより多様な働き方ができ、企業や経営者などとの対等な契約によって、自律的に活動できる社会に大きく変わっていく」とし、さらに「企業組織自体も大きく変容し、企業の内と外との境界線が低くなり、独立して活動する個人も増えるという大きな構造変化が生じる」と予測している。

日中の非正規労働をめぐる過去と現在

　現在の日本で大きな社会問題となっている非正規労働には、中国と同様に、じつは長い歴史的背景がある。日本でもかつては、インフォーマルセクターが一定の比率を占め、「都市雑業層」として分類される労働者が数多く存在し、その不安定性や収入の低さが社会問題となる時期もあった。だが、1960年代の高度経済成長のもとで、ほぼ雇用関係に吸収されていったのである。一方、同じくのちに高度経済成長を遂げている中国では、既述のような有期雇用の農民工や雇用関係の不明確なシェアリング経済を包括するインフォーマルセクターが依然として高い比率を占めており、ここで働く労働者が一つの階層を形成している。こうしたことから、中国では「非正規雇用」の労働条件をいかに改善するかという課題が、とりわけ社会主義市場経済が全面的に展開した1990年代以降、中華全国総工会や労働NGOにとって、きわめて重要な課題となっていった。

　だが、だからといって、日本においてこの問題が過去の話になったわけではない。実質的に経営者の指揮命令に従ったり、経済的に従属する労働者でありながら、形式上は自営や請負の形をとらされる「疑似自営業主」や「疑似請負」が今も存在し、むしろそれらが増える傾向にあるからだ。とくに、インターネットの普及や、シェアリングエコノミーの広がりによって、非正規雇用がさらに

拡大する懸念があり、それらをどのように区分けするかにかかわらず、労働者保護や権利擁護の施策が重要な課題になりつつある。こうした課題に積極的に取り組んできたのが、いわゆるコミュニティ・ユニオンである。それはあたかも中国の労働 NGO のように、基本的には純粋なボランティアとして、かつ緩やかな組織のなかで労働運動を広げようとする「下から」の自発的な動きとしてはじまった。

「コミュニティ・ユニオン全国ネットワーク」は、ネットワーク型運動の出発点であった。それは従来の労働組合組織とは異なり、中央と地方組織に上下関係をもたず、各地の自立したユニオンが緩やかにネットワークを形成し、年1回の全国交流集会を中心に、相互交流や協力支援を進めていった。90年代にコミュニティ・ユニオンを中心とする地域合同労組は、弁護士や研究者たち、労働関係 NPO（NGO）などとともに、「派遣労働ネットワーク」をはじめ、「女性のワーキングライフを考えるパート研究会」、「変えよう均等法ネットワーク」、「有期雇用労働者権利ネットワーク」などの課題別のネットワーク組織を生み出している。1997〜1998年の労基法改悪 NO！の全国キャンペーンでは、この4つのネットワークが呼びかけて、非正規労働者の当事者を前面に出し、キャンペーンを展開した。連合結成後、政治的立場の違いを乗り越えた運動の「場」をはじめてつくり出し、やがてそれがのちの新しいネットワーク型運動のモデルとなっていったのである。

たとえば、「反貧困ネットワーク」では 2007 年 10 月、「反貧困」を軸にして、派遣・請負労働者、フリーター、多重債務被害者、シングルマザー、DV 被害者、障がい者、野宿者、外国人労働者、年金・生活保護利用者など、さまざまな立場の当事者たちと、弁護士、司法書士、組合関係者などの支援者が「人間らしい暮らしを求めてつながろう」と結集していった。2008 年のリーマンショック後、自動車産業を中心に輸出依存の製造業で一斉に派遣切りや非正規切りが始まると、労働相談に取り組む労働組合は、年末に向けてこれまでとは次元の異なる重大な事態が起きていることに気づいていく。ここでは反貧困ネットワークと相談し、役所や職業安定所が閉庁となる年末から年明けの間、東京霞が関の厚生労働省前の日比谷公園での「年越し派遣村」を開設していった。このように、コミュニティ・ユニオンを中心とする地域合同労組運動は、反貧困運動などの社会運動と合流し、そこにナショナルセンターを巻き込み、2008 年

末の年越し派遣村に到達したのである。これらは従来の地域合同労組やコミュニティ・ユニオン運動からの大きな飛躍であり、重要な転換点となったことはいうまでもない。

　この飛躍をもたらした推進力がNPOとしての労働相談であり、かつそれを通じて出会い、仕事を失い、家を失った多くの非正規労働者たちの現実の深刻さであった。だが、2012年に民主党政権が崩壊すると、安倍政権はそれ以降、労働時間の上限規制や正規・非正規の格差是正を掲げる「働き方改革」や賃上げを推進している。しかしながら、コミュニティ・ユニオンを含めて、労働運動全体としても、労働組合はいまだに社会的存在感を広げることなく、インパクトのある運動を作り得ていないというのが日本の実情である。とはいえ、労働運動と社会運動とが連携する形で展開される社会運動ユニオニズムは、地域を基礎に非正規労働者をはじめとする広範な未組織労働者とつながるコミュニティ・ユニオンの役割を果たしつつ、今後とも運動としての広がりが大きく期待されている。

日中間の共通課題と今後の可能性

　本書は、こうした日中間で共通して抱えている非正規労働をめぐる諸問題をともに考え、将来に向けた処方箋とその打開策を社会的連帯としてお互いに模索していこうという、一つの可能性の追求を目的としている。既述のように、たしかに日中間で労働をめぐる諸課題について語り合うことには、政治的に微妙な問題が双方に少なからず横たわっている。それにもかかわらず、労働分野での共通課題を土台として、すでに3回目に及んでいるわれわれの共同作業は、これまで長期にわたって培われてきた相互理解に基づいて、深く、そして固い絆によって可能になったことを示唆している。それゆえに、本書はまさに、そうした日中間で築かれた相互信頼関係の証しそのものであるといえる。

日中の非正規労働をめぐる現在
目　次

CONTENTS

序　日中の非正規労働をめぐる現在 ──────── 石井 知章　i

《第Ⅰ部　日本における非正規労働の過去と現在》
第1章　非正規労働の歴史的展開 ──────── 濱口 桂一郎　3

第2章　日本における非正規雇用問題と労働組合
　　　　──1998〜2009年を中心に──
　　　　　　　　　　　　　　　　　　　　　 龍井 葉二　19

第3章　非正規労働者の増加、組合組織率の低下に対して、
　　　　日本の労働組合はいかに対応してきたのか
　　　　──コミュニティ・ユニオンの登場とその歴史的インパクト──
　　　　　　　　　　　　　　　　　　　　　 高須 裕彦　45

第4章　過労死問題の法と文化 ──────── 花見 忠　61

第5章　日本における過労死問題と法規制 ──── 小玉 潤　67

第6章　非正規労働者と団結権保障 ──────── 戸谷 義治　79

第7章　能力不足を理由とする解雇の裁判例をめぐる日中比較
　　　　　　　　　　　　　　　　　　　　　 山下 昇　93

《第Ⅱ部　中国における非正規労働の新たな展開》
第8章　雇用関係か協力関係か ──────── 常 凱・鄭 小静　105
　　　　──インターネット経済における労使関係の性質──
　　　　　　　　　　　　　　　　　　　　　（清水 享訳）

CONTENTS

第9章　独立事業者か労働者か ─────────────── 范　囲　　129
　　　　──中国ネット予約タクシー運転手の法的身分設定── （野本　敬訳）

第10章　グローバル規模での経済衰退と労働法 ──── 劉　誠　　145
　　　　　　　　　　　　　　　　　　　　　　　　　（本田親史訳）

第11章　中国経済の転換期における集団的労使紛争の特徴と結末
　　　　──個別案件の分析と探求を中心に──
　　　　　　　　　　　　　　　　　　　　　　─── 王　晶　　167
　　　　　　　　　　　　　　　　　　　　　　　（中村達雄訳）

第12章　中国新雇用形態と社会保険制度改革 ───── 呂　学静　　185
　　　　　　　　　　　　　　　　　　　　　　　　　（清水　享訳）

第13章　非正規労働者の心理的志向性に関するモデルケース
　　　　　　　　　　　　　　　─── 曹　霞・崔　勲・瞿　皎皎　　197
　　　　　　　　　　　　　　　　　　　　　　　　　（本田親史訳）

第14章　「法治」（rule by law）が引き起こす中国の労働問題
　　　　──「城中村」の再開発と「低端人口」強制排除の事例から──
　　　　　　　　　　　　　　　　　　　　　　─── 阿古　智子　　213

第15章　中国の非正規労働問題と「包工制」 ───── 梶谷　懐　　237

第16章　中国における新たな労働運動・労使関係の展開と
　　　　そのゆくえ ──────────────── 石井　知章　　255

あとがき　265
執筆者紹介　267

第Ⅰ部
日本における非正規労働の過去と現在

第1章　非正規労働の歴史的展開

濱口桂一郎

はじめに

　本書は2017年5月20/21日に明治大学で開催された「第3回日中雇用・労使関係シンポジウム――非正規時代の労働問題」に基づく論文集であるが、本稿はその時に筆者が行った報告とはかなり異なる。

　同シンポジウムで筆者に求められたのは日本における非正規「雇用」の歴史を概観することであり、筆者はあくまでも「雇用」の範囲で、戦前の臨時工から戦後のパート、アルバイト、派遣といった非正規雇用形態を概観し、近年の働き方改革における同一労働同一賃金政策をもって締めくくった。中国の非正規雇用を論じる日本側出席者の報告は、農民工への戸籍差別や戦前以来の労務供給請負である「包工頭」といった伝統的な非正規問題を取り上げていた。しかし同シンポジウムにおける中国側参加者の報告の焦点は大きく異なっていた。そのほとんどすべてが、近年のデジタル経済化の中で急拡大してきたプラットフォーム経済、シェアリング経済、クラウドワークといった新規な就労形態を取り上げて論じていたのである。おそらく本書でも、中国側の論文はそうした現在まさに進行しつつある近未来型非正規労働を論じるものが多数に上っているであろう。

　同シンポジウムにおける日中両側のスタンスの対照性に強い印象を受けた梶谷懐氏や筆者はその旨のエッセイを書いたが[1]、今回改めて論文集に向けて執筆するに当たり、こうした問題意識の広がりに対応する形で全面的に書き直す

必要を感じた。実は過去の日本においてすら、筆者が報告した非正規「雇用」の歴史はかなり対象が限定されたものであり、その外側にはより非正規なさまざまな就労形態が広がっていたし、今日においては中国や欧米諸国と同様、デジタル型の新たな就労形態が輩出しつつあるからである。

この問題意識はEUにおける近年の動向と軌を一にしている。現代日本の働き方改革は欧州をモデルにしているが、ごく最近までEUの非正規雇用政策と言えばパートタイム、有期契約、派遣労働の均等待遇の3点セットであった。ところがここ2、3年で問題意識は大きく変わりつつある。カジュアルワーク、モバイルワーク、クラウドワークなど、雇用労働の内側と外側の両方に大きく広がる新規な非正規労働が急速に拡大し、それらへの法政策的対応がクローズアップされてきつつあるのである。筆者がシンポジウムで行った狭い範囲の報告は、世界の文脈においても急速に古めかしいものになりつつあるのだ。一方、そうした新規な就労形態は、欧米や日本で現代的な労働市場が確立する以前に広がっていた伝統的な非正規労働——日雇や出稼ぎ、自営業——の形を変えた再現という面もある。今日、時代の大きな変わり目にある我々は、伝統的、現代的、そして近未来的という非正規労働の3段階を全て視野に収めた包括的な観点に立つ必要があろう。

本稿ではそうした観点に立って、シンポジウムにおける報告を大きくはみ出し、産業革命期から近未来に至る時代の流れの中で多かれ少なかれ正規ならざる扱いを受けてきたさまざまな就労形態の推移を概観していきたい。

1．高度成長期以前の不安定就業問題

戦後日本がまだ高度経済成長を開始する以前の1955年、政府の失業対策審議会（会長：有沢広巳）は『日本における雇用と失業』[2]と題する浩瀚な報告書を取りまとめた。興味深いのは「失業の存在形態」という章で、顕在的失業のほかに潜在的失業、停滞的失業を挙げ、停滞的失業として低賃金産業就業者、家内工業労働者、臨時日雇労働者を挙げている。政府の認識枠組においても、こうした就業形態は決して本来の雇用形態ではなく、むしろ失業が潜在化した不完全就業であると考えられていたことがわかる。社会政策の研究者の間では、

彼らを「不安定就業」と呼ぶことが一般的であった。雇用と非雇用の双方に広がっていたこれら就業形態は、近年の ILO が途上国の労働市場について用いる「インフォーマル・セクター」という概念と共通するところが多い。以下では、これら就業形態を正規雇用に近いものから遠いものへと順次概観していこう。

（1）臨時工

今日の非正規雇用を過去に遡っていくと臨時工という言葉が現れる。当時の用語法では、今日の直用非正規に当たる「臨時工」と派遣・請負労働者に当たる「社外工」を併せて広義の「臨時工」と呼ぶことが普通であった。日本で臨時工が初めて問題となったのは戦前の 1930 年代である。政府を巻き込む争議となった三菱航空機名古屋製作所事件（1933 年）や裁判闘争となった戸畑鋳物木津川工場事件（大阪地判昭 11・9・17 法律新聞 4044 号）など、常用工と同様の業務を遂行する成人男子臨時工が問題の焦点であった。当時内務省社会局監督課長であった北岡寿逸は、「最近に於ける臨時工の著しき増加に対して慄然として肌に粟の生ずるを覚える」と述べている。

戦後臨時工問題が復活したきっかけは朝鮮戦争による特需への対応であった。1950 年代には、大企業は優秀な新規中卒者を少人数採用し、企業内養成施設で教育訓練を施し、基幹工として優遇していくという仕組みを再構築した。当然養成工だけで労働需要をまかなえないので、大企業は大量の臨時工を採用するようになった。当時労働法上の争点として熱心に議論されたのは、本工組合が締結した（高い労働条件を定める）労働協約が臨時工にも適用されるかという問題であった。様々な議論があったが、最終的には「臨時工は本工（組合員）と『同種』の労働者とは解し得ない」と否定された。しかし、既に 1950 年代後半以降、高度経済成長とともに労働市場は急速に人手不足基調になり、1960 年代には新たに臨時工を採用することが困難になるだけではなく、臨時工を常用工として登用することが一般的になり、臨時工は急速に減少していった。

（2）社外工

戦前から臨時工には供給請負業者による間接雇用タイプが多かった。これは親方職工による内部請負制が崩れ、雇用関係の直接化が進行するとともに、親方職工の中に労務供給請負業者に転換していく者が現れてきたためである。これが構内下請とか社外工と呼ばれる仕組みの始まりである。しかし、こういった社外下請親方もまた、道具以外の生産手段は持たず、親会社の仕事を請け負い、請負金額と配下への支払賃金の差を請負利益として生計を立てる存在に過ぎなかった。

戦後は社外工と呼ばれて注目を集めた。1947年職業安定法によって原則禁止された労働者供給事業に該当しないという前提で、造船業や鉄鋼業では下請中小企業が協力会社として工場内に入り込み、特定の工程を請け負って作業するというビジネスモデルである。社外工を利用するメリットはいうまでもなく、本工より安い賃金で就労させられることと、不況時に契約解除が容易であることである。これら社外工もほとんど本工と同じ成人男性であった。

（3）日雇労務者

臨時工や社外工が、名は「臨時」であっても実際にはある程度の期間継続して就労する労働者であるのに対して、日雇労務者は実際に極めて短期の就労を繰り返す人々である。これは建設業や港湾荷役業といった労働需要の波動性が高い業種において、必要な時にだけ必要な量の労働力を提供する仕組みの下で発達してきた。この仕組みは社外工と同様労務供給請負業であるが、労働力を随時コントロールするため親分子分的な情誼関係が必要であり、やくざ組織的な性格を持つことが多かった。山口組は神戸港の港湾荷役業者として出発している。1947年の職業安定法が労働者供給事業をほぼ全面的に禁止したのは、封建的な身分関係に立脚する労働ボスを廃絶しようとするGHQの使命感に基づいていた。

しかし戦後にも短期に変動する労働需要に対応する日雇労務者は存在し続けた。とりわけ、東京の山谷、大阪の釜が崎といった地区は日雇労務者の居住地域となり、建設業の末端労働力を供給し続けた。彼らのための法制度として設

けられたのが日雇失業保険である。日々就業と失業を繰り返す彼らには、一定期間勤続したことを前提に失業時に給付を行う仕組みは使えない。そこで、印紙方式を採り、失業前2か月間に32日分以上印紙保険料が納付されている場合に、1か月間に13日分から17日分までの失業保険金を支給することとされた。これは日雇労務者が一定地区に集住し、労働需要側も限られた業種であることを前提とする仕組みである。

（4）出稼労働者

　出稼労働者とは、農村で農業を営んでいる農民が一定期間他の業種の労働者となって就労しているものであり、いわば日本版「農民工」である。戦前の繊維産業の女工も農村女性の出稼という概念に含めて考えることもあるが、一般的には成人男性が農閑期に建設業や製造業に就労するものを中心に考えられていた。従って、雇用形態としては1年のうちの一定期間のみ雇用される季節工という形を取ることが多い。季節工は季節的に必ず「失業」するので、その失業保険上の扱いは議論を呼び、一時金方式に落ち着いた。
　出稼ぎという現象を生んでいるのは労働需要とともに出稼ぎをせざるを得ない労働供給側の事情であり、これを解決するためには農村地域に工業を導入して働く場を作っていく必要がある、というのが高度成長期以降の地域開発政策であり、出稼労働者は急速に減少していった。

（5）内職＝家内労働者

　いわゆる内職は家内労働と呼ばれ、法的には雇用関係ではなく請負による自営業に含まれるが、経済的実態からすれば委託者に従属しているため、労働者に準じた者として先駆的に労働保護立法の対象とされてきたものである。自宅で作業できることのメリットは女性にとって極めて大きかったため、家内労働者の大部分は女性であった。なぜ彼らが労働法規制の対象とされたかというと、彼らと中小零細企業の労働者とが実質的に労働市場で競合しており、家内労働者の労働条件を規制しないと、中小零細企業の労働者の労働条件も維持向上できないという理由であった。
　当時の内職は製造業における加工の委託がほとんどで、東京の下町でヘップ

サンダル製造に従事する家内労働者にベンゼン中毒が続出し、死亡者まで出すに至ったことがきっかけになって議論が盛り上がり、1970年に家内労働法が制定された。これにより個々の作業ごとに最低工賃が設定されるとともに一定の規制がかけられた。しかし、家内労働法の対象である「物品の製造又は加工等に従事する者」は急速に減少していった。

（6）一人親方

こちらも法的には請負による自営業者であるが、建設業の重層請負構造の末端の下請を担う人々である。「親方」といっても一人も労働者を雇っているわけではないので「一人親方」と呼ばれる。労働市場の状況によって、あるときは一人親方として請負で働き、あるときは建設労働者として雇われて働くこともある。その意味では雇用と請負の両側にまたがって生息している人々とも言える。しかし基本的には自営業者として扱われるので、労働市場リスクは全面的に自分で負うこととなる。不安定就業としての自営業の代表的存在であった。

2．現代的非正規雇用の展開

このように広い範囲の「不安定就業」に向かっていた問題意識が、高度成長後の時期には特定の形態の非正規雇用に収縮していく。より正確に言えば、そもそも日本経済の発展の原動力としての日本型雇用システムに関心が集中し、その主たる担い手である正規労働者（正社員）に関心が集中し、それまでの不安定就業への関心自体が希薄化したのである。1967年の第1次雇用対策基本計画においては、1項目割いて臨時雇用、社外工、季節出稼労働者等の不安定雇用の改善を取り上げ、今後10年程度の目標として、不安定雇用がかなり減っているとともに、常用雇用形態の労働者と比べて賃金等の処遇で差別がなく、その就職経路が正常化している状態の達成を目標としていた。ところがその後の累次の雇用対策基本計画では、かかる関心は急速に消滅していった。

（1）パートタイマー

その中で、それまでの臨時工の位置を引き継いで政策の対象であり続けたの

は、パートタイマーと呼ばれる主として家庭の主婦層からなる労働者層であった。パートタイム労働者という言葉は本来フルタイム労働者に対する言葉で、職場の所定労働時間よりも短い時間働く労働者という意味のはずであるが、日本では事実上、それまでの臨時工と同じ身分としてパートタイマーが位置づけられた。そのため、労働時間で見ればフルタイム、すなわち職場の所定労働時間まるまる働く「フルタイム・パート」という奇妙な存在が、特に不思議がられることもなく定着してきた。

それまでの臨時工は成人男性が中心であり、本工と同じ仕事をしながら労務管理上様々な差別を受けていたため、常に社会問題の火種として存在し続けていた。これに対し、新たに登場したパートタイマーは、自らをまず何よりも家庭の主婦と位置づけ、その役割の範囲内において家計補助的に就労するという意識が中心であったので、職場における差別待遇が直ちに問題意識に上せられなくなった。女性労働の文脈で言えば、それまでの若年短期型就労、すなわち学校卒業後結婚退職するまでの短期間のみ就労するというパターンが本質的に変わらないまま、子育てが一段落した頃に職場に復帰するという就労パターンが増加していくという労働供給側の事情が、急減した臨時工に代わる非正規労働力を求める労働需要側の事情と見事に合致したと言えよう。

パートタイマーは補助的労働者という認識が社会の全員に共有されることによって、人員整理においてパートタイマーから優先的に雇用終了することも当然と見なされることになる。これが現実化したのは、1970年代半ばの石油危機以降の雇用調整であった。企業は雇用調整助成金等を最大限活用することによって男性正社員の雇用をできる限り守ろうとする一方で、パートタイマーなど企業との結びつきの弱い人々から真っ先に整理していった。パートタイマーは企業にとって基幹的ではなく補助的な役割しかない労働者であるから、いざというときには基幹的労働者（＝男性正社員）の雇用を守るためのクッション役として、真っ先に排出されるべき存在と見なされていたのである。

しかし、こうした一般的な認識の背後で、現実の職場ではパートタイマーが量的にも質的にも基幹的な存在になっていった。やがて、パートタイマーがパートタイマーという身分のままで、売場主任になったり、場合によっては店長になったりという事態が、必ずしも異例のことではなくなっていく。主任や店

長といった役割を遂行している労働者が、パートタイマーであるというだけの理由で、その労働自体も補助的であると片付けることができるのか、正社員は正社員であるというだけの理由で年々「能力」が右肩上がりで上昇していくのに、パート主任やパート店長はそうではないと言えるのか、ある意味で日本型雇用システムの根幹に疑問を呈するような事態が、この間進行していたのである。

（2）派遣労働者

一方1960年代後半から、業務処理請負業という名目で実質的な労働者供給事業が拡大していった。そのうち事務処理請負業は、結婚退職後は製造業や流通業等におけるパートタイマーとしての就労口しかなかった元事務職OLたちに、かつての仕事を提供するという役割を果たすことによって、急速に市場を広げていったのである。1985年に制定された労働者派遣法は、建前上は日本型雇用に悪影響を与えないように、「常用代替しない専門的業務」のみに派遣を認めるというものであった。しかしその「専門的業務」の中身は結婚退職したOLたちの「事務的書記的労働」であった。これが世間で通用したのは、OLは新規学卒から結婚退職までの短期雇用という暗黙の了解の下に、OLの代替は派遣法が防止しようとしている「常用代替」ではないと認識されていたからであろう。男性正社員の終身雇用さえ維持できれば、OLがいくら派遣に代替されてもかまわなかったのである。

（3）嘱託

一方、パートや派遣に対して直接雇用フルタイムの非正規雇用形態を指す言葉として、嘱託や契約社員という言葉が作られた。前者は、かつては専門職的なニュアンスもあったが、高度成長期以後には主として定年退職後の（男性）高齢者を再雇用する際の身分を指す言葉として定着した。その存在理由は極めて明確で、年功賃金制度の下でその労働の価値以上の報酬を得ている中高年労働者を、その高給のままで雇い続けたのでは企業にとって不都合なので、いったん定年退職させてそれまでの既得権を清算した上で、企業にとって払ってよいと思われる賃金水準まで引き下げることが目的である。

（4）契約社員

これに対して契約社員という言葉は、パートやアルバイトに比べてより基幹的な職務を担う者として、なにがしか専門職的なニュアンスを含みつつ1980年代末から使われるようになった。とはいえ現実の職場においては、フルタイムの主婦パートもおり、パートタイマーの基幹化も進んでおり、「契約社員」はその就労実態から区別し得るような概念ではなかった。主婦や学生といった性別・年齢等の属性のイメージが希薄な基幹的非正規雇用を指す言葉として用いられたと言えよう。

（5）学生アルバイト

この時期に拡大した非正規雇用形態でありながら、労働問題としての関心がほとんど向けられることがなかったのが学生アルバイトである。戦前から戦後混乱期までは苦学生がアルバイトで学費や生活費を稼ぐ姿が見られたが、1960年以降の高度成長期には、進学率の上昇で学生数が激増するとともに、学生の生活態度もレジャー志向に変化し、他方若年労働力不足に悩む第三次産業が学生アルバイトに目をつけたことなどから、学生のアルバイト従事率は8割以上で推移した。

（6）フリーター

1980年代末には、本業であった学校を卒業した後も副業であった仕事を本業として働いている労働者が登場し、彼らはフリー・アルバイター（フリーター）と呼ばれた。もっとも当時は、フリーターというのはわがままな若者が勝手にやっていることだという印象が世間一般に持たれていた。ところが現実には、バブルが崩壊して就職氷河期と言われた1990年代後半、新規学卒者の就職が困難になり正社員になれなかった人たちが急増した。そうした中でアルバイトやパート、派遣、請負という形で、働く機会はそれなりにあったため、そこに吸収されていったのである。

2000年代に入って日本経済が緩やかな景気回復軌道に乗り、新規学卒者の就職状況も1990年代の氷河期に比べれば若干改善されたことにより、フリー

ターとして年を重ねてきた氷河期世代が取り残されてしまった。ここで初めて、日本における深刻な社会問題としてのフリーター問題が論じられるようになった。

（7）非正規雇用対策と同一労働同一賃金

こうして、非正規雇用問題が家計補助的とみなされた主婦パートや学生アルバイトだけの問題ではなく、むしろ本来稼得賃金で生計を維持すべき若年ないし中年の男性労働者の問題として認識されるようになるのと比例するように、それまで労働政策の周縁部だけで論じられていた均等・均衡待遇や同一労働同一賃金が、労働政策をすら超えて官邸が主導する国政の重要課題の一つにまで「出世」していった。

2007年に第一次安倍内閣の下で行われたパート法改正自体、就職氷河期世代の若い非正規労働者を主として念頭に置いて、最低賃金の引き上げ等と並んで「再チャレンジ」の文脈に載せられたから達成された面がある。その後の法政策の展開は急速である。2012年改正労働契約法は、性別・年齢を一切考慮しない「有期労働契約」という切り口から、無期契約への転換やとりわけ「期間の定めがあることによる不合理な労働条件の禁止」を規定し、後者は2014年改正パート法にも盛り込まれた。さらに2015年労働者派遣法改正時には野党から対案として提出された「労働者の職務に応じた待遇の確保等のための施策の推進に関する法律」（通称「同一労働同一賃金推進法」）が修正の上成立した。

2016年からは官邸主導で同一労働同一賃金に向けた法政策が進められ、2017年3月の「働き方改革実行計画」でパート法、労働契約法、労働者派遣法の一括改正が示された。2018年6月には働き方改革関連法が成立し、これら法律に司法判断の根拠規定、労働者に対する説明義務、行政による裁判外紛争解決手続が規定された。

この法改正は、現代的な非正規雇用の代表的なパート、有期契約、派遣労働に対象を絞り、同一労働同一賃金という西欧型法政策を適用するという方向性において、この第2の時期の非正規雇用政策の決着点ということができよう。

3．近未来型非正規労働の登場

 しかし、2017年3月の働き方改革実行計画には、雇用型テレワークと並んで非雇用型テレワークのガイドライン刷新と導入支援が盛り込まれており、近未来型の非正規労働が既に射程に入ってきつつある。ここで非雇用型テレワークと呼ばれているのは、情報通信機器を使った在宅ワークだけではなく、近年急拡大しつつあるクラウドワークなども想定されている。第2期の非正規雇用政策が一つの締めくくりを迎えるとともに、第3期の非正規労働政策が始まろうとしていると言ってよいかも知れない。
 そして改めて過去二十年ほどの推移を振り返ってみると、第1期に意識されていた不安定就業の問題意識に対応するような新たな就業形態が続々と登場してきたことに気付かされる。それは、急激な情報通信技術の進展によって可能となったものであるとともに、経済のグローバル化によって国境を超えた生産要素の活用が進められてきたことにもよっている。以下では、今日世界同時的に進みつつある新たな就業形態の進展が、日本においてもやや遅れ気味ではあるが着実に進みつつあることを確認していきたい。これもまた、正規雇用に近いものから遠いものへと順次概観していこう。

（1）雇用型テレワーク（モバイルワーク）

 雇用型テレワークは雇用契約の存在を前提としている。しかし、就業の場所は企業の施設内ではなく、多くの場合は自宅であり、モバイルワークの場合には喫茶店や交通機関の中などということもある。いつでもどこでも自由に働けることから、女性や育児・介護責任のある人々にとっては働きやすいことは間違いない。それゆえ政府がその推進を唱えることも不思議ではない。しかし一方で、いつでもどこでも働けるがゆえに、いつまででもどこまででも働けてしまい、働きすぎに陥る危険性も否定できない。雇用型テレワークにも労働基準法はフルに適用される。しかし、職場の同僚と離れて一人で作業しているテレワーカーの労働時間をどのように規制できるだろうか。これまで雇用型テレワークには事業場外みなし労働時間制が適用されてきたが、その要件は携帯電話

もなかった時代の通達で制約されている。2018年2月に策定された情報通信技術を利用した事業場外勤務のガイドラインは、労働時間管理の責任を強調しているが、常時通信回線でつながっていることが生活の基本となっている今日、モバイルワークにふさわしい法制度の見直しが求められている。

(2) 日雇派遣

2000年代中期に注目を集めた働き方に日雇派遣がある。これは、派遣労働という形態を取ることによって一種のオンコールワークを可能にしたものだといってよい。オンコールワークとは、雇用契約はあるものの、いつどこで働くかはその都度の使用者からの指示によって決まるという契約形態であり、近年欧州諸国で問題となっている。いつどこで働くかの指示がいつ来るかわからないので、労働者は仕事をせず、それゆえ賃金を貰えない状態のままで指示が来るのを待っていなければならない。イギリスではとくにゼロ時間契約として、まったくその指示がないこともありうるような契約も広がっており、法的に規制すべきだという議論も上がりつつある。

しかしこれは外国だけのことではない。日本における日雇派遣とは、派遣元における登録状態という法的曖昧さを活用することで、西欧諸国におけるオンコールワークを実現しているのだ。日雇派遣労働者はいつ派遣会社から仕事の紹介が来るかも知れないと待ち続けなければならない。2012年法改正で日雇派遣が高額所得者、学生、高齢者などに限定されたが、業者は日々紹介という形態に移行したと言われる。今度は紹介元における登録状態がオンコールワークを可能にしているわけである。

携帯電話を活用しているため、労働者も企業の方も地理的な制約はない。そのことが、かつて日雇労務者のために設けられた制度を使えなくしている。日雇失業保険制度は日雇労務者が一定地区に集住し、労働需要側も限られた業種であることを前提とする仕組みであったため、労働者や企業がどこにいても使える日雇派遣や日々紹介には利用しがたいのである。

(3) 副業・兼業

働き方改革実行計画は副業・兼業の推進も唱っている。一人の労働者が複数

の企業の下で時間をずらせて別々に働く場合もあるし、そのいずれかが雇用契約ではなく自営就業である場合もあろう。いずれにせよ、労働者の生活にとってある企業の持つ意味は相対的に低くなる。本業の仕事で失業しても、副業の収入があれば少しは安心できる。しかしこれは言い換えれば、本業も副業も非正規化するということでもありうる。

　現在は日本の企業の大部分が副業・兼業を原則的に禁止しているが、これを原則解禁すべきというのが政府の方針であり、その旨のガイドラインが2018年1月に発出された。労働法上は労働時間の通算規定の適用をやめるべきかが大きな論点となっているが、そもそも異なる企業の間で労働時間を通算することには無理がある。

(4) 非雇用型テレワーク（在宅ワーク）

　雇用契約によらない自営就業を、働き方改革実行計画が「非雇用テレワーク」と呼んでいるのは、家内労働法以来の経緯がある。1970年の家内労働法は、製造業における加工の委託に対象を限定したため、その後情報通信技術の発達とともに増加してきた在宅ワークに適用できない。そこで労働行政は法律はそのままにして、在宅ワークガイドラインを策定し、注文者が守るべき事項を示すというソフトな手法を採ってきた。今回も、まずはこの在宅ワークガイドラインを見直し、2018年2月に新たな自営型テレワークガイドラインを発出した。旧ガイドラインが注文者と在宅ワーカーの二者構成を基本としていたのに対し、新ガイドラインは仲介機関が介在する三者構成の場合を分けて規定し、契約条件の変更、成果物が不完全な場合の取扱（補修、損害賠償）、知的財産権の取扱、秘密保持義務と個人情報の取扱などを見直している。

(5) 雇用類似の働き方

　しかし、その先には、急速な情報通信技術の進展で開けてきた広大な自営就業の世界が広がっている。その中には、プラットフォームを利用して一定のサービスの需要と供給を結合させる仕組み、プラットフォーム経済とかシェアリング経済とか、コラボラティブ経済と呼ばれる世界がある。実行計画はこれを「雇用類似の働き方」と呼び、さまざまな問題点が噴出してきていることも指

摘しつつ、中長期的課題としてその法的保護の必要性を検討するとしている。厚生労働省は 2017 年 10 月に「雇用類似の働き方に関する検討会」を設け、2018 年 3 月に一応の報告書をとりまとめたが、今後さらに具体的な法規制のあり方も含めて検討を進めていく予定である。

この問題は現在世界的に議論が盛り上がりつつある分野であり、さまざまな法政策的提案が打ち出されつつある段階である。EU では 2000 年の雇用関係の現代化に関する労使への協議で経済的従属労働者への保護を提起し、2006 年には労働法の現代化グリーンペーパーにおいて、経済的従属自営労働者が行うサービスのための個人的就業契約に一定の最低要件を導入することを示唆した。その後、EU は雇用と非雇用双方にわたるさまざまな新たな就業形態を総体として取り上げる方向に転じ、2017 年 12 月には、オンデマンド労働者やプラットフォーム労働者等も対象とする透明で予見可能な労働条件指令案を提案したところである。さらに 2018 年 4 月には、オンライン仲介サービスの職業的ユーザーの保護をめざす規則案が提案され、プラットフォームからの除名や資格停止、就労条件の変更の理由を明示することや、プラットフォームの社内に苦情処理制度を設けたり仲裁人を設置することを求めている。これらはいずれもまだ成立に至っていないが、新たな働き方に対する規制の試みとして注目に値する。

現在世界的に、デジタル経済化に対応してこれまでの労働法の在り方を抜本的に見直すべきという議論が高まってきている。伝統的な就業形態として徐々に消えていくと思われていた家内労働者や一人親方が、デジタル化した新たな形態で近未来の働き方の主流になりつつあるのかも知れない。

おわりに

冒頭述べたように、本稿は日中シンポジウムにおける中国側参加者の報告に大きく影響されて全面的に改稿したものである。それは一つには、デジタル技術を活用した新たな就業形態の進展度合において中国が日本に遥かに先んじているからである。日本ではごく一部の区域を除けば Uber が未だに解禁されていないのに対して、中国では先駆者たる Uber に加えて、むしろ中国で生まれ

た滴滴出行など新規参入企業が既に経済の相当部分を占めるに至っている。この意味では、シンポジウムにおける日中間のずれは、先進的な中国と後進的な日本の姿を表していると言えるかも知れない。

しかし日本側出席者が指摘するように、農民工や包工頭といった伝統的な非正規問題は現代中国でなお大きな問題であり続けており、何ら解決しているわけではない。むしろ、日本を始め欧米先進諸国がこれまで取り組んできた権利擁護的な労働法制を整備することによる対応や集団的労使関係を通じた解決も乏しく、労働政策としては極めて後進的な姿を示しているとも言える。

日本より遥かに先進的にして、同時に極めて後進的でもある中国の非正規就業の姿は、一見矛盾しているように見えるが、じつは本質において通底しているのではなかろうか。すなわち、法制や労使関係が未確立であることが伝統的非正規就業を濃厚に残存させているとともに、新規な非正規就業を制約なしに急速に発展させている原因でもあるように思われるのだ。

今日、デジタル化による新たな就業形態をめぐる議論は、日本ではまだ極めて低調である一方で、欧米諸国と中国では盛んに行われている。しかし、同じように盛んに見える欧米と中国の議論には実は大きな落差があるように思われる。とりわけ、欧州におけるこの問題に関する議論においては、近代的雇用形態で確立してきた社会保障制度や集団的労使関係の枠組を、いかにこの新たな就業形態に広げていくか、が大きな柱となっている。その議論の土台である社会保障制度や集団的労使関係がなお相当程度に未確立で、むしろこれから構築されなければならない点に、中国社会の真の課題があるように思われる。

注
1) 梶谷懐「新たな労働問題に悩むシェアリング経済先進国」『週刊東洋経済』2017年6月17日号。濱口桂一郎「走得太快的中国非正式雇佣問題」『联合早报』2017年7月6日号。
2) 失業対策審議会編『日本における雇用と失業』東洋経済新報社（1955年）。

第2章　日本における非正規雇用問題と労働組合
　　　　――1998～2009年を中心に――

龍井葉二

はじめに――雇用構造における階層

　いま非正規雇用問題は、世界共通の課題となっており、この問題に関する国際比較の研究や、労働組合の国際交流も活発になっている。
　こうした場面でいつも問題になるのは、用語が共通していても実態が異なることであり、産業構造や雇用構造の違いを無視しては語ることができないという点である。

1) 正規雇用と非正規雇用
　非正規雇用労働者とは、正規雇用労働者以外の人であり、正規雇用労働者とは非正規雇用労働者以外の人である――。
　この区分けは、国や地域ごとに異なるため、共通の定義や基準を見いだすことはとても難しい。
　例えば、雇用期間の定めがあるかどうか、所定労働時間が短時間かどうか、という区分けが有効なように見えるが、日本の非正規雇用を代表する「パートタイマー」のなかには、雇用期間の定めのない労働者や、所定労働時間がフルタイムの労働者も少なくない。
　日本の非正規雇用の実態を示すのに用いられる「労働力調査」（総務省）では、雇用期間や労働時間による区分けではなく、「職場でどう呼ばれているか」という呼称（具体的には、「パート・アルバイト」「派遣社員」「契約社員・嘱託

社員」「その他」など）によって区分けしているのである。

2）雇用と非雇用

ここで留意する必要があるのは、上記の正規、非正規という区分けは、あくまで雇用労働者の中の区分けだということである。つまり、経営者と雇用契約を結び、その指揮命令に従う労働者であり、自営業者や家族従業者は含まれない。

日本でもかつてはインフォーマルセクターが一定の比率を占め、「都市雑業層」として分類される労働者が数多く存在し、その不安定性や収入の低さが問題となる時期もあったが、1960年代の経済成長のもとで、ほぼ雇用関係に吸収されたといえる。

一方、韓国や中国では、インフォーマルセクターが依然として一定比率を占めており、ここで働く労働者（韓国では「脆弱労働者」と呼ばれる）が一つの階層を形成していることから、こうした労働者を「非正規雇用」としてカウントするかどうかが、一つの重要な論点となっている。

ただし、日本においてこの問題が過去の話になったわけではない。

実質的に経営者の指揮命令に従ったり、経済的に従属する労働者でありながら、形式上は自営や請負の形をとらされる「疑似自営業者」や「疑似請負」が存在し、むしろ増える傾向にあるからだ。

とくに、インターネットの普及や、シェアリングエコノミーの広がりによって、さらに増大する懸念があり、どういう区分けにするかにかかわらず、労働者保護や権利擁護の施策が重要な課題になりつつある。

3）大企業と中小企業

もう一点、留意する必要があるのは、日本では、パブリックセクター、民間大手、民間中小という部門や企業規模によって格差が存在することである。

とくに民間部門の中小・零細企業は、日本の雇用労働者の7割近くを雇用しているのに賃金など労働条件格差は大きく、1970年代頃まで日本社会における「二重構造」問題として取り扱われ、中小企業の近代化政策や、経営者を「支援」するために、労働基準法の適用を一部免除するなどの措置がとられてきた。

こうした企業規模間の格差問題、親企業による下請け企業に対する不当な圧力といった問題は、現在でも依然として残っているが、世界市場を相手にする中小企業や、親企業から自立する中小企業も数多く登場するようになり、かつてのような「二重構造」が語られる機会は少なくなっている。

この点も、国営企業をベースに発展を遂げてきている中国とは、異なる点といえるだろう。

1．日本における正規／非正規

1）日本における区分け

では、日本における正規雇用と非正規雇用の区分けは何によるのか。

先の労働力調査の呼称が示しているように、日本の正規雇用労働者は「正社員」に他ならない。つまり、非正規雇用労働者は「非正社員」ということになる。

この点について私は、2003年に開催された日本労働社会学会における報告のなかで、次のように指摘した。

> 「いまの正社員は、雇用期間の定めがないだけではなく、労働時間の定めもないというのが実態であり……特定の職務に関する雇用契約というよりは、共同態的関係にあるという面が強く、それこそが企業組織の正規のメンバーであることに他ならない。」

> 「それとの対比でいえば、パート労働者というのは、雇用期間についても労働時間についても、明確に定められている労働者ということになるが、それは企業組織の『正規の』メンバーでないことと表裏の関係にある。」[1]

なお、最近になって、「メンバーシップ型」「ジョブ型」「限定社員」という言い方が一般に使われるようになった。

つまり、日本における正規雇用と非正規雇用の区分けは、企業組織への帰属／非帰属という「身分の違い」として特徴づけられるのである。

2）パート労働法・通達の区分け

先に触れたパートタイマーに関する法律は、一般的に「パート労働法」と呼

ばれているが、そこでは「短時間労働者」と「通常の労働者」という区分けがされている。

「通常の労働者」についての規定は、法律本文にはなく、厚生労働省の通達のなかでこう示されている。

> 「いわゆる正規型の労働者……社会通念に従い、当該労働者の雇用形態、賃金体系等（例えば、労働契約の期間の定めがなく、長期雇用を前提とした処遇を受けるものであるが、賃金の主たる部分の支給形態、賞与、退職金、定期的な昇給又は昇格の有無）を総合的に勘案して定めるもの。」

ここに示されているのは、通常の労働者＝正社員の定義ではなく、「正規メンバー」としての身分に付随する属性といっていいだろう。

そして、短時間労働者＝パートタイマーは、通常の労働者に比べて所定労働時間が短いだけでなく、「通常の労働者以外の者」として規定されるのである。

3）日本型雇用システム

上記の厚生労働省・通達にある「長期雇用を前提とした処遇」というのは、実は日本型雇用システムの一部分にすぎないといえる。

つまり、正社員は、処遇だけでなく、募集、採用、配置、訓練なども長期雇用が前提とされており、その点は欧州型と大きくことなっている。

雇用類型には、大別して、①人に仕事がつくタイプ（奉公人型）と②仕事に人がつくタイプ（職人型）があり、これらは各国・地域で併存しているが、日本ではブルーカラーの職種でも①のタイプであることが特徴とされている。

すでに触れたように、日本の正社員は、募集・採用の際に職務は限定されず、さまざまな職場や業務を担当しながら、企業内の訓練を通じて多能工的な熟練を身につけ、そのスキルアップに応じて昇給、昇格していくという仕組みなのである。したがって賃金の決まり方も、「職務給」ではなく「属人給」となる（換言すれば、賃金制度は、雇用システム全体の一部にすぎず、賃金制度だけを取り出して変えようとするのはほぼ不可能ということになる）。

非正社員は、こうしたシステムの対象外になることから、長期雇用を前提とした訓練→スキルアップ→昇給という制度から外れるだけでなく、長期雇用を促すために導入された賞与や退職金という制度からも外されることになる。要

するに、正社員が未熟練労働者→企業内訓練・配点→昇給・昇格→一人前労働者となるのに対し、非正社員は働き続けても未熟練・低賃金のまま、ということである。

4）企業中心システム

ここで、日本型システムのもう一つの特徴を指摘しなければならない。

それは、この雇用システムが企業中心システムだという点である。

日本では、高校や大学を卒業すると一斉に企業に就職するという慣行が根強いが、その卒業生たちは一部の専門学校卒業者を除き、大多数が未熟練労働者である。

熟練労働者へとスキルアップする道は、企業の正社員に採用された後の企業内訓練であり、企業の外の社会的な訓練の仕組みはほとんど未整備といっていい。したがって、スキルを評価する社会的な基準がほとんど存在せず、したがって企業の枠を越えて賃金水準を平準化することは極めて困難になっている。

つまり、正社員の賃金であっても、企業間で格差が存在する以上、後述する正社員と非正社員、あるいは男女間の賃金格差を改善する取り組みも、企業という枠の中のものにならざるを得ないことになる。

これは、雇用システムの全体から生じていることから、労働組合が企業別組合から職種別・産業別組合に移行しただけでは容易に解決し難い課題なのである。

5）雇用・扶養システム

さらに指摘する必要があるのは、日本型雇用システムは、男性正社員を軸とする「雇用・扶養システム」であるという点である。

先の日本型雇用システムで想定されていた正社員とは男性であり、女性は専業主婦として家事労働に専念するというモデルなのである。

これは、旧来型の家父長的家族モデルを踏襲するものであり、典型的な性別役割分業といっていい。

もちろん、こうした状況の下でも女性が企業で働くことは決してまれではなかったが、多くの場合、結婚年齢で（未婚であっても）退職させられるという

慣行が続いた。

つまり、「長期勤続を想定した」諸制度の対象外に置かれていたという意味で、大多数の女性労働者は「非正規」だったということになる。

1985年の男女雇用機会均等法の成立後は、こうした状況は少しずつ改善し、女性の就業率や勤続年数も増加傾向を続けているが、男女間格差は依然として大きな問題として残っているのが現状である。

均等法によって、例えば、雇用管理区分、賃金表、定年年齢を男女別に設定することが禁止されたが、これによって、それまで女性社員が担っていた業務を、女性非正社員（パート労働者、派遣労働者）に置き換えるという動きに拍車がかかり、非正規雇用が増加したという面も否定できない。因みに、労働者派遣法の制定もまた1985年であった。

労務供給業は戦後になって原則禁止されていたが、この法律によって解禁された。当初は、一部の高度専門職に限定されていたが、98年以降の相次ぐ法改定によって製造業を含めて拡大していった。

こうして増加した女性非正規労働者は、家事労働の担い手としての地位は変わらず、専業主婦と同じように男性正社員に扶養されていた。

つまり、企業に正社員として雇用される男性正社員は、専業主婦や女性非正規労働者、あるいは学生アルバイトなどを、世帯主として扶養する役割を担い、男性正社員の賃金は、これらの家族を扶養するに足る水準が想定されていた。

この類型は、一般的に「男性稼ぎ手モデル」と呼ばれるものである。

2．日本型雇用システムの形成

1）戦前期から戦時期へ

「日本型」というと、日本に古くから定着しているように見えるが、決してそうではない。

日本でも、1920年代頃までは、「渡り職人」と呼ばれる職人型の雇用形態が一般的で、彼らはそれぞれの専門的熟練を頼りに職場を転々としていた。

しかし、帝国主義時代に入り、産業の近代化、軍事化が進むにつれ、製造現場は装置産業へと変わり、新たに導入した機械に対応した新たな熟練技能が求

められるようになった。

それには、新たに人材を育てるよりも、すでに存在する優秀な職人に担ってもらう方が早い。そう判断した企業や軍の工場では、こうした職人たちを採用し、そこで働き続けてもらうための誘導策を講じるようになった。

同時に、若い世代を早くから自社で育成し、職場に送り込む仕組みも作った（養成工制度）。

こうして生まれたのが、勤続年数と熟練に応じて賃金が上昇する年功型賃金であり、長期勤続を促進するための退職金制度、手厚い企業内福利厚生などである。

そして、1939年の戦時統制経済の下で、これらの仕組みが、すべての企業に広げられていくことになる。

このように、戦前期・戦時期を通して全体に行き渡っていったのが、「長期勤続を前提とする」仕組みだったのである。

2）戦後期から高度成長期へ

この仕組みは、敗戦後の戦後期にも基本的に維持され、50年代半ば以降の高度成長期には、企業中心システムがさらに強化されていく。

例えば、1955年に設立された生産性本部が掲げる「生産性三原則」は、労働者の生産性向上への協力、労使による協議、労働者への配分を柱としており、これによって労働者の企業に対する帰属意識は急速に強まっていく。ただし、ここでの原則は正社員に限ってであったことはいうまでもない。

また、企業の成長と労働者の賃金引き上げは、男性正社員の扶養能力を高めることになり、「男性稼ぎ手モデル」による「雇用・扶養システム」が定着していくのもこの時期であった。

3）80年代のパート労働問題

不安定雇用労働者は、戦後直後から一貫して続けてきた。

戦前期に不安定雇用の主流を占めていたのは、「組請負」「人夫貸」と呼ばれていた労働者で、農家の次男、三男を業者が集めて、工場や建設現場に送り込むものであった。

募集の名目は、工場や建設会社での仕事であったが、実際にそれらの企業に雇われることはなく、募集会社の用意する住居に拘束され、賃金も一部しか手渡されないというものであった（いま中国で広がっている「労働者派遣」も、こうした実態と無関係ではないと想定される）。

戦後になって、こうした労務供給は労働者の人権を侵害するものだとして禁止されたが、「社外工」という形の間接雇用として残った。

また、臨時工に加え、前述の都市雑業者や日雇い雇用労働者は不安定雇用労働者と呼ばれ、社会問題となっていた。ただし、労働問題というよりは、中小・零細企業問題と同様、発展の遅れたセクターの問題として扱われる傾向にあった。

高度成長期に社外工や臨時工の多くが正規雇用に吸収されると、それに替わって増えてきたのが、主婦パート、学生アルバイト、高齢者パートなどであった。

主婦パートは、前述の「専業主婦」たちが、家事労働を担いながら仕事に就き始めたもので、業種によっては基幹的な仕事に従事していたが、その賃金（時給）は、法定最低賃金の水準に近いものであった。

70年代末頃に、労働省はこの低賃金を労働基準の問題として扱おうとしかけたが、経営側の抵抗が根強く、主婦パートの問題は、労働問題としてではなく、福祉の問題として議論された。

80年代に入って、労働組合もパート労働者に関する法律の制定を求め始めたが、当時の労働政策に影響力をもつ学者は、「パート労働者は基幹的な仕事に従事していてもミゼラブルでない」として、法律制定に消極的であった。

すでに見たように、主婦パートも学生バイトも、男性正社員に扶養される存在であり、たとえ職を失っても生活には困らない者と見なされていたのである（すでに、母子家庭のパート労働者も存在していたが、大きな社会問題とは位置づけられなかった）。

3．雇用システムの地殻変動

1）転機としての90年代後半

以上のような日本型雇用システムに大きな変動が生じるのは、1990年代後

半のことである。

　それまでは、正社員も非正社員もともに増え続けていたのが、1997年を境に、正社員は減少傾向に転じ、非正社員は増え続けるという現象が起きたのである。非正規雇用比率の増加は若年層でも顕著であり、「人口減少」で説明することはできない。

　これは単純化すると、正社員から非正社員への置き換えが進んだことを意味する。

　この背景には、製造業から非製造業への産業構造の転換があるわけだが、「長期雇用を前提とした」雇用システムの大きく変動と見ることができる。

　正社員から非正社員への置き換えによって、非正社員の性格も大きく変わっていくことになる。

　一つは、これまで正社員が行っていた業務を担う非正社員の増加である。つまり、正社員と同じ業務を担いながら、賃金などの労働条件が低く抑えられている労働者の増加である。

　もう一つは、主たる生計を担う非正社員の増加である。例えば、学生アルバイトは、卒業すれば正社員になることが想定されていたが、それが難しくなり、アルバイトの仕事と収入で年齢を重ねていくことを余儀なくされるのである（中高年フリーターと呼ばれる）。また、多くの女性たちが、正社員として就職できずに派遣労働者として仕事を続けるようになった。

　こうして増加した非正社員たちは、かつての主婦パートや学生アルバイトとは異なり、もはや扶養される存在ではない。単身であれ、既婚であれ、自ら主たる生計費を稼がなければならない労働者である。

　他方で、男性正社員の賃金も、以前のように上昇しなくなり、家族を扶養する能力が低下していった。

　これらは、日本型雇用・扶養システムが想定していなかったことである。「ミゼラブルでない」という前提が崩れたことにより、一気に「ワーキング・プア」が表面化し、日本ではすでに克服されたはずの「貧困問題」が大きな社会問題として浮上したのである。

2）社会的な貧困問題

　格差と貧困の問題は、2001年以降の小泉内閣の下で深刻化し、2006年以降の第1次安倍内閣の時期には政治問題にまで発展していき、こうした状況を背景に、参議院選挙では与党が大敗を喫した。

　そして、2008年のリーマン・ショックにより、製造現場で働いていた数多くの派遣労働者が解雇、あるじは雇い止めされ、雇用保険にも加入せず派遣会社が用意していた社宅に住まわされていた彼らは、職を失うとともに無一文で路頭に迷うという事態が頻発した。

　連合は、2009年5月に開催した「非正規メーデー」の集会で、「失業の防止」「八時間労働制の実施」「最低賃銀法の制定」と書かれた垂れ幕を掲げた。これらは、1920年に開催された第1回メーデーのスローガンである。つまり、雇用をめぐる状況は、90年前に舞い戻ったといっても過言ではない。

　しかも、この貧困は、経済的貧困に限ったことではなかった。

　連合総研が行ったヒアリング調査のなかで、派遣で働いていたある労働者は、「使い捨てではなく、必要とされる存在になりたい」と切実に訴えていた[2]。

　当時、マスコミでも「無縁社会」という言葉が使われるようになり、非正規雇用であるが故に、社会保障制度や雇用のセイフティネットだけでなく、もっと基本的な人と人とのつながりからも排除されている実態が浮き彫りになっていった。

4．「雇用システムの地殻変動」の要因

1）経済のグローバル化

　日本型雇用システムの地殻変動をもたらした要因には、いくつかのことが考えられる。

　一つは、経済のグローバル化である。

　資本主義生産様式は、その発展に伴って、新たな労働力を調達する必要があるが、その労働力は、量的に満たされるだけでなく、どんな仕事にも対応可能で、しかも安価で、必要でなくなればいつでも処分可能であることが望ましい。

　そうした経営にとって都合のいい労働力は、最初は農村から、続いて植民地

から、あるいは途上国から、というように常に「外部」が調達源であった。

　経済のグローバル化が地球を覆っていくに連れて、その「外部」は狭まっていくしかない。そうなると、柔軟で使い捨てできる労働者を、資本主義社会の内部に求めるしかなくなってくる。それが、いま増えつつある非正規雇用労働者だと考えることができる。

　非正規雇用問題は、いま先進諸国に共通して浮上している問題だが、それはこのグローバル化による構造的問題によるといえるだろう。

2）経営の変質

　第二には、金融が主導する経済のグローバル化のもとで起きた経営の変質である。

　従来の日本的経営の特質としては、①長期的視点に経営、②従業員利益の重視、③経営における人事・労務の重視、④人材育成の重視、などが挙げることができる。

　それが、90年代末を境に、①短期的視点の経営、②株主利益の重視、③財務部門の重視、④人材の使い捨て、という方向に転じていったのである。

　何度も指摘してきた「長期的雇用を前提にした」システムは、金融資本と株主がめざす方向とは合致しないと見なされたわけだ。

　この転換について、日経連が1995年に発表した報告書『新時代のの本的経営』にもとづくものとする評価もあるが、その内容はすでに80年代半ばに示されていたことであり新しいものではない。しかも、人事・労務部門を担当する日経連は、2001年に経団連に統合されてしまう。つまり、日経連の想定をも上回る激変が起きたのである。

3）政府の政策が転換を後押しした

　第三には、90年代末からリーマンショックにかけての10年間は、さまざまな分野で規制緩和が進められ、「官から民へ」のスローガンが声高に叫ばれた時期に当たる。

　社会問題となっていた非正規雇用問題についても、「賃金が高すぎる正社員」「恵まれた公務員」が批判にさらされ、経営や株主に偏った分配の歪みを、労

働者間の歪みであるかのように誘導する論調も目立っていた。

また、社会的に排除され、生活保護に頼らざるを得ない非正規労働者に対しては、「自己責任」を強調する主張が大手を振っていた。

こうした規制緩和の流れに立ち向かうのが労働省の役割であるはずなのに、労働者派遣法の改定に象徴されるように、労働分野でも規制緩和策が推し進められていった。

『99年労働白書』（労働省）は、「日本的な長期雇用慣行は障害になっている」との認識を示していた。

4）人材ビジネスの影響力

第四には、人材ビジネスの影響力の増大がある。1980年代には表舞台に登場していなかったこの業界は、今や労働法制改革の前面に踊り出て、臆面もなく規制緩和を叫ぶようになった。同時に、各企業も、本来なら自社で責任をもつべき人材育成や賃金制度の設計を、こうした業界に委託するようになってきている。人事・労務が外注化されているのである。

5．日本の労働組合組織の特質

1）正社員中心の企業内組合

従来から、日本的経営の特徴として「終身雇用」「年功賃金」「企業内組合」の三点が掲げられてきた。

前述の日本型雇用システムの説明でも明らかなように、これらの特徴は切り離すことのできないワンセットのものだといえる。

当然のことながら、これらの特徴が当てはめるのは正社員に限られていて、非正社員には該当しない。非正社員は、基本的には企業内組合からも排除される存在であった。

戦後の出発点で企業別に労働組合が組織された際には、それまで身分的に分断されていた工員と職員が一体となって組合員となった経験をもっているが、非正社員にまでは及ばなかった。

正社員と非正社員の「身分」の違いは、現在においても根強く残っていて、

労働組合規約において組合員を正社員に限定しているところが多数派というのが実態である。

また、これもすでに触れた生産性三原則における「協力」と「配分」も、正社員に限られたものであり、企業の生産性向上のためには、正社員を非正社員に置き換えたり、非正社員の賃金を低く抑えたりすることに、無防備であったという面も否定できないだろう。

2）構造的な弱さ

もう一つの問題点は、日本の産業構造、就業構造の変化に、労働組合の組織が対応し切れていないという点である。

企業内組合であるという特質から、労働組組合の組織率が高いのは従来から公共セクターと民間大企業とくに製造業であった。労働者数の三分の二を占める中小・零細企業労働者の組織率は極めて少なかった。

上部を大企業、下部を小企業とした場合、労働者数は△型の三角形を描くのに対して、労働組合員数は▽型の三角形となる。

しかも、その後の産業構造、就業構造の変化によって、労働者数は、①製造業から非製造業へ、②男性から女性へ、③正社員から非正社員へと大きくシフトとしていったが、労働組合の組織は大きく立ち後れてきたとと言わざるをえない。

3）労働組合のこれまでの取り組み

もちろん、労働組合はただ手をこまねいていたわけではない。

戦後期から、一部の組合は臨時工問題を熱心に取り上げ、本工化要求を行っていた。これは、非正社員の労働条件を引き上げるというよりは、その存在そのものを承認せず、正社員として雇うべきだというスタンスである。

しかし、すでに指摘したように、高度成長期の人手不足の下で、多くの非正社員が正社員として吸収されたこともあり、大きな問題とはならなかった。

パート労働者が増加してきた70年代頃から、労働組合もこの問題に取り組むようになった。

一つは、パート労働者を保護するための法律制定である。これには当時の野

党も連携してきたが、経営側の抵抗は根強く、さまざまな紆余曲折を経て、パート労働法が制定されたのは、1993年のことであった。

　もう一つは、パート労働者の組織化である。ナショナルセンターの総評は組織化方針を打ち出していたが、それが具体化していくのは、地区労（都道府県単位よりさたに小さな地域組織）においてであった。

　地区労は、労働相談活動を通じてパート労働者の労働条件の改善に取り組み、80年代に相次いで個人加盟のパート・ユニオンを結成したのである。

　その後、この個人加盟組織の結成は地区労以外の合同労組や産業別組織にも広がっていった。

6．90年代末以降の変動に対する対応

1）春季生活闘争（春闘）の改革

　90年代後半の経済・産業の変動は、まず春闘（毎年春に行われる賃金引き上げを中心とする統一交渉）の変化として表れた。

　それまでの春闘では、金属産業（鉄鋼、造船、自動車、電機）の大手における労使交渉の結果（賃金引き上げ率）が、他の民間企業、さらに、中小企業や労働組合の組織されていない企業にも波及し、それらの結果が、パブリックセクターの賃金、そして法定最低賃金にも連動するという「波及メカニズム」が機能していた。

　労働組合の賃金引き上げ交渉が、結果的に労働組合に組織されていない非正規雇用労働者の賃金にも影響を与えていたのである。

　この波及メカニズムが、日本社会における「分厚い中間層」の形成に一定の役割を果たしていたといえる。

　しかし、90年代半ばになると、それまで春闘の牽引役だった鉄鋼や造船が離脱し、2002年には自動車最大手のトヨタでベースアップを実現できないなど、波及メカニズムが機能不全に陥ったのである。

　連合は、95年春闘方針で、春闘改革の方針を示すとともに、2001年にパート労働者の賃金引き上げを統一要求として掲げ、2003年には「引き上げから底上げへ」と転換させ、2005年に「パート共闘」を立ち上げた。

このように、非正規労働者の賃金引き上げを、波及に委ねるのではなく、自らの交渉力で実現しようという方針をとってきたのである。

2）非正規雇用労働者の組織化類型

当然のことながら、自らの交渉力による底上げには、非正規雇用労働者を労働組合に加入させることが不可欠となる。

先に指摘した日本の労働組合の特質を踏まえると多くの困難が伴うこの課題に、どう挑戦していくのか。

一般的にいって、労働組合組織の類型として、①産業・職種別の個人加盟組織、②企業単位の組織、③地域の個人加盟組織が考えられる。

これらを基礎に、例えば、②が集まって産業別組織を作ったり、②や③が集まってさらに規模の大きい組や全国組織を作ることも可能である。

非正規雇用労働者にとってどの類型が望ましいかを一般的に語ることは難しく、その業務や契約内容で変わってくる。

業務や契約内容については、次のような点が問題となる。

a）（契約が有期契約でも）短期型か常用型か
b）業務内容が周辺的か基幹的か
c）（職場で非正規が）少数派か多数派か
d）家計補助的か主たる家計を担っているか

3）企業内組織化タイプ　1

例えば、大手スーパーマーケット、コンビニエンスストア、外食チェーン店などの職場では、正社員は店長を含めて数人しかおらず、仕事はほとんどすべて非正社員が担っている。中には、勤続年数が長く、新しい正社員に仕事を教えることもある。多くの非正社員にとっても、「自分の職場」だという意識が生まれてくる。

こうした職場では、非正社員でも正社員と一体となった人事制度・賃金制度や正社員登用制度を整備しているところも少なくない。

もちろん正社員と非正社員の身分の違いは解消されていないかも知れないが、正社員だけの労働組合ではおのずと限界が出てくる。

第一に、同じ組合員としての意志疎通がないと、現場の仕事がうまく回らなくなる。

連合総研で行ったヒアリング調査によると、調査対象の多くの組合が、組織化の動機として、職場のコミュニケーションや業務の円滑化を挙げている。

第二に、正社員組合の側からすると、職場では絶対的な少数派であり、残業に関する労使協定を締結する際にも、従業員代表としての地位が保てなくなる。こうした組合活動の基本を維持するためにも、非正社員の組織化は喫緊の課題となるわけだ。

具体的な組織化は多くの困難を伴うが、経営者との間で「ユニオン・ショップ協定」を締結して非正社員を組合に加入させるケースが少なくない。

こうした取り組みは、2000年以降になって急速に進んでいるが、逆にいうと、そこまで非正社員への置き換えを認めてきた結果ともいえるわけで、組織化を通じてどういう仕事・職場にしていくかが問われているといえるだろう。

4）企業内組織化タイプ 2

もちろん企業内組織化タイプは、上記の業種に限ったことではない。

製造、交通運輸、金融、公務など、さまざまな職場で取り組まれている。

このタイプにも、上記のように正社員組合に非正社員を加入させるタイプと、非正社員だけで組織するタイプがある。

どちらかというと前者の方が一般的で、非正社員の要求づくり、交渉などを、正社員の要求、交渉と一括して行うことになる。

中には、春闘の賃金引き上げの際に、非正社員により多く配分し、賃金格差の解消に努めている組合もある。

非正社員が労組の役員や執行委員を担うこともあるが、非正社員の組合活動への参加の度合いは、やはり労働組合によって異なる。

一方、後者のタイプは、基本的な組合活動を非正社員のなかで分担するため、より多くの困難を伴うことになるが、組合活動への参加意識は強まり、組合への期待も大きくなる。

もちろん、職場の正社員組合の支援が不可欠となるが、相互の関係がうまくいっているところでは、非正社員の中から新たな労組リーダーが育ってきてい

る。

5）地域別個人加盟タイプ

　他方で、短期契約で職場を転々とし、しかも職場では少数派であるという非正社員にとっては、自分の職場、自分の仕事という意識は弱く、仲間も作りにくいことになる。

　賃金未払いや解雇といった問題に直面しても、周囲に相談相手はなく、どうせ辞める職場なのだからここで頑張らずに次の仕事を探そう、という人が少なくない。

　こうした職場の法律違反やトラブルは、各種の労働相談件数や事例でかいま見ることができるわけだが、それらも氷山の一角にすぎない。

　労働組合が実施する労働相談に相談が寄せられた場合、本来ならそれをキッカケに職場で労働組合を作る可能性を探りたいのだが、それが年々難しくなっている。

　社会全体で進んでいる個人化・個別化の流れはかなり深刻で、職場で起きたトラブルを職場の同僚に話しかけること自体が困難になっているようだ。スマホの普及は、こうしたコミュニケーションをむしろ寸断しているのかも知れない。

　それでも、問題解決のためには、一人でも入れる個人加盟組合に加入してもらい、経営者と交渉しなければならない。

　そのなかで、「経営者に対等にものが言える」という経験をし、信頼できる仲間と出会い、労働組合活動の重要性を認識する人が出てくる一方で、せっかく労働組合に加入しても問題の解決と同時に、そこから離れていく人も少なくないのが実態である。

　この間の非正規雇用問題に対して、実際の問題解決においても、また社会的なアピールにおいても、最も力を発揮しているのはこのタイプの労働組合である。

　なお、地域ユニオン活動の詳細については本書の高須論文を参照されたい。

6）職種別個人加盟組合タイプ

さらに、有期契約で職場を移動する人でも、ある専門的な職種を担い続けるという労働者にとっては、職種別組合に加入する可能性が高いといえるだろう。

例えば、エステサロンで働く労働者の間では、すでにその挑戦が始まっている。この仕事には一定の資格が必要であり、それが共有されるのであれば、店舗の枠や、企業の枠を越えた労働条件設定も可能になるからだ。

これは、前述の「仕事に人がつく」職人型の働き方に該当するので、他の職種でも条件さえ整えば職種別組合の展望が開けてくるであろう。

以上のように、日本における非正社員組織化は、さまざまな方向から取り組まれてきたが、飛躍的な組織率の向上に結びついておらず、依然として道半ばの段階にあるといえる。

7．2007年以降の取り組み

1）連合が非正規労働センターを設置

連合は、2007年秋に非正規労働センターを設置し、私は09年秋までセンター長を勤めた。ここではそこで感じた点にいくつか触れてみたい。

まず指摘したいのは、07年当時の危機感の強さである。

前述のように、非正規雇用問題は大きな社会問題となっていたが、その意味は、社会全体に広がっていたということにとどまらず、社会そのものが危機に瀕していたという認識であった。

連合が非正規労働センターの設置を決めた際に、各産別労組はまだ非正規問題に熱心に取り組んでいるとはいい切れない状況だった。だが、各組織のトップは揃って、ナショナルセンターとしての連合は、この問題に最優先に取り組むべきだと主張したのである。

この認識は、与党の自民党の側にもあった。第1次安倍内閣時代に自民党の後藤田労働部会長は、党内の会議で、「非正規問題を、民主党や連合に代わって自民党が代弁する」と発言している。そして、安倍内閣は、パート労働法や最低賃金法の改正に着手するのである。

連合は、各都道府県に非正規労働センターを設置し、街頭キャンペーンや全

国一斉の労働相談などを実施するとともに、各種のNPOや市民団体との連携を強めていった。

その頃、格差と貧困の広がりに対抗して、「反貧困」を掲げた幅広い運動が各地で展開されていて、可能な限りの連携をとったのである。

2008年6月には、東京・秋葉原で集団殺傷事件が起きたが、事件を起こしたのが「派遣社員」であったため、大きな波紋を呼んだ。彼は、青森県から関東の自動車工場に働きに出てきた青年で、警察の取り調べのなかで、「職場に居場所がなかった」と語っていた。

2）社会運動としての広がり

そして、2008年秋、リーマン・ショックが起きた。当時製造現場で増加していた派遣労働者の多くが、解雇または雇い止め（契約期間満了と同時に打ち切り）にされたことは、前述のとおりである。

この危機的な状況に対して、各地の労働組合だけでなく、労働福祉団体、NPO、弁護士グループなどが相談活動を始めとする支援活動を開始した。

各地の地方連合会や労福協（労働者福祉協議会）は、仕事と住居を失った労働者のために、シェルターを用意するとともに、再就職支援などの活動を展開した。

また、契約を打ち切られた派遣労働者については、派遣元企業と交渉して、残された契約期間の賃金補償や新たな派遣先の紹介を要求して交渉した。そして、年末には、さまざまな団体・グループが協力して。東京・日比谷公園に「年越し派遣村」を設置し、仮設のテントを張り、食事の炊き出しなどの支援活動を行った。そこで実施した労働相談では、大多数が雇用保険にも入っておらず、年明けに生活保護申請に向かわざるを得ない状況だった。

この間の取り組みで、何よりも際だっていたのは、非正規雇用労働者が、自ら声を上げ、労働組合結成に動いたことである。先に指摘したように、これまでなら諦めて他の仕事を探していた人たちが、当事者として労働組合活動に参加したのである。

いくつかの個人加盟労組で、今までなら問題解決と同時に離れていたが、定着する労働者が少しずつ増えている、という声も聞かれた。

とくに、社会的セイフティネットからの排除という問題は、労働組合だけでは解決できず、各地域でも他のNPOや市民グループとの連携が進み、「社会運動」として展開されていった。

こうして「非正規問題」「貧困問題」から始まった運動は、市場万能主義や新自由主義を糾弾する流れと合流し、しかも、公共事業削減や地域の疲弊に不満をもつ地域の保守層にまで共感の輪が広がっていった。

政権はすでに麻生内閣に代わっていたが、こうした運動の広がりを背景に、就労支援制度（給付つきの訓練を軸とする）などの政策要求も実現させることができた。

そして、そうした一連の動き延長線上に、2009年9月の政権交代が起きたのである。

3）「反転」は起きたか？

2008年のリーマン・ショックと2009年の政権交代は、歴史的な転換点となるはずであった。

リーマン・ショック後に開かれたOECD・TUAC（労組諮問会議）に筆者は出席していたが、「これで世界経済の流れは転換し、（すでにアメリカではオバマ大統領に代わっていたが）日本でも政権交代が起これば、OECDも変わるだろう」と議長が発言していたのを思い出す。

日本国内でも、「転換」「労働再規制」「長期経営」「正社員回帰」といった言葉が飛び交い、連合も運動方針のなかで「反省」や「反転」を掲げた。

それから約10年を経過したが、残念ながら「反転」が起きたとは言い難い。経営の流れも変わっておらず、労働者の賃金水準もずっと停滞を続けている。

非正規労働者の増加にも歯止めはかからず、「貧困」状態にも改善していない。

安倍内閣は、株価の上昇をもって景気の回復を称揚しているが、それは実体経済とかけ離れたものであり、そもそも株価を経済指標とすること自体が、反転が起きていないことの証といえるだろう。

8．これからの課題

1）「働き方改革」の危険性

いま政府が進めつつある「働き方改革」「人材革命」には、「時間と場所に制約されない働き方の拡大」「人工知能やシェアリング・エコノミーの普及」とともに、「正規と非正規の区分けをなくす」といった方向が盛り込まれている。

すでに中国で普及しているシェアリング・エコノミーの実態が示しているように、これらの方向は、①労働時間管理そのものをなくす、②報酬を出来高払いにする、③労使関係が成立しない、④労働法や労働者保護策が及ばない、という状態を作り出すことに他ならない。

これは、「非正規化」の方向にすぎず、労働者を「19世紀的状況」に連れ戻すことを意味する。

こうした方向に歯止めをかけ、本当の意味での「反転」に向けて、大きな社会運動を作り上げていくことが、労働組合の最優先課題といえるだろう。

2）改めて労働組合とは？

非正規雇用問題に対する労働組合の課題を考えるに当たって、改めて問われるのが、「労働組合とは何か」という問いである。

労働組合の古典的な定義は「労働条件の維持・向上のための恒常的組織」である。団体交渉を通じて要求を実現するという役割は、今後も変わることはないだろう。

労働相談に駆け込む非正規雇用労働者にとっても、この役割が期待されるのは当然のことである。

しかし、こうした「問題解決機能」と同時に、いま強く求められているのが「居場所機能」なのである。

この「居場所」は前述の秋葉原事件でも登場したものだが、単に自分が占めている物理的な空間ではなく、そこで他人と接し、何らかの役割を担い、周囲から承認され、自分のアイデンティティを見出す、そういう相互関係の場所である。

「職場に居場所がなかった」という言葉は、まさしく非正規雇用の本質を表現しているといえる。

多くの労働者が、今なお格差と貧困に喘ぎ、将来見通しを持てずにいるのだが、貧困も無縁も、それが常態化すると「問題」ではなくなってしまう。スマホで呟くことはあっても、かつてのように声も出せなくなってしまう……。

そういう労働者たちが、安心して何でも言い合える場所が、いま切実に求められているのである。

孤立していた労働者が集って、皆で協力して問題解決をめざす、という意味では、上記の二つの機能は、従来から一体のものとしてあった。だが、とりわけ今の非正規雇用労働者にとっては、居場所機能が重要になっていると思われる。

3）オルガナイザーと世話役

非正規雇用労働者の組織化にはいくつかの類型があることはすでに指摘したが、そこで重要な役割を果たすのが経験を積んだオルガナイザーの関与である。

いま直面している最大の問題は、こうしたオルガナイザーが決定的に不足していることである。

たしかに、労働相談の内容が個別化し、職場で労働組合を立ち上げにくくなっていてるのは事実である。多数の案件を抱えたオルガナイザーは、手っとり早く解決するために、当事者を差し置いて代行的に「解決」することにもなりかねない。

せっかく職場で労働組合を立ち上げても、ユニオンショップ協定を結ぶと、オルガナイザーはすぐに他の職場の組織化に移ってしまい、きちんとした組合活動ができない、ということにもなりかねない。

同時委に、居場所機能の強化のためには、団体交渉やストライキ指導にに長けたベテランのオルガナイザーだけでなく、親身になって時間をかけて話を聴き、自分の居場所が見つかまで共に歩みを進める世話役が欠かせない。場合によっては、相談に駆け込んで来た同世代の人が、そういう役割を発揮することも珍しくない。

いずれにしても、非正規雇用労働者の組織化のための相談員やオオルガナイ

ザーの配置は、労働運動にとっての「先行投資」と位置づける必要がある。財政に少しでも余裕のある労働組合（産別組織、企業別組織）の出資が検討されるべきだろう。

4）日本型雇用システムの「社会化」

　非正規雇用労働者の労働条件改善のためには、正社員化、春闘での賃金引き上げ、労働条件の均等待遇、最低賃金の引き上げ、労働・社会保険への加入、などの取り組みが重要であることはいうまでもない。

　筆者自身も、連合本部で不十分ながらこうした課題を担ってきた。そこで悩んだのは、個々の取り組みを通じて、中期的にどんな姿を目指すのか、ということであった。

　すでに指摘したように、日本型雇用システムにおいては、正社員は、未熟練・単身賃金からスタートし、企業内訓練を経て、熟練・世帯賃金に到達するのに対して、非正社員は未熟練・低賃金にとどまり続ける。

　たしかに、正社員の世帯賃金が「男性稼ぎ手モデル」であるのは問題だとしても、年功賃金から仕事別賃金に移行したからといって、非正社員が熟練賃金に到達する保証はない。最低賃金の引き上げも、この水準に達するのは難しいだろう。

　そこで必要になるのは、当面の到達賃金目標を、単身賃金でもなく、旧来の（他の家族を扶養する）世帯賃金でもなく、新たな目標を設定することである。

　考えられるのは、「一人一子」という新たな世帯モデルである。母子家庭、父子家庭でも暮らしていける水準である（共稼ぎであれば4人世帯となる）。

　その上で、この新たな世帯賃金と熟練賃金に、すべての労働者が到達できるよう、企業に任せるのではなく、社会全体（具体的には業界や地域）で教育訓練を実施し、一定の資格を標準化することによって、到達水準を企業の枠を越えたものにしていくのである[3]。

　これは、正社員に限定されていた「半人前→一人前」の仕組みを、企業の枠をこえて「社会化」し、すべての人に保障する仕組みである。これが定着していけば、労働条件決定でも、労働組合の組織化でも、「企業中心主義」を克服する展節が開けてくるかも知れない。

5)「社会基盤」の最構築

　もう一点悩んだのは、「年越し派遣村」のテントで相談を受けながら、本当の問題解決とは何か、ということであった。ある労働者は、新潟出身だったが、東京にたどり着いた時は無一文になっていた。別の労働者は、東北出身で、地元で仕事が見つからず日雇い派遣で働くことにした。

　もちろん、当面の対策は生活保護と住宅確保であったが、次の仕事を探さなくてはいけない。手元には、数件の求人票もあったのだが、彼らに東京の仕事を紹介することが、本当の意味での「解決」といえるのか。

　たしかに、職業選択の自由からすれば働く場所は問われないのかもしれない。しかし、彼らは、地元で働くという選択肢を奪われているが故に、故郷から出ざるを得ない。だとしたら、地元に働く場を確保するという選択肢を作り出すことも、もう一つの「解決」方法なのではないか。

　すでに指摘した、小泉内閣の下での地域の疲弊、農業や商業などの自営業の減少、地域での人々のつながりの希薄化は、これまでの日本社会の基盤を揺るがすものであった。

　これまでの日本社会は、国家・市場と個人の間に中間組織（企業、家族、地域社会など）が介在してきたのだが、その中間組織が液状化しつつあるのが今の姿だといえる。

　非正規雇用問題というのは、単なる雇用問題ではなく、こうした社会基盤の崩壊の現れと見ることもできるだろう。そうであるとするなら、こうした社会基盤の建て直しを、従来のものとは違う形で、もっと開かれた共同性にもとづいて行っていくことが求められることになる。

　これは壮大な事業のように見えるが、一つひとつの具体的実践の積み重ね以外にはありえない。地域再生の取り組みはすでに各地で始まっており、そこでは衰退しつつある自営業だけではなく、協働事業や社会的企業も含め、（働き方改革とは全く違う意味で）雇用に限らない新しい仕事の場も生まれつつある。

　そこで問われるのは、労働組合の役割である。労働組合がメンバーのための「労働組合運動」だけでなく、すべての労働者と共に進める「労働運動」へ、さらにすべての人々と共に進める「社会運動」を担えるかどうか。

　非正規雇用問題の行く末は、ここにかかっているといっても過言ではない。

注
1) 龍井葉二「雇用の階層構造と労働組合」(『日本労働社会学会報告』第 14 号所収)。
2) 連合総研「困難な時代を生きる 120 人の仕事と生活の経歴」(2010 年)。
3) 龍井葉二「雇用二極化への対抗軸とは?」(『現代の理論』2006 年夏号) を参照。

第3章 非正規労働者の増加、組合組織率の低下に対して、日本の労働組合はいかに対応してきたのか
――コミュニティ・ユニオンの登場とその歴史的インパクト――

高須裕彦

はじめに

バブル崩壊から4半世紀、日本の雇用と働き方は大きく変わった。正規労働者数は1997年（3812万人）をピークに420万人余も減少し、2017年に3385万人となった。非正規労働者数は90年代前半（1994年に全労働者の20.3%、971万人）から倍増し、2017年には2017万人、全労働者の4割弱、37.3%を占める（図1）[1]。非正規労働者の多くは有期契約で雇用され、雇い止めが容易で、権利主張がしにくく、劣悪な労働条件である[2]。

労働組合組織率は、80年代以降、減少を続け、2000年代には2割を切るようになった（2016年、17.3%、組合員数994万人、図2）[3]。ストライキなどの集団的労使紛争は激減したが、90年代以降、個別労働紛争件数は増加し、高止まりを続けている[4]。いじめ嫌がらせの件数は毎年増え続けおり、深刻な職場実態が浮かび上がってくる。

本稿では、このように雇用と働き方が激変するなかで、日本の労働組合はいかに対応してきたのかを地域での未組織労働者組織化の受け皿となった「コミュニティ・ユニオン」に焦点をあてて、明らかにしていきたい。1節では、1980年代に登場するコミュニティ・ユニオンとその発展について述べる。2節では、労働運動の主流である企業別労働組合と比較しながら、地域合同労組とそのタイプ、その一つのタイプであるコミュニティ・ユニオンの特徴、歴史的な位置などを論ずる。3節において、コミュニティ・ユニオンが労働運動主流

図1 非正規労働者比率（％）の推移——90年代後半から2000年代前半に急増

出所：総務省「労働力調査特別調査」（1984年〜2001年の2月のデータ）、「労働力調査（詳細集計）」（2002年〜2017年の1〜3月平均のデータ）より筆者作成。

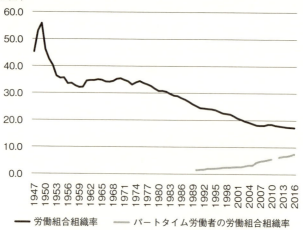

図2 労働組合の推定組織率（％）の推移——減少する労働組合組織率と増加するパート労働者の組合組織率

出所：厚生労働省「労働組合基礎調査」より筆者作成

に与えた歴史的なインパクトを述べる。4節において、今後の課題を論じる[5]。

1. コミュニティ・ユニオンの登場と発展[6]

(1) 80年代という時代

 1973年の第一次石油危機以降、第二次産業・製造業は減量経営を進める一方、第三次産業・サービス業が拡大していく。そして、企業は産業を問わず低賃金で解雇のしやすい女性パートタイム労働者（「主婦パート」）の積極的な活用を始める。非農林業の女性労働者における短時間労働者（週35時間未満）の構成比は、70年の12.2%が80年に19.3%、90年に27.9%へと増加していく（労働力調査）。男性は依然として正社員が主流であったが、中高年の女性労働者の世界では非正規化が確実に進行していた。
 他方、労働組合の組織率は50年代半ばから35%前後を維持してきたが、75年を境に毎年減少を始めた。80年に30.8%、90年には25.2%まで低下していく（労働組合基礎調査）。
 1980年代、中央では民間大企業労組主導で「連合」結成に向けた労働戦線統一運動[7]が進んでいた。当時の地域労働運動の担い手であった地県評・地区労[8]のオルグや活動家たちは、同組織の縮小や解体が想定されるなか、地域労働運動がどう継承されていくのかという強い危機感を持ち、その新たな受け皿をどうつくるか、模索していた。

(2) コミュニティ・ユニオンの登場

 1981年に葛飾区労協と全国一般南葛一般が始めた「パート110番」をきっかけに、労働相談活動が全国に拡がった。パート労働者だけでなく一般の労働者からの相談も増えていった。電話では解決できない問題が次々寄せられた。既存の企業別組合では取り組めないパートや社外工、不安定雇用労働者などの問題を取り上げていくのに、団体交渉権を活用していくのが有効であった。相談者が滞留し、ミニ労働組合の結成が進んでいく。その受け皿として、地区労を基盤に「地名＋ユニオン」と名乗る地域合同労組を結成する動きが出てきた。地区労や地県評の支援を受けて、1983年に「ユニオンひごろ」「石川勤労者ユ

ニオン」が、1984年に「江戸川ユニオン」が結成された。のちに高木郁朗らが「コミュニティ・ユニオン」と名付ける新しい地域合同労組運動が始まった（コミュニティ・ユニオン研究会 1988）。それまでは漢字で「労働組合」と呼ぶのが一般的であったので、カタカナで「ユニオン」と表記されると、ソフトで新鮮な語感を与えた。

　こうして、1989年の連合結成前後に地県評・地区労の縮小や解体が進むなか、地域運動の新たな受け皿として、コミュニティ・ユニオンが全国各地で結成されていく。89年に、各地のコミュニティ・ユニオンの有志が集まって、第1回コミュニティ・ユニオン全国交流集会を開催し、90年には「コミュニティ・ユニオン全国ネットワーク」が結成された（小畑 1993：小畑 2003：長峰 2003：高木 2000：コミュニティ・ユニオン研究会 1988）。

　「コミュニティ・ユニオン全国ネットワーク」に加盟するユニオンは、1987年12月に31ユニオンであったが、1993年8月に64ユニオンとなり、2017年11月現在で、32都道府県に76ユニオンが存在し、組合員総数は約2万人である（コミュニティ・ユニオン研究会編 1988, 236：コミュニティ・ユニオン全国ネットワーク 1993, 246-247：コミュニティ・ユニオン全国ネットワークのウェブサイト[9]）。

（3）コミュニティ・ユニオンの特徴

　コミュニティ・ユニオンの結成の経緯は大きく分けて3つある（高木 2000, 55：小畑 2003, 45）。第一は、総評時代の地区労を基盤に結成されたユニオンである［江戸川ユニオン、神戸ワーカーズユニオン、武庫川ユニオン、ユニオン福岡（現在の連合福岡ユニオン）など］。これらはその後、地区労の解散や縮小により基盤をどこおくかが問われた。第二は、2節で触れる全国一般労働組合の地方組織であったがさまざまな理由で離脱して独立したユニオンである（札幌地域労組や東京ユニオン、ユニオンみえなど）。いずれも企業別分会を抱え、他のコミュニティ・ユニオンに比べて規模が大きい。第三は、市民運動や女性運動から形成されてきたユニオンである（北摂地域ユニオンや女のユニオン神奈川など）。

　出自が様々であるので各ユニオンの組織実態や活動内容は様々である。コ

ミュニティ・ユニオン全国ネットワークの機関紙に掲載された「これが2006ユニオンの平均像」(CUNN 2006, 14) は、全国ネットワークの調査に回答した26都道府県の44ユニオンのデータの平均値を示して、平均的なユニオン像を紹介している。

「ユニオンの結成は1992年。組合員は現在208人。昨年より組合員が増えています。男女比は男性が60％で女性が40％です。支部（分会）が8つ。支部に所属している組合員は35％です。非正規職で働く組合員が35％です。パートは1割、派遣が1割、移住（外国人）労働者が15人ほどいます。入会金が3019円、組合費が1128円、共済が569円です。年間予算は682万円。何とか専従者を1人配置しています。事務所は単独では無理なので、共同事務所です。執行委員は13人で、執行委員会を月1回開いています。組合員とユニオンを結ぶ解放を毎月発行、ホームページも開設しています。メール通信も始めようかと検討中です。」

数十人から200～300人規模、専従者は1人、組合費は1000円が平均的なコミュニティ・ユニオンのありようである。概して、ユニオン運動に情熱を捧げる専従者とボランティア活動家たちが存在しないと組織存続もおぼつかないような脆弱な組織である。それ故に、多数のユニオンは地域にネットワークを張り巡らし、地域の様々な人々や他の労働組合、市民運動などとの協力や支援を受けて存続している。

（4）新しい領域の組織化

1990年代に入り、バブルが崩壊し、現在に続く長期の不況期・停滞期を迎えるなかで、労働相談をきっかけに新しい領域の組織化と運動が始まる。

1つ目は、80年代後半に急増したニューカマーの外国人労働者（移住労働者）の組織化である。すでに、70年代半ばから正規の滞在資格を持つ外国人語学教員の組織化が「総評全国一般東京地方本部南部支部」（現在の全国一般労働組合東京南部）の手で進められていた（TAKASU 2003）。90年代に入ると、「全統一労働組合」や「神奈川シティユニオン」などによって非正規滞在の外国人労働者（南アジア、韓国、最近はアフリカ出身者）の組織化が数百人規模で始まる。続いて増加した日系人（ブラジルやペルーなど）や外国人技能研修生・

実習生の組織化につながっていく。現在は全国各地で組織化の取り組みが拡がっている。これら労働組合と移住労働者を支援する市民団体がつながり、1997年には「移住労働者と連帯する全国ネットワーク」(現在の名称は「移住者と連帯する全国ネットワーク」)が結成された。

2つ目は、リストラのターゲットとなった管理職や女性たちの組織化である。90年代半ばに全国一般東京労働組合に「管理職ユニオン」「女性ユニオン」が結成され、後に独立、地方にも拡がっていく。

3つ目は若者たちの労働運動である。90年代後半から2000年代に、企業が正規労働者の採用を抑制するなかで、若年層の非正規化が進んだ。それに対して、「首都圏青年ユニオン」(2000年結成)を皮切りに、「フリーター全般労組」「派遣ユニオン」「プレカリアートユニオン」など若者たちを中心とするユニオンの結成が続いた。

(5) ネットワークの形成から派遣村へ

「コミュニティ・ユニオン全国ネットワーク」はネットワーク型運動の出発点である。従来の労働組合組織とは異なり、中央と地方組織に上下関係があるわけではない。各地の自立したユニオンがゆるやかにネットワークを形成し、年1回の全国交流集会を中心に、相互交流や協力支援を進めた。

90年代にコミュニティ・ユニオンを中心とする地域合同労組は、弁護士や研究者たち、労働関係NPOなどと共に「派遣労働ネットワーク」をはじめ、「女性のワーキングライフを考えるパート研究会」「変えよう均等法ネットワーク」「有期雇用労働者権利ネットワーク」などの課題別のネットワーク組織を生み出した。1997年から1998年の労基法改悪NO！の全国キャンペーンは、この4つのネットワークが呼びかけて、非正規労働者の当事者を前面に出して、キャンペーンを展開した。現場行動や集会で連合・全労連・全労協の代表がエールを交換し、連合結成後はじめて潮流を越えてつながる運動の「場」をつくり出した（TAKASU 2002：高須 1998）。これがその後の新しいネットワーク型の運動のモデルとなった。

2007年10月、「反貧困ネットワーク」は、「反貧困」を結集軸に、派遣・請負労働者、フリーター、多重債務被害者、シングルマザー、DV被害者、障が

い者・病者、野宿者、外国人労働者、年金・生活保護利用者などさまざまな立場の当事者たちと支援する弁護士、司法書士、組合関係者、さまざまな支援者が「人間らしい暮らしを求めてつながろう」と結成された。2000年代後半の格差と貧困の拡がりのなかで、反貧困ネットワークが結集軸となって、労働運動と反貧困運動とは次第に合流していく（湯浅2008：湯浅2009）。

　2008年秋、リーマンショックの後、自動車産業を中心に輸出に依存している製造業で、一斉に派遣切りや非正規切りが始まる。労働相談に取り組む労働組合は年末に向けてこれまでとは次元の異なる大変な事態が起きつつあることに気づき始める。そして、反貧困ネットワークと相談し、役所や職業安定所が閉庁となる12月31日から1月5日朝まで東京霞が関の厚生労働省前の日比谷公園での「年越し派遣村」を開設することとした（宇都宮健児ほか編2009, 52-53：年越し派遣村実行委員会2009, 204）。

　派遣村は500名余の入村者の存在を示すことで、解雇即住居喪失という事態の深刻さとセーフティネットの機能不全を可視化させ、社会問題とさせた。そして、深刻な事態は従来の労働相談の枠を越えて、生活保護や住宅確保、多重債務の解決などの生活相談への対応を必要とし、これが労働運動と反貧困運動、すなわち社会運動との合流を引き起こした。構成団体を明らかにしない「年越し派遣村実行委員会」が実行部隊となり、労働運動のいずれの潮流にも所属しない反貧困ネットワークの湯浅誠事務局長が村長となったこととで、連合、全労連、全労協がヒト・モノ・カネを出して支え、草の根の活動家たち、NPOや社会運動に関わる活動家たち、そして、連日のメディア報道で知り、集まってきた数多くの一般の労働者や市民、学生たちの一致協力したボランティア活動によって6日間の派遣村が支えられた。さまざまな潮流の労働運動と様々な社会運動が出会い、それぞれが得意な分野を担い、一緒に成し遂げた事業としても重要である。これ程大きな規模での共同の取り組み、社会運動とも言える取り組みは、連合結成以来20年にして初めての出来事であった。

　こうして、コミュニティ・ユニオンを中心とする地域合同労組運動は、反貧困運動など社会運動と合流し、そこにナショナルセンターを巻き込み、2008年末の年越し派遣村に到達した。これらは、従来の地域合同労組やコミュニティ・ユニオン運動からの大きな飛躍であり、重要な転換点である。飛躍を引

図 3　2008 年暮れ：年越し派遣村・反貧困ネットワークを結集軸につながった

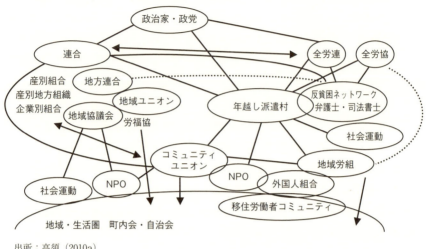

出所：高須（2010a）

き起こした推進力が労働相談であり、かつ、それを通じて出会った、仕事を失い、家を失った労働者たちの現実の深刻さであった。

　以上の運動構造を図式化すると図 3 の通りである。年越し派遣村や反貧困ネットワークを結集軸に、連合、全労連、全労協、コミュニティ・ユニオンや地域合同労組、様々な社会運動がつながっている（高須 2010a：高須 2010b：TAKASU 2012）。筆者は、当時、これらの運動に「社会運動ユニオニズム（社会運動的な労働運動）」へ発展する可能性があると考えていた[10]。

2．日本の労働組合の 2 つの形態

（1）コミュニティ・ユニオンの位置

　前節でコミュニティ・ユニオンの登場と発展について述べてきた。ここで、コミュニティ・ユニオンは日本の労働組合のなかにどう位置づけられるのか考えてみたい。日本の労働組合の圧倒的主流は「企業別労働組合」である。それに対して、コミュニティ・ユニオンは「地域合同労組」の系譜に位置づけられ

る。そこで、まず、企業別組合とは何かを議論し、その上で地域合同労組とは何か、コミュニティ・ユニオンやその他の異なったタイプの地域合同労組について論じたい。

(2) 企業別労働組合とは何か

第二次世界大戦後の日本の労働組合の圧倒的多数は、企業や事業所を単位とする企業別労働組合である（白井 1986, 98：白井 1979）。その企業別労働組合を産業や業種別に束ねた団体が「産業別組織」あるいは「産業別労働組合」と呼ばれる連合体である（これらを以下、一括して「産業別組織」という）。さらにその産業別組織が連合して「連合」や「全労連」という「ナショナルセンター」（中央労働団体）を形作っている。一般に単位労働組合である企業別労働組合が団体交渉権やストライキ指令権、妥結権を持ち、上部組織の産業別組織は、これらの「三権」を持つことはない。すなわち、産業別組織が使用者と労働条件を直接交渉することはほとんどないのが日本の労働組合の特徴である。産別組織やナショナルセンターの主要な機能は、春闘などの闘争方針を調整し、企業別労働組合に情報を提供し、産業や社会政策、労働政策を要求し実現していくことである。

企業別労働組合は、日本的経営のもとでの雇用のあり方——正規労働者の長期雇用慣行や年功的な賃金制度などを基礎とする企業内の内部労働市場に適合的な労働組合である（白井 1986, 101-102：白井 1979, 34-41）。したがって、その構成員の多くが正規労働者であり、非正規労働者（臨時・契約・パート労働者や派遣労働者など）や子会社、下請企業の労働者の組織化に積極的ではなかった。その結果、非正規労働者や中小企業労働者の組織化は遅々として進まなかった。

(3) 地域合同労組とは何か

他方、地域合同労組は看板や組織対象を変えながら生きてきた。その定義は、一定の地域で、一部では企業別労働組合の加盟を認めるが、個人加盟を原則とする企業を越えた横断的な労働組合である。今から55年前に労働法学者の沼田稲次郎は「中小企業労働者の地域的な超企業的横断組織——個人加盟の単一

組織を志向しているが実態は様々である」(沼田 1963, 3) と定義している。

中小企業労働者や臨時工、パート労働者、有期契約労働者、派遣労働者などの非正規労働者は、一般に長期雇用や年功賃金を基礎とする内部労働市場の外部にある不安定な雇用と低賃金を特徴とする地域の外部労働市場のなかで働いている。このような労働者を組織する方法として有効とされたのが、企業を越えて地域横断的に労働者を個人ごとに組織する地域合同労組である。

国際比較的な観点から地域合同労組(特にその1つのタイプである現在の「コミュニティ・ユニオン」)を見ると、例えば、アメリカの労働 NPO である「Worker Center」(労働者センター)に大変類似の機能を持った組織である。違いは日本の地域合同労組は労働組合として団体交渉権を持っている点である。労働組合法により、当該企業に雇用される組合員が1人でもいれば、その使用者は団体交渉に応じなければならない。地域合同労組は、1人でも従業員を組織すると使用者に団体交渉を要求して、その企業の労働条件を改善して、それをバネにその企業内での多数派形成を行おうとしてきた。また、解雇された未組織労働者の駆け込み相談の場合でも、団体交渉を要求して、紛争解決をしてきた。解雇を撤回させて復職できれば、他の従業員を組織化できる場合もあった。

このように、地域合同労組は中小企業の労働者や非正規労働者を組織化する方法として有効とされてきた。労働運動史を振り返ると、時代状況に対応して、さまざまなタイプの地域合同労組が登場・発展し、衰退もしてきた。大まかに分類すると2つのタイプの地域合同労組が存在している。

1つめはナショナルセンターの方針によって組織された地域合同労組である。最初に取り組みが進められたのは1950年代後半である。当時の左派のナショナルセンターであった総評は、組合員からカンパを集めて、最終的には300名を越える中小企業対策オルグを地県評・地区労に配置して、中小企業の労働者の組織化に力を注ぎ、各地に地域合同労組を結成し、「総評全国一般労働組合」に結集させていった。全国一般は、70年代には13万人を越える組織人員を抱える組織に成長する。しかし、80年代に民間大企業労組主導で進むナショナルセンターの統一運動に翻弄され、1989年の連合結成により、3つの潮流に分裂していった(TAKASU 2012)。

1995年、それまで横ばいであった労働組合員数の減少が始まる。地域で未組織労働者を組織化する受け皿として注目されたのが「コミュニティ・ユニオン」であった。次節で触れるとおり連合も全労連も各都道府県や地域に「ユニオン」＝地域合同労組の設置を方針化し、未組織労働者組織化の受け皿として活用していく。

　2つめは、前節で触れた1980年代半ばに登場する「コミュニティ・ユニオン」である。コミュニティ・ユニオンは未組織労働者・非正規労働者からの労働相談や組織化を前面に打ち出した。1989年に「連合」「全労連」が結成され、地県評・地区労などの地域組織が解体されていくのに対して、地域労働運動を継承していく拠点として位置づけられていった。

3．コミュニティ・ユニオンが労働運動主流に与えたインパクト

　1990年代後半から組織率の低下のみならず、組合員数の絶対数が減少を始める。そのことに気づいたナショナルセンターの連合や全労連の組織担当者たちは、地域で未組織労働者を組織化する受け皿として「コミュニティ・ユニオン」に注目した（高須 2010b：TAKASU 2012）。

　連合は、1996年に、各都道府県の地方連合会への「地域ユニオン」設置を方針化し、98年には、各地方連合会に労働相談と組織化を推進するアドバイザーの配置を進めた。2005年には「地域に根ざした顔の見える連合運動」を掲げ、全国に481あった地域協議会を最終的に約300の地協に再編し、会費を10円値上げし（2012年1月までに60円に引き上げ）、それを財源に専従者を置いて、相談や地域の課題に対応できる体制の整備を進めた（高須 2010b：TAKASU 2012）。

　全労連もまた、2002年に各地域への「ローカルユニオン」設置を方針化し、組織拡大基金を設置し、2004年から3年有期で「全労連オルグ」を配置するなど、相談・組織化を推進する体制整備が進んだ（高須 2010b：TAKASU 2012）。

　こうして、連合も全労連も都道府県組織や地域組織に労働相談窓口に設置し、相談担当者が未組織労働者からの相談を受けながら、労働組合の結成を進めた

り、設置したユニオンに加盟を促していく方法で組織化が進められた。

コミュニティ・ユニオンはその規模も社会的な影響力も小さい。しかし、組織化戦略を模索していた労働運動主流に重要なインパクトを与えたのである。

4．今後の課題——労働運動の危機にどう立ち向かうか

あらゆる運動が潮流を越えて出会った2008年暮れの「派遣村」は、自公政権が進めた新自由主義的な構造改革の結果生じた非正規労働者の存在や格差と貧困の拡大に人々の目を向けさせた。結果として、民主党政権の誕生へつながった。しかし、2012年、民主党政権は自壊し、自公が政権に復帰した。安倍政権は労働時間の上限規制や正規・非正規の格差是正を掲げる「働き方改革」や賃上げを推進している。対する労働運動は何をやっているのか。連合は安倍政権との間合いの取り方で混乱し、コミュニティ・ユニオンを含め労働運動全体としても、社会的存在感がないし、インパクトのある運動を作り得ていない。組織率も懸命の努力にもかかわらず、引き続き減少している[11]。

大きなインパクトを与えたコミュニティ・ユニオン自身も登場から30年余、曲がり角を迎えている。専従者（オルグ）が高齢化し、世代交代の時期に来ている。しかし、財政規模が小さく、専従者が1～2名のところが多く、若い専従者への交代やOJTによるノウハウの伝承が大変困難である[12]。

以上を踏まえると、今日の労働者をめぐる状況は80年代とは激変し、困難な状況であり、それを打開する活発な労働運動が求められている。しかし、労働運動は応えられず、深刻な危機的状況にあると見るべきである。

労働運動は若い世代に交代し、地道な組織化や権利を勝ち取る取り組みを進めると同時に、その労働運動の危機に立ち向かい、社会に打って出る、労働運動が様々な社会運動と連携する社会運動ユニオニズム（社会運動的な労働運動）へのリニューアルがますます求められている。その点では、地域を基礎に未組織労働者とつながるコミュニティ・ユニオン役割は引き続き重要である。

参考文献

宇都宮健児・湯浅誠編（2009）『派遣村：何が問われているのか』岩波書店。

小畑精武（1993）「コミュニティ・ユニオン運動の到達点と課題」コミュニティ・ユニオン全国ネットワーク編（1993）所収。

小畑精武（2003）「コミュニティ・ユニオン運動の到達点と課題」（上・下）『労働法律旬報』1560号・1562号。

国際労働研究センター編（2005）『社会運動ユニオニズム——アメリカの新しい労働運動』緑風出版。

コミュニティ・ユニオン研究会編（1988）『コミュニティ・ユニオン宣言』第一書林。

コミュニティ・ユニオン全国ネットワーク編（CUNN）（1993）『ユニオン・にんげん・ネットワーク：コミュニティ・ユニオン宣言PART2』第一書林。

コミュニティ・ユニオン全国ネットワークの機関紙（2006）『CUNN』通算24号。

白井泰四郎（1979）『企業別労働組合』増訂版、中公新書。

白井泰四郎ほか（1986）『労働組合読本』東洋経済新報社。

高須裕彦（1998）「労働基準法改悪阻止！私たちの闘い」『季刊・労働者の権利』1998・7 SUMMER Vol. 225。

TAKASU, Hirohiko (2002) "New Developments in the Japanese Labor Movement Fighting Against Non-standardization of Employment by the Koizumi Government's Structural Reforms," *BULLETIN*, Center for Transnational Labor Studies, No.7, Apr. 2002.

TAKASU, Hirohiko (2003) "Labor Disputes and Organizing among Foreign Workers in NUGW Tokyo South," *BULLETIN*, Center for Transnational Labor Studies, No.8, Nov. 2003.

高須裕彦（2010a）「労働組合運動の新展開：社会運動ユニオニズムの可能性・日米を比較して」社会政策学会編『社会政策』第2巻第1号。

高須裕彦（2010b）（無署名論文）「特集1：ユニオン運動の形成と現状」法政大学大原社会問題研究所『日本労働年鑑』2010年度版第80集。

TAKASU, Hirohiko (2012), "The Formation of a Region-based Amalgamated Union Movement and Its Possibilities." Akira Suzuki, ed., *Cross-National Comparisons of Social Movement Unionism: Diversities of Labour Movement Revitalization in Japan, Korea and the United States*. Peter Lang, 2012, 289頁-323頁。

高木郁朗（2000）「コミュニティ・ユニオンの組織と活動」『社会政策学会誌』第3号。

年越し派遣村実行委員会（2009）『派遣村：国を動かした6日間』毎日新聞社。

長峰登記夫（2003）「コミュニティ・ユニオン運動の20年」浜村彰・長峰登記夫編（2003）『組合機能の多様性と可能性』、法政大学出版局。

沼田稲次郎編（1963）『合同労組の研究』、労働法学研究所。

湯浅誠（2008）『反貧困：「すべり台」社会からの脱出』岩波新書。

湯浅誠（2009）「労働運動と社会保障運動が再び手をつなぐときがやってきた：貧困の現状と反貧困運動」『労働法律旬報』1696号。

注

1) データは総務省「労働力調査」による。非正規労働者についてはジェンダー的な差異が大きい。70年代から80年代に女性の中高年層のパート労働者化（主婦パート）が進行し、90年代後半以降は若年層の非正規労働者比率が高まり、現在は過半数が非正規労働者である。男性労働者の場合、90年代前半までは、新卒で正社員として就職し、定年まで正規労働者として働き、定年後は非正規で働く、「日本的経営モデル」が存在していた。しかし、90年代後半以降、就職氷河期などを通じて、新卒時に正社員として就職できなかった労働者が非正規労働者として滞留し、若年層の非正規労働者化が進行してきた。
2) 非正規労働者の多くは有期契約（派遣の場合は間接雇用）で雇用されるため、正規労働者の解雇と比較して、契約満了での雇い止めが容易である。そのため、雇用の調整弁として、あらゆる産業で活用されている。不安定な雇用故に職場での権利主張は困難であり、劣悪な労働条件が温存され、いじめ、嫌がらせ、セクシャルハラスメントのターゲットともなりやすく、多くの問題を抱えている。
3) 労働組合の推定組織率は、1970年代に30％台で横ばいを続け、1983年に30％を切り、以後、継続的に減少を続けてきた（図1）。1994年に組合員数は戦後最高人数（1269万人）を達するが、組織率は24.1％、以後、組合員数・組織率とも減少を続け、2004年に19.2％、2016年は17.3％（組合員数994万人）である。パートタイム労働者の組織率は、積極的な取り組みの結果、2000年代後半から上昇を続けて、2016年は7.5％（組合員数113万人、組合員総数の11.4％を占める）に至っている。
4) 厚生労働省が所管する総合労働相談コーナーで受け付けた民事上の個別労働紛争の相談件数は、この数年25万件前後で推移している。その内容は解雇・雇い止め・退職勧奨・自己都合退職などの雇用に関わる問題が最も多く36.5％、次にいじめ・嫌がらせの22.8％が続く。特にいじめ嫌がらせの件数は毎年増え続けている。
5) 本稿の1節並びに2節は、2008年から2010年実施した調査研究、並びに、法政大学大原社会問題研究所「労働運動の再活性化の国際比較プロジェクト」（2009年〜2011年）による調査研究、全国一般労働組合東京南部の専従オルグ・書記長（1990年から2003年）として勤務しながら得た知見をもとに執筆した高須（2010b）とTAKASU（2012）の一部を改稿したものである。
6) コミュニティ・ユニオンの登場と発展の詳細は高須（2010b）、TAKASU（2012）を参照されたい。
7) 1950年に結成された総評やその後に結成される同盟（1964年）や中立労連（1956年）、新産別（1949年結成、一旦総評に加盟するが、1954年脱退）の「労働4団体」の時代が長く続いていが、石油危機以降、民間大企業労組の主導で労働戦線統一運動が推

進された。1982年に全民労協、1987年に民間連合、1989年に連合結成に行き着いた。しかし、同時に、共産党と友好関係にある労働組合は、新たなナショナルセンターとして全労連を結成し、旧社会党左派系・独立系の労働組合は共闘組織として「全労協」を結成し、新たな分裂の時代を迎えた。

8) 「地県評」はA地方労働組合評議会やB県労働組合評議会などの略称。「地区労」はC地区労働組合評議会（協議会）などの略称。多くは1940年代後半から50年代に設置される。地県評は都道府県単位、地区労は市や郡単位に設置された労働組合の地域的な連合体である。総評系や中立労連系の産別組織の地方組織やそれに加盟する企業別組合、純中立（上部組織未加盟）の企業別労働組合が加盟した。なお、1950年から1989年まで存続した左派系ナショナルセンターの総評との組織的な上下関係はないが、運動的には総評の地方・地域組織としての役割をになっていた。地県評・地区労の多くは、連合結成後に解散したが、平和センターや地区労センターなどに衣替えして、連合として取り組めない課題を取り組んでいるところもある。また、少数であるが非連合組織を中心に組織を存続させているところや、全労連の地区組織として存続しているところもある。

9) コミュニティ・ユニオン全国ネットワークのウェブサイト https://cunn.online/about/ （2017年11月閲覧）

10) 社会運動ユニオニズムは、労働運動が危機に直面したときに、その打開の方法として、社会運動との連携や社会運動の方法を活用することによって、自らを社会運動的な労働運動として展開する運動形態である。米国の社会運動ユニオニズムと日本での可能性については高須（2010a）、国際労働研究センター（2005）を参照されたい。

11) むしろ、現場での地道な組織化努力によって、この10年、組織率・組合員数とも微減にとどまっているとポジティブに評価すべきなのかもしれない。また、パートタイム労働者については、組合員数を倍増させ、組織率も引き上げている。

12) その点では、オルガナイザー育成や活動家教育が改めて注目され、教育手法の開発を含めて試行錯誤が始まっている。2017年11月に米国からLabor Notesの活動家を招聘して、組織化のためのワークショップ（トラブルメーカーズ・スクール）を東京や大阪などで開催するなど、オルグや活動家教育への関心が高まっている。

第4章　過労死問題の法と文化

花見　忠

1）西欧文化との邂逅

1959年秋に西ドイツのケルン大学に留学。戦争未亡人で年金生活の下宿主が労働者でもないのに Urlaub（年次有給休暇）に出かけた。次いで、クリスマスになると、商店はすべてお休み、飲食店は駅の食堂のみ。雇用労働者の法定年休の社会的バックグランドを実感した。

2）西欧に固有の文化・思想的背景に由来する時間規制と我が国の制度

西欧の労働観は、労働＝神様が人間の原罪に対して与えた罰とするキリスト教の労働観と1833年のイギリス工場法の思想的背景となったマルクス主義労働観の結合の上に成立している。

わが国の、労働時間法制は、このような西欧の文化的背景を有し、わが国固有の文化とは異質な法制度を無批判に取り入れたものである。

3）日本固有の労働観は、勤労を美徳、とする思想に由来する

「手本は二宮金次郎」とか、「蛍の光、窓の雪」といった、勤労を美徳とする労働観が主流といえよう。

4）法と現実の希離

戦後労働法制の殆どが、GHQ民生局の意向と指示に従って成立したが、時間法制については例外的に、「荒廃した国土」「壊滅した経済」を理由に、ILO条約・西欧諸国で一般化していた8時間労働制に対し、業種、企業規模などの

例外を設けて、時間稼ぎを行ってきたが、高度経済成長と国際化の風潮が支配し始めた60年代に至り、「新興国日本」の長時間労働に対する国際的バッシングの波が押し寄せ、外圧による労基法改正が緊急の課題として浮上するに至った。

5)「時間短縮」から「時間配分」へ

ところが、ここでお手本とされていた西欧主要国の方では60年代の半ば以降、週5日・40時間制の定着に伴い、イギリスを初めとする国々で、absenteeismと呼ばれる労働意欲の低下が問題として浮上、労働そのものの意味が改めて問い直される中で、西ドイツのメッサーシュミット社で1967年に導入されたフレックス・タイム制は、欧米の事務・第三次産業部門を席巻、「時間短縮から時間配分へ」の潮流をもたらした(absenteeismの病弊は、無断欠勤の増加のみならず、副業・兼業、物品持出・販売等々の勤労意欲の低下、道義の荒廃を齎したが、フレックス・タイムは、労働時間の問題にとどまらず、労働そのものの在り方の根幹にかかわるものと評価される(花見忠・山口浩一郎『フレックスタイム——勤務時間の再検討』日本経済新聞社、1975年参照)。

5) 長期に亘る時間浪費の結果に終わった一連の基準法改正

1971年末からの約30年という途方もない長期間は、厚労省のトップ・イデオローグにより「時間短縮の時代」などと名づけられている(浜口桂一郎『労働法政策』ミネルヴァ書房、2004年、251頁)が、この間同省に設置された数々の研究会、審議会の類と官僚たちの汗水の結果、法改正を含む膨大な文書が作成されているが、この間わが国の年間実労働時間数は統計の示す限りでも1970年の2,031時間から2000年の1,821時間と一割弱に過ぎない短縮に留まり、停滞を続けてきた(しかも、統計には全く示されないが、多くの実態調査で明らかにされている闇残業、サービス残業の牢固たる継続的存在は、今日でさえ監督行政の恥部とみなされている)。

また、年次有給休暇の取得率が一貫して5割を切っているという、西欧の関係者が呆れ返る病弊も今日に至るまで牢固として継続し続けていることは、改めて指摘するまでもない事実である。

筆者は厚労省が設置していた労働基準法研究会の一員として、労働時間部会の座長を務めたが、部会の責任者として（後には、労働基準審議会会長の立場で議論の取り纏めの任を果たす努力をしながらも、時代の趨勢は時間短縮から時間配分へ課題が移行しつつあることに注意を喚起し続け、この結果として「労働時間短縮の時代」から「労働時間弾力化の時代」への移行がなされることとなった（浜口前掲271頁以下）。

6) だが、労働時間弾力化は時間短縮とは無縁⇒時間とエネルギーの浪費はこの点の誤解による

　西欧におけるフレックス・タイムに代表される労働時間弾力化は、専ら労使協定により、立法政策とは無縁のものであり、第一次⇒第二・三次産業、製造業⇒商業・金融業、筋肉労働⇒知的労働への変化 etc. に対応するものであったが、我が国ではこの点が的確に理解されることなく、小手先の法改正に血道を上げる状況が継続してきた。

8) 労働の質的変化の軽視と労働者蔑視の法理論の帰結

　高知放送局最高裁判決（昭52, 1, 31）に象徴される、戦後初期の労働法理論を支配した、従属労働論⇒弱者救済の法理⇒使用者の配慮義務⇒団結権の神格化という戦後労働法学の支配的潮流に加え、ILOの基本原理として強調された三者構成主義の神話化の帰結として、他の市民団体には認められない民・刑事の免責などの労働組合の特権的優遇⇒労組の腐敗・労働貴族の跋扈が醸成されるに至った。Reinhold Fahlbeck は *Nothing Succeeds like Success – Trade Unionism in Sweeden* (Sweeden Jurist-foerlaget, iLund, 1999 Lund) と題する名著で日・米・瑞3ヶ国の労働運動リーダーのタイポロジーを、経営参画型、ビジネスマン型、聖職者型に分類し、これを受けて筆者は、*Nothing Fails like Failure Trade Unionism in Japan* と題する論稿を彼の還暦記念論集 Liver Amicorum (Juristforaget I Lunde 2005) に寄稿したことがある。

9）長時間労働の蔓延は、時間外協定締結権者としての組合と経営者の共謀による、労働者保護の役割放棄に起因する

　a.厚労省官僚の労働者蔑視の上から目線、b.労働の現場の実態との乖離、c.戦後労働法学の観念論的左翼イデロギーの結合に加えて同様の観念論と終身雇用制度と結びついた高度の生活保障に毒された企業別労組指導者のモラルの低下、加えて近時東芝を初めとする日本を代表する多数の大企業の経営陣に加え、これを監視すべき監査法人、社外重役などを網羅する経営者層の腐敗・堕落も含め、一時期 Donard Dore などによって過大評価されてきた日本的経営の病弊の結果として、西欧発の三者構成主義の盲目的信奉の上に成立した立法過程の仕組みの中で、長時間労働の定着⇒過労死の温床が培われてきたものといえよう。

10）過労死克服の道　「働き方改革」は、小手先の法律制度の改革などでは不可能

　我が国の長時間労働の実態について長期にわたり、地道に実態調査を行い、今日でも必読の文献とみなすべきき『過労社会ニッポン』（日本経済新聞出版社1911年刊）の著者小倉一哉教授は昨年11月の時点でも、（1）会議が多すぎる、（2）管理職が管理に専念できない、（3）余暇より仕事に生き甲斐を感じる人が多いの3点を指摘し、「どうしたら少しでも労働時間を短くすることが出来るのだろうか」と問い、「残念ながら抜本的に長時間労働を解決する方法は存在しない」と結論しておられる（WASEDA ONLINE 2010/11/28）。

　筆者は、これに全く同感であり、法律や規則をいくら弄り回しでも無意味と言わざるを得ない。だが筆者は、この現状はある程度まで、戦後教育の産物であると考えている。上記3. で指摘したような、我が国に固有の労働観は、飢餓からの脱出⇒経済再建⇒高度経済成長⇒経済大国の幻想⇒バブル崩壊への歴史の推移と共に、喪失の憂き目を見たということである。

　そこで、わが国固有の価値観の再建とITの結合、ノーベル賞級の知能と伝統的価値観の結合が今後の決め手と考えられるが、最近の天下り問題で露呈した文部官僚と反日教育と金権政治に毒された日教組による2頭立ての暴走に毒された我が国の戦後教育の立て直しが、当面の重要課題として浮上している。

11) 働くことこそ生きる意味　真剣に生きた人ほど長生きする
「汗を流すことが貴い」日本
「汗を流すことはみじめ」韓国（呉善花『反日韓国の苦悩』）
「勤労」という日本語には、「働くことの尊さ」という意味が込められている。
　労动、勤工伦理、労动所得などの中国語ではどうなのか？　中国の方々のお教えを乞う次第である。

第5章　日本における過労死問題と法規制

小玉　潤

はじめに

　過労死は、1980年代後半から社会的に大きく注目され始めた。過労死とは一般には、過労（過重な業務）によって、くも膜下出血や脳梗塞などの脳血管疾患、心筋梗塞などの心臓疾患を発症して、従業員が死亡することを指すものと考えられている。過労死を定義した法律は最近まで存在していなかったが、2014年11月1日、過労死等防止対策推進法が施行され、同法によって、我が国の法律上初めて過労死等の定義が以下のとおり規定された。すなわち、「過労死等とは、業務における過重な負荷による脳血管疾患若しくは心臓疾患を原因とする死亡若しくは業務における強い心理的負荷による精神障害を原因とする自殺による死亡又はこれらの脳血管疾患若しくは心臓疾患若しくは精神障害をいう」とされた。同法は、過労死等の防止のための対策を推進、過労死等を発生させず、仕事と生活が調和し、健康で充実して働き続けることができる社会の実現に寄与することを目的とする。事業主に対し、国及び地方自治体が実施する過労死等の防止のための調査、研究などの対策に協力することを努力義務とした。法的拘束力に欠ける努力義務ではあるが、将来において強行規定化していく過渡期にある。使用者は安全配慮義務についてより一層の対応が求められることになる。

1. 労災補償の状況[1]

平成27年度の業務における過重な負荷による脳血管疾患又は虚血性心疾患を発症したとして労災請求された件数は、平成27年度の請求件数は795件（前年度32件増）であり、労災認定された件数は251件（前年度26件減）であった。）うち死亡件数は前年度比25件減の96件であった。

業種別では、請求件数は「運輸業、郵便業」、「卸売業、小売業」、「建設業」の順で多く、支給決定件数は「運輸業、郵便業」、「卸売業、小売業」、「製造業」の順に多い。

年齢別では、請求件数は「50〜59歳」263件、「60歳以上」233件、「40〜49歳」198件の順で、支給決定件数は「50〜59歳」91件、「40〜49歳」80件、「60歳以上」38件の順で中高年層が多い。

2. 過労死をめぐる法規制

労働基準法が労働時間や休日等に関する規制を設け、労働安全衛生法が安全管理体制などの規制を、労働契約法が労働者の身体、生命、健康等に関する安全配慮義務を確認したことなど、数多くの法律が存在する。これらの法律から生ずる効果としての法的責任は、刑事責任、民事責任、行政責任、労災補償上の責任の4種類に分けられる。非法的責任として、事業者が社会的に避難されるという意味においての社会的責任も挙げることができる。

（1）刑事責任

刑事責任は、労働刑法としての労働基準法、労働時間等の設定の改善に関する特別措置法[2]、労働安全衛生法及び多くの省令（規則）、そして刑罰法規としての刑法の2種類に分けられる。前者は労災事故等の発生防止、すなわち予防責任[3]を主眼とするもので、労働基準法1条（労働条件の原則）、5条（強制労働の禁止）、32条（労働時間）、35条（休日）、36条（時間外及び休日の労働）、75条（療養補償）〜84条（他の法律との関係）、労働基準法施行規則

35条、同別表第一の二そして労働安全衛生法第3章（安全衛生管理体制）、第4章（労働者の危険又は健康障害を防止するための措置）第7章（健康の保持増進のための措置）などが該当する。後者は発生した事故に対する結果責任を追及するものである。仕事中に労働者の生命、身体、健康に対する危害防止の注意義務を怠り、労働者が死傷した場合、刑法上は多くの場合、業務上過失致死傷等（第211条）に問われることになる。

過労死を含む労働災害が発生したときには、労働安全衛生法と刑法の2つの法域から生ずる刑事責任が同時に発生する。両者の相違点としては、前者が故意犯で法人と個人への両罰規定があるのに対し、後者が過失犯で個人に処罰を科すことにある。

（2）民事責任

民事責任は、債務不履行責任又は不法行為責任[4]が中心となる。中でも民法415条に基づく債務不履行責任としての安全配慮義務違反がメインとなる。安全配慮義務は健康配慮義務と言われることもある。労働契約に基づき、事業主が労働者に対し負う義務を指す。企業に安全配慮義務違反などが認められれば、労働者の遺族から事業主に対し債務不履行を理由とする損害賠償請求がなされることもありえる。事業者が負う安全配慮義務の具体的な内容は、施設を安全に管理維持する義務及び就業における危害防止義務である。安全配慮義務の一部は労働安全衛生法と重なるが、同法はあくまでも最低基準であり、当然ながらこれを遵守するだけでは安全配慮義務を果たしたことにはならない。

もうひとつは、民法709条の不法行為に基づく不法行為責任である。労働契約関係といった法律関係を前提としない一私人として、相手方の故意もしくは過失により被った損害の賠償を求めるものである。被災労働者、過労死事案であれば遺族から労働災害で被った損害について請求される。労災保険給付が行われた場合、使用者は労災給付の価額の限度で損害賠償の責任を免れる。

2008年3月1日、労働者の安全への配慮について、民法の特別法であり契約法として労働に関し私法的規制を設けた労働契約法第5条に[5]謳われた。これは確立された判例法理（陸上自衛隊事件・最三小判昭和50・2・23、川義事件・最三小判昭和59・4・10）を条文化したものである。

訴訟では、債務不履行でも不法行為でも、また両方を同時に主張することもできる。ただし、立証責任及び時効の関係[6]から、債務不履行責任を主張することが多い。消滅時効については、2020年頃に施行が予定されている民法改正に伴い、不法行為、債務不履行ともに5年間になるため、時効については差がなくなる。[7] また、裁判所は、被災労働者に基礎疾患があり、それが死亡の原因の一部となっている場合、使用者側にすべての損害を賠償させることは公平でないということで、過失相殺（民法722条）の規定を類推適用することがある。結果として、賠償額が減額され使用者の責任を軽減することになる（最一小判平成 20.3.27　NTT東日本北海道支店事件　労判958号5頁など）。

（3）行政責任

行政責任は、行政法規としての労働安全衛生法及び省令が中心となる。これは労働基準監督官、産業安全専門官及び労働衛生専門官などの担当官による事業所への立ち入り検査[8]（俗に臨検と呼ばれる）や違反調査、機械器具の使用停止命令、作業停止命令、立ち入り禁止命令、そして就業禁止などの措置命令として行われる。法違反には過料（50万円以下〜20万円以下まで）、罰金（300万円以下〜50万円以下まで）、懲役刑（7年以下〜6か月以下まで）も用意されている。過料は行政処分（行政罰のうちの秩序罰）であり、刑法上の刑罰ではない。ただし、行政上の秩序罰を科す場合に法律の根拠が必要となる点は行政刑罰と何ら変わらない。そのほか、国や自治体など官公庁からの取引停止（入札指名停止）という処分が行われることがある[9]。

（4）労災補償上の責任

労災補償上の責任とは、労働基準法及び労働者災害補償保険法による補償をいう。使用者の無過失責任である点が特徴である。被災労働者、家族又は遺族に対し、治療費や生活に困らないよう所得補償を目的とする補償が行うが、これらは労災保険給付により代替される。

労災補償や労災保険給付の価額の限度を超える例えば慰謝料などの損害については、使用者は民法上（民事責任）の損害賠償の責を免れず、被災労働者又は遺族は使用者に対して民法上の損害賠償請求を行うことができる。これは労

災補償制度が民法上の損害賠償の範囲をすべてカバーしていないためである。

　過労死は、労働基準法施行規則第35条別表第1の2において、「その他業務に起因することが明らかな疾病」に該当する。具体的には脳・心臓疾患により死亡することが多いが、これが労働災害と認められるためには、業務上の災害であると労働基準監督署に認められなければならない。

（5）社会的責任

　法的な責任ではないが社会からの信頼性が低下することから決して無視できない責任として社会的責任がある。これは4種類に大別できる。消費者に対する義務（商品・サービスの品質）、社会に対する義務（社会貢献活動、環境活動）、株主に対する義務（株主の権利の確保、経営情報の開示）、従業員に対する義務（職場環境の改善）である。

　1990年代から社会や環境に対して責任ある企業行動を推進するため、企業の内外で行動規範や規格を制定する動きが加速化した。企業の社会的責任（CSR）への関心が世界的に高まるにつれてCSRの統一規格が求められ、ISO（国際標準化機構）は2010年11月にISO26000という規格を策定した。現在ISOを導入する企業は多く、大企業を中心にCSR（Corporate Social Responsibility[10]）が掲げられている。CSRのひとつに労働CSRがあり、過労死やサービス残業、セクハラなどのハラスメントなどが含まれる。

3．過労死の判断基準

（1）行政の判断基準

　労災保険で認められている業務上の疾病には、災害性疾病と職業性疾病があり、労働基準法施行規則別表第1の2に記載されている。従業員の過労死が労働災害として労災保険給付の対象となるか否かについては、この別表第1の2に列挙された疾病等に該当するか否か、及び行政通達「脳血管疾患及び虚血性心疾患等（負傷に起因するものを除く）の認定基準について（平成13.12.12基発1063号）」などを踏まえて判断がなされる。過労死は、それが業務上のも

のであるならば、労働災害として事業主に労災補償義務が生じ、労災保険給付の対象となる。

　長期間の過労による脳心臓疾患についての判断基準は、疲労の蓄積、評価期間として発症前6か月間、過重負荷の有無として、不規則勤務、拘束時間、出張頻度、交替制勤務などをみる。労働時間については、発症前1か月ないし6か月にわたって、1か月あたり概ね45時間を超える時間外労働があるか否か、発症前1か月間に100時間又は発症前2か月ないし6か月にわたって1か月あたり概ね80時間を超える時間外労働があるか否かをみる。

　2015年に心臓疾患の疑いにより自宅で亡くなった女性会社員（当時50歳）について、山口労働基準監督署が労災認定を行った事例があった。死亡した会社員は行政の過労死判断基準を満たしていなかったが、死亡する前の6か月において年4日しか休めなかったこと、2015年8月14日から連続で91日間勤務だったことなどの事情が考慮されたようである。行政の判断基準も多少の幅があるようで、考慮要素として連続勤務の過重性が含まれることがわかる。

（2）裁判所の判断基準

　裁判所は行政の判断基準（通達など）には拘束されないが、実際には行政の判断基準と概ね同様に審査しているようである。労働災害の裁判例としては、①陸上自衛隊八戸車両整備工場事件（最三小判昭和50年2月25日）、②鹿島建設・大石塗装事件（最一小判昭和55年12月18日）、③川義事件（最三小判昭和59年4月10日）、④陸上自衛隊三三一会計隊事件（最二小判昭和58年5月27日、⑤電通事件（最二小判平成12年3月24日）、⑥システムコンサルタント事件（最二小判平成12年10月13日）、⑦アテスト（ニコン熊谷製作所）うつ病自殺事件（東京公判平成21年7月28日）などがある。

　これら判例法理によると、安全配慮義務とは「ある法律関係に基づいて特別な社会的接触の関係に入った当事者間において、当該法律関係の付随義務として当事者の一方又は双方が相手方に対して信義則上負う義務として一般的に認められるべきもの」とされ、その射程は広い。

4．問題点

「働き方改革」が叫ばれる中、企業は労働者の安全、衛生及び健康に関する責任を強く意識するようになっている。もはや、長時間労働を放置しておくことはできない。企業の人事実務に携わる者として、労働基準法の直接、間接規制を中心に問題点を若干指摘したい。

（1）36 協定の遵守

労働基準法には法定労働時間などの規制はあるものの、その例外措置として、労組又は過半数代表者との 36 協定の締結により、法定労働時間を超えて青天井で労働させることができるようになっている。しかし、1 日、1 カ月、1 年間の残業時間は何時間まで可能としているのか、休日労働はどこまでさせるのかを使用者が説明することはほとんどなく、多くの労働者はそのことを知らない。残業時間が 36 協定の範囲内に収まっているのか、超過した場合に残業禁止命令を出しているかなどは上司の責任であるが、比較的規模の大きな中小企業においてすら適切に管理されているとはいいがたい。36 協定の締結、届出、周知、運用状況の管理などを厳格にチェックする仕組みが必要である。

2017 年 1 月 20 日、厚労省は「労働時間の適正な把握のための使用者向けの新たなガイドライン」を策定した。労働時間の自己申告した労働時間が適正か否かを現場でしっかりと確認し、違反行為があれば指摘し是正指導するとともに、昨年から開始された過労死等防止啓発月間をきっかけにして社会の問題意識が高まる中、過重労働対策が一歩でも進むことを期待している。

（2）36 協定における法定休日労働の日数制限

現行法上、36 協定を締結した場合、法定休日での労働日数に限度はない。すなわち法定休日ではない所定休日に労働が行われた場合、シフト上全く休日を取得することができない状況が出現することになる。従って、時間外労働の上限規制だけではなく、法定休日労働の回数や時間についての規制が求められる。

政府は2017年3月28日、「働き方改革実行計画」と取りまとめた。計画は月40時間の法定労働時間を超えて労働が可能となる時間外労働の限度を原則として、月45時間、且つ、年360時間とし、違反には以下の特例の場合を除いて罰則を課す。特例として、臨時的な特別の事情がある場合として、労使が合意して労使協定を結ぶ場合においても、上回ることができない時間外労働時間を年720時間とする。年720時間以内において、一時的に事務量が増加する場合について、最低限、上回ることのできない上限を設けるとした。しかし、ここでも年間の残業時間数には休日労働が含まれず、休日労働を隠れ蓑にした長時間労働には歯止めがかけられていない。

(3) 36協定における特別条項の存在

長時間労働是正のためには、労働時間の総量規制が不可欠である。現在、特別条項付きの36協定を締結すれば、労働時間は事実上青天井になっている。「特別の事情」かどうかは会社が判断するものであり、労働者が使用者に意見を言うことなど想像し難い。大臣告示の「時間外労働限度基準」を法律に格上げするとともに、特別条項付き36協定を適用する場合の上限時間規制を過労死ライン以下に法定化することや、36協定未締結、36協定で定める限度時間を超えて違法に時間外労働をさせた場合の罰則強化などが必要である。

(4) 勤務と勤務との間のインターバル規制がないこと

長時間労働が減らない以上、勤務と次の勤務の間のインターバル規制も避けて通れない。1日3〜4時間の残業が心疾患を高めること[11]、十分な睡眠時間と生活時間を確保[12]することは健康を維持するために有益である。「働き方改革実行計画」でも、「労働時間等の設定の改善に関する特別措置法を改正し、事業者は、前日の終業時刻と翌日の始業時刻の間に一定時間の休息の確保に努めなければならない旨の努力義務を課し、制度の普及促進に向けて、政府は労使関係者を含む有識者検討会を立ち上げる。また、政府は、同制度を導入する中小企業への助成金の活用や好事例の周知を通じて、取り組みを推進する」、としている。過労死を撲滅するという観点から、時間外労働の上限規制が36協定しかないという現状を改善するものになりえる。

（5）割増賃金率

　長時間労働を抑制する対策としては、労働時間の上限規制だけではなく、割増賃金率規制も重要となる。労基法上、①1カ月の合計が60時間までの時間外労働および深夜労働については通常の労働時間の賃金の25％以上、②1カ月の合計が60時間を超えた時間外労働が行われた場合には60時間を超える労働について通常の労働時間の賃金50％以上、③休日労働に対しては通常の労働日の賃金の35％上の割増賃金の支払が必要である。②は、長時間労働を抑制することを目的として（ただし、中小企業は実施が平成31年3月31日まで猶予されている）平成20年の労基法改正によって設けられた。平成31年4月1日以降においては中小企業に対する②の猶予が廃止されるため、時間外労働の減少が見込まれる。

　平成30年6月4日、「働き方改革を推進するための関係法律の整備に関する法律案」が衆議院で可決、同年6月29日に参議院でも可決・成立した。中小企業猶予措置は平成35年4月1日から廃止されることとなった。

（6）労災保険給付における業務災害認定について

　労災保険給付の対象となるのは、業務災害及び通勤災害である。このうち、過労死に関連する業務災害は、労基法施行規則別表1の2に列挙される職業病表に記載のある疾病に限られる。例示列挙であるため、疾病の種類が限定されているわけではない。しかし、過労死のような場合には、その原因の一部が長時間労働といった過重労働を原因としてしており、労働者の素因（体質・遺伝）、基礎疾病、食生活など、様々な原因が複合的に絡まって発症するため、災害と業務との関係、業務起因性の認定が非常に困難である。行政は過労死認定について、「脳血管疾患及び虚血性心疾患等の認定基準について」（基発第1063号、以下「通達」という）に基づいて、相当因果関係の判断をしている。

　過労死では、過重労働が原因であることが多く、その中でも特に労働時間に着目することになる。宿泊業や製造業など業界によっては、深夜勤務、交替制勤務が行われており、労働者の働きかたも多様化している。これら不規則な勤務による過重ついて十分考慮する必要がある。

参考文献、資料

和泉清司『労働災害　その企業リスク』(風詠社、2013年9月)
外井浩司『労災裁判例に学ぶ企業の安全衛生責任』(労働新聞社、2012年3月)
『症状別、発症機序別に分かる過労死Q&A』(労働調査会、2012年6月)
冨田武夫・牛嶋勉『改訂2版　最新実務労働災害』(三協法規出版、2015年11月)
岩村正彦編『社会保障判例百選(第5版)』(有斐閣、206年5月)
「働き方改革実行計画」(働き方改革実現会議　2017年3月28日)
「労働時間の適正な把握のために使用者が講ずべき措置に関するガイドライン」(厚労省)
「平成28年版過労死等防止対策白書」(厚労省)

注

1) 「過労死等の防止のための対策に関する大綱の作成について」(平成27年7月24日、基発0724第1号)。
2) 同法は努力義務規定であり私法上の効果をもたらすものではなく、罰則もないため刑事責任もない。策定された労働時間等見直しガイドラインが行政指導における根拠にはなりえるため、その意味において一定の公法上の効果はある。
3) 事業者が健康診断を実施しない場合、50万円以下の罰金に処す(労働安全衛生法第66条)。
4) 1972年の労働安全衛生法の施行を機に、安全配慮義務違反について、従来の不法行為構成から債務不履行構成による判決が出始めた。
5) 労働契約法5条「使用者は、労働契約に伴い、労働者がその生命、身体等の安全を確保しつつ労働することができるよう、必要な配慮をするものとする。」
6) 不法行為責任は被災労働者側が故意・過失などの立証責任を負うが、債務不履行責任は損害の事実を主張・疎明すればよい。時効は、前者は損害を知った時から3年、後者は権利を行使できる時から、一般的には労災事故が発生した日から10年である。
7) 民法(債権関係)部会資料78Aによれば、「債務不履行に基づく損害賠償の請求を行う場合においても、単に損害の発生という事実を知ったのみでは、一般人にとって、それが安全配慮義務に違反し、債務不履行に該当するかどうかの判断が困難な場合もあり得ることから、主観的起算点は、債務不履行に該当するか否かの判断が可能な程度に事実を知ったといえるか、当該事案における債権者の具体的な権利行使の可能性を考慮して判断されるものと考えられる」とする。
8) 労働安全衛生法第91条「労働基準監督官は、この法律を施行するため必要があると認めるときは、事業場に立ち入り、関係者に質問し、帳簿、書類その他の物件を検査し、若しくは作業環境測定を行い、又は検査に必要な限度において無償で製品、原材料若しくは器具を収去することができる。」
9) 例えば2016年12月28日付けの電通の書類送検を受け、JRA、滋賀県、京都府、奈

良県などが電通に対し1カ月から3か月の入札指名停止処分を行った。
10) 企業の社会的責任のこと。企業が社会や環境と共存し、持続可能な成長を図るため、その活動の影響について責任をとる企業行動であり、企業を取り巻く様々なステークホルダーから信頼される企業になることを指す。
11)「1日当たり3、4時間の残業が心疾患リスクを高める」(独法労働者健康安全機構労働安全衛生総合研究所、Virtanen M et al. Eur Heart J. 2010)
12)「労働者の労働時間、睡眠時間、休日数と運動負荷試験中の血圧反応との関係」(独法労働者健康安全機構労働安全衛生総合研究所、道下ら『産業衛生学雑誌』2016年)

第6章　非正規労働者と団結権保障

戸谷義治

はじめに

　現在、日本の非正規労働者のうち労働組合に加入している人の割合は概ね7％である[1]。この数値は年々上昇しており、昨年度と比較しても約5.7％の増加ではあるが、なお少数にとどまり、正規労働者の約17％[2]と比較しても低い水準にある。

　日本国憲法は、第28条で「勤労者の団結する権利及び団体交渉その他の団体行動をする権利は、これを保障する」と定め、またこれを受けて制定された労働組合法も「この法律は、労働者が使用者との交渉において対等の立場に立つことを促進することにより労働者の地位を向上させること、労働者がその労働条件について交渉するために自ら代表者を選出することその他の団体行動を行うために自主的に労働組合を組織し、団結することを擁護すること……を目的とする（第1条）」とした上で、その労働組合を組織しうる「労働者」について「職業の種類を問わず、賃金、給料その他これに準ずる収入によつて生活する者をいう（第3条）」としている。非正規労働者であっても「勤労者」であり、「賃金等の収入によって生活する者」であることは明らかであるから、当然に組合を結成し、若しくは組合に加入する権利を保有していると言える。

　しかしながら、上述のとおり、非正規労働者の組合加入率は低い水準にとどまり、またその不安定な雇用状況のために使用者と交渉をしたり不服を述べたりすることがより困難な状況になっている。

現在のところ、日本では必ずしも適切な形でこの問題が解決されているとは言いがたい。そこで本稿では、非正規労働者の組合加入や非正規労働者にかかわる労働組合の活動に関する問題、及び労働組合以外の集団的労使関係構想について紹介することとしたい。

1．労働組合加入問題

　前述の通り、日本において労働者は正規・非正規、その他雇用条件等の違いにかかわらず当然に組合結成・加入の権利を有している。しかしながら、終身雇用・年功序列・企業別労組という、いわゆる日本的雇用慣行の中にあって、多くの労働組合は企業別に組織され、その構成員として期限の定めなく雇用され（つまり終身雇用）、かつ年功的な人事処遇を受けている労働者、すなわち正社員を想定しており、組合規約において加入資格をこうした従業員に限定していることが多い。

　このことについては、一定の批判もあるところではあるが、一定の役職以上の地位にある従業員の加入資格を否定した規約に基づき加入を拒否された課長職の労働者が組合を相手取って、加入の承認や損害賠償を求めた全ダイエー労組事件[3]において裁判所は、「労働組合は労働者が自己の利益を擁護するため自主的に結成する任意団体であるから、組合員資格をどのように定めるかについては、労働組合法上労働組合に与えられている特別の権能、すなわち、団体交渉によって組合員をはじめとする労働者の労働条件を規定する権能とこれを法的に強化するための諸々の保護との関係で一定の制約を受けるほか、原則として組合の自治に委ねられると解するのが相当である。殊に、従業員の職種、地位、職位、資格その他の種類等労働者の利害関係の相違を基準として加入資格を制限することは、いかなる範囲の労働者を結集することが労働運動上効果的であるかという組織構成の決定の問題であって、組合自治の領域に属するものというべきであるから、被告が、訴外会社の資格制度上副主事以上の者を組合員の除外資格とする組合規約に基づき、原告の加入を承認しなかったことは、何ら違法を招来するものでない。憲法二八条及び労働組合法一条が、個々の労働者に対し、特定の労働組合に加入する権利ないし資格を保障するものでない

ことは、多言を要しない。」と判示した。この判決が示すように、労働組合はいかなる範囲の労働者を加入資格者とするかについて全面的に自由に決定できるというのが通説的見解と言える[4]。

　労働組合法5条は、同法による保護を受けるための要件を定めるが、同条2項4号は、「人種、宗教、性別、門地又は身分」によって組合員資格を制限するような規約を持った団体は同法の保護を受ける組合ではないとする。そのため、女性労働者の地位向上を図るためとして、例えば「組合員は女性に限る」といった制約を設けると、同条違反として、労働委員会による資格審査に合格できない可能性が指摘される[5]。しかし、雇用形態の違いは、同項に列挙された事由ではなく、また正規労働者の利害関係と、非正規労働者とのそれとの間に大きな違いがあることは容易に想定できるところであるので、正規労働者を中心に結成された組合が、非正規労働者の加入を認めないからと言って、違法の問題を生ずるものではないと考えられる。

　また、労働組合が、結社の自由（憲法21条）とは別に、団結権保障（同28条）の下で保護されることや、労働組合法などによって労働協約の規範的効力など特殊な権限を付与されていることなどから、労組を単なる私的団体ではなく、（準）公的団体として位置づけ[6]、その上で組合員資格のあり方についても、雇用形態に由来する差別禁止法制の整備や判例の展開にともう一定の見直しが必要ではないかとの指摘もある[7]。

　もちろん、非正規労働者は従来の組合に入れなくても、自ら組合を結成することが権利としてはできるが、それは困難であり、このような場合には合同労組や地域ユニオン等と呼ばれる、誰でも個人で加入できる組合に入る例が多い。しかし、こうした組合はもともとほとんど共通性のない労働者を構成員とし、またそれぞれの労働者を雇用している企業との間で労働条件等に関する継続的な交渉関係を持たないことがほとんどである。そのため、組合に認められた団体交渉権を背景に、個別的な問題について、いわば当該労働者を代理する形で交渉することはできるものの、それを超えて一般的な労使間ルールを定めることは困難と言わざるを得ない[8]。

2．義務的団交事項

次に、非正規労働者の労働条件に関する団体交渉の対象事項について見ていきたい。

労組法7条は、使用者が労働組合に対して行ってはならない行為、いわゆる不当労働行為について定め、その第2号では「使用者が雇用する労働者の代表者と団体交渉をすることを正当な理由がなくて拒むこと」とされる。

ここで義務づけられた団体交渉において、使用者が交渉を拒むことができない事項が、いわゆる義務的団交事項である。

義務的団交事項は、労働関係に関するものであって使用者が適法に処分可能な事柄に限られる[9]。これが賃金や労働時間と言った個別的労働関係に関するものであっても、組合事務所貸与や団交ルール設定と言った集団的労働関係に関するものであっても全て含まれることとなる。

これに対して、経営や生産、役員の人事など労働関係に関わらない事項や、労働関係に関わる事項であっても労働関係法令の改廃や同業他社の労働条件など使用者にとって変更（処分）不可能な事項は義務的団交事項とはならず、使用者が応ずる限りにおいて任意的交渉事項となるにとどまる。任意的交渉事項については文字通り使用者は任意に応ずればよいということとなり、交渉を拒否したとしても団交拒否の不当労働行為とはならない。

また、交渉の範囲は交渉を申し入れた労組自体またはその組合員に関するものに限られ、原則としては他組合（員）や非組合員に関する事項もまた義務的団交事項とはならないと解される。

そこで、まず非正規労働者が加入している労働組合が、非正規労働者の労働条件について交渉することは、まさに義務的団交事項であって、使用者はこれに関する団体交渉を拒否することはできない。

これに対して、非正規労働者が加入していない労働組合が、非正規労働者の労働条件について交渉することはできるであろうか。もちろん、使用者が任意にこれに応じるのであれば、その範囲で交渉が可能となるが、上述の通り原則としては義務的団交事項は当該組合の組合員の労働条件に関するものに限定さ

れるため、使用者は団交に応じなくても差し支えない。ただ、国・中央労働委員会（根岸病院・初任給引下げ団交拒否）事件判決[10]が、組合員らの労働条件とは直接には関係のない初任給の引き下げ問題について、「初任給額が常勤職員の賃金のベースとなることから、一審原告組合が初任給額を重視し、一審原告病院においてもこのことを理解し各年度の初任給額を一審原告組合に明らかにするとの運用がされてきたものであり、本件初任給引下げは、初任給の大幅な減額で、しかも、一審原告組合の組合員間に賃金格差を生じさせるおそれがあるものというべきであり、将来にわたり組合員の労働条件、権利等に影響を及ぼす可能性が大きく、組合員の労働条件との関わりが極めて強い事項であることが明らか」であるとして、義務的団交事項であると認めているように、間接的にでも組合員らの労働条件に関連するのであれば、このことを理由に使用者が団交を拒否することは許されないといえる[11]。

　この点、当該組合が非正規労働者に加入資格を認めていない場合と、認めているが実際に加入している非正規労働者が存在しない場合とに分け、前者であれば加入をそもそも認めない労働者を代表する地位にないため、特別な場合にだけ交渉が可能であるが、後者であれば加入の可能性が認められる以上、一定の代表性（代表しうる地位）が認められるとの指摘もある[12]。上記・根岸病院事件の判示からすれば、義務的団交事項となるか否かは、現に組合員である者の労働条件等に影響を及ぼす可能性があるかという点から判断されるものではあるが、将来において非正規労働者も組合員となり得る場合には、交渉の余地は広がる可能性がある。

　ところで、労組の要求する交渉事項が組合員全体に関わるルール設定ではなく、個別の労働者に対する配置転換、懲戒、解雇、査定などの事項であったとしても、義務的団交事項となると考えられる[13]。また、非正規労働者の多くは労働契約に期間が設定されているが、有期雇用（期限付き任用）の労働者であっても、一定の継続性が認められる場合には、契約更新後の労働条件も義務的団交事項となり得る[14]。さらに、契約を更新するか否か自体も交渉の対象となり得よう。使用者には、労働契約法19条に定める場合を除き、契約更新の義務はないが、使用者の行為が労契法やその他労働関係法令、もしくは民法などに照らして適法であったとしても、なお交渉によって異なる結論を得る可能

性が存在するからである。同法18条によって無期契約に転換できる労働者が加入する労働組合であれば、無期転換の申込みをする前であっても、転換後の労働条件等について交渉することができるものと考えられる。

3．団体交渉の相手方

労組法は使用者に対して、「雇用する労働者の代表者」との交渉を義務づけている。そのため、第一義的には、交渉に応ずべき「使用者」とは、交渉を求めている労働組合が組織している労働者の中に、自らとの間で雇用契約（労働契約）を締結している者が含まれている者と言うことになる。しかし、非正規労働者の中でも、派遣労働者については、雇用契約の締結相手である派遣元会社から、実際の就労先である派遣先会社に派遣されて労務を提供しており、必ずしも派遣元会社とのみで十全に交渉しうるかに疑問がある。

朝日放送事件最判[15]は、放送会社が、使用者でないことを理由に番組制作業務の請負契約を締結している下請会社の従業員で組織された労働組合との団体交渉を拒否してはならない旨の中労委の救済命令の取消しを求めた事案であるが、この中で最高裁は「労働組合法七条にいう『使用者』の意義について検討するに、一般に使用者とは労働契約上の雇用主をいうものであるが、同条が団結権の侵害に当たる一定の行為を不当労働行為として排除、是正して正常な労使関係を回復することを目的としていることにかんがみると、雇用主以外の事業主であっても、雇用主から労働者の派遣を受けて自己の業務に従事させ、その労働者の基本的な労働条件等について、雇用主と部分的とはいえ同視できる程度に現実的かつ具体的に支配、決定することができる地位にある場合には、その限りにおいて、右事業主は同条の『使用者』に当たるものと解するのが相当である」として、「自ら決定することができる勤務時間の割り振り、労務提供の態様、作業環境等に関する限り」使用者としての立場に立つとし、これを前提として審理をやり直すよう高裁に差し戻している。

この最高裁の判断は学説においてもおおむね肯定的にとらえられ、その後の労働委員会及び裁判所の判断を方向付けている[16]。その後の事例でも、大阪南海ゴルフクラブ事件[17]は、最判を引用し、問題となっている従業員の退職

について支配力を持っていたかを検討している[18]。

労働者派遣の場合における派遣先と派遣労働者が組織する組合との関係も、基本的に上記・朝日放送事件の考え方が妥当する。

阪急交通社事件判決[19]が判示するように、派遣労働者の労働条件は基本的に派遣元会社との間で決められるべきものであって、そうすると部分的とはいえ使用者と同視できるような権限を派遣先会社が行使していれば、それは労働者派遣法違反となる可能性が高い。しかし、適法・違法を問わず、労働条件への現実的かつ具体的な関与があれば団交に応ずべき立場にあるといえる[20]。また、指揮命令権は派遣先にあるわけであるので（労働者派遣法2条1号）、指揮命令のあり方については、当然に使用者にあたるといえる。この点、ショーワ事件中労委命令[21]は朝日放送事件最判を基準とするとしつつ、業務命令や就労場所の特定、残業・休日出勤などについて、派遣先企業の行為が労働者派遣法の予定する範囲を逸脱したか否かを検討し、逸脱していないから労組法7条の使用者にはあたらないとしている。しかしながら、労組法上の使用者の判断基準は、派遣先企業が違法・不当な行為をしているか否かを判断しているわけではなく、働かせ方や職場環境などを含む労働条件について労組が誰と交渉することが適切であるかを判断するための基準である。そうすると、具体的な指示をしていても、派遣法の枠組みを逸脱していないから使用者ではないとの判断は相当ではないと考えられる[22]。

ただ、派遣労働であることを前提として、派遣先会社による「働かせ方」が問題になる場面であれば、上述のようにいうことができるが、組合の求める交渉事項が派遣先による派遣労働者の直接雇用要求に及ぶ場合には、問題はより複雑となる。

この点、労働者派遣法40条の4などを根拠として、近い将来において雇用関係に入る可能性があったとして使用者性を認めた日本電気硝子事件初審命令[23]のような事案もあるが、多くの労働委員会命令は、消極的である[24]。

ところで、平成24年の労働者派遣法改正で新たに44条の6が新設され（施行は平成27年）、同法に違反する行為（派遣労働者を禁止業務に従事させる行為、無許可又は無届出の派遣会社から派遣を受け入れる行為、派遣期間制限に違反して派遣を受け入れる行為、いわゆる偽装請負等）があった場合には、派

遣先会社は派遣労働者に対して、同一の労働条件で労働契約の申込みをしたものと見なされる、いわゆる「みなし申込み制度」が定められた。すなわち、違法派遣がなされた時点で[25]、派遣先は既に直接雇用の申込みをしたものとみなされるので、労働者の側がこれに同意する意思を表示しさえすれば労働契約が成立することになる。そうすると、仮に採用前であっても、このような場合には近い将来に労働契約が成立する蓋然性が現に存在することから、契約の成立や労働条件が義務的団交事項になるものと考えられる[26]。

4．従業員代表制構想

日本の労働組合のナショナルセンターである連合は、こうした状況を背景に、非正規労働者の組織化を進めてはいるが、必ずしも組合が適切に非正規労働者の利害を代表する状況には至っていない。

そこで、労働組合による代表だけでなく、それ以外のチャンネルによる集団的な交渉のチャンネルとして従業員代表システムの導入を模索する見解も見られる。もちろん、労働組合とは異なる労働者代表制度を構築することは、従来からの労働組合にもその立場や活動に変容を迫ることになるであろうから、これは本稿のテーマである「非正規労働者と団結権保障」に限定された問題ではない。しかし、日本において労働組合とは異なる労働者代表制度が議論されるのは、非正規労働者の労働組合組織率が極端に低く、また従来から存在する労働組合はそもそも非正規労働者に対して加入資格を認めない場合も多いなど、労働組合が適切に非正規労働者を代表する窓口となっていないことによるものである。そのため、我が国における労働者代表制度は、常に非正規労働者の存在を念頭に置いて議論されてきたといえる[27]。

従業員代表制度については、昭和50年代から本格的な議論が始まったとされるが、近年になってこの問題の議論を本格化させたとされるのが、平成17年5月に厚生労働省が発表した「今後の労働契約法制の在り方に関する研究会」(座長：菅野和夫・明治大学法科大学院教授（当時）)報告書である。同報告書は「労働組合の組織率が低下を続け20％を切るに至っている現状において、労働組合がない事業場が増加し、集団的労働条件決定システムが機能する領域が縮小

している。こうした状況の下で、労働者と使用者が実質的に対等な立場で労働条件の決定・変更について協議することができるようにすることが重要な課題となってきている」との現状認識を示した上で、「常設的な労使委員会の活用は、当該事業場内において労使当事者が実質的に対等な立場で自主的な決定を行うことができるようにすることに資すると考えられる。」「そこで、労働契約法制において、このような労使委員会が設置され、当該委員会において使用者が労働条件の決定・変更について協議を行うことが促進されるようにすることが適当である。」「また、過半数組合がある事業場であっても、労使が対等な立場で労働条件について恒常的に話し合えるようにすることは意義があることから、過半数組合が存在する場合にも、その機能を阻害しない形で労使委員会の設置は認めてよいと考えられる」として、その組織率とは関係なく労働組合と併存する形で従業員代表（労使委員会）を設置することが提起された。

　また、その後も、例えば平成24年に厚労省に置かれた「非正規雇用のビジョンに関する懇談会（座長：樋口美雄・慶應義塾大学商学部長）」は、その報告書「望ましい働き方ビジョン」のなかで、「集団的労使関係システムが企業内のすべての労働者に効果的に機能する仕組みの整備が必要である」とし、脚注で「労働組合のほか、民主的に選出された従業員代表等を想定している」と提言した。

　これに対して、連合（長谷川裕子・総合労働局長（当時））は、「労働組合の持つこれら固有の権能は唯一労働組合のみが有するものであり、労働組合以外の組織に拡大すべきではない」「労組法では、複数組合との団体交渉や中立保持義務があり、これらは今後も堅持すべきである」とし、過半数組合が存在しない場合の過半数代表者制度を整備・充実することや、過半数組合がある場合に当該労組が非組合員を含めた職場全体の意見を適正に集約できる枠組の整備こそが必要であるとする[28]。

　既に日本では、正規労働者を含む全ての労働者において労働組合の組織率が低いことなどから、法定時間外労働を許容するための労使協定締結や、就業規則制定に対しての労働者側からの意見聴取などの場面における過半数代表や、企業内の安全衛生について管理する安全衛生委員会などの労使委員会がパッチワーク的に形成されているものの、それらが適正に機能しているかの検証すら

行われておらず、少なくともあらゆる労働条件や紛争に関する交渉を担いうる常設的な従業員代表制度は今のところ現実味を帯びていない。また制度化された従業員代表はその選出からして使用者の関与を排除しがたいこと、従業員代表の設置・運営は会社の義務とすることが想定されるため、組合費を支払ってまで自主的に組合を形成するインセンティブが失われ、労働組合を弱体化させる可能性が高いことなどの批判がなされている。

5．非正規労働者と労働組合の特殊な関わり――労働者供給事業――

　最後に、必ずしも有名な制度ではないが、非正規労働者と労働組合の関わりとして、労働者供給事業について紹介する。

　労働者派遣事業の度重なる拡充によって、既に骨抜きにされている感もあるが、職業安定法は、「何人も、次条に規定する場合を除くほか、労働者供給事業を行い、又はその労働者供給事業を行う者から供給される労働者を自らの指揮命令の下に労働させてはならない」（44条）と定め、労働関係については直接の雇用関係を原則とし、他人の下で働かせるために労働力を供給することを禁止している。その例外が、次の45条に「労働組合等が、厚生労働大臣の許可を受けた場合は、無料の労働者供給事業を行うことができる」として定められた労働組合による労働者供給事業である。

　平成29年3月現在、92の組合が厚労大臣の許可を受けて供給事業を行っている[29]。主な職種は、自動車運転手、介護・家政婦、港湾労働、プログラマー、音楽家、出版・編集労働者、映画演劇関係労働者、放送関係労働者、建設労働者、林業労働者、配達員、配膳人、販売促進員（マネキン）、事務員などとされる[30]。供給対象労働者は約1万2,000人であり、基本的には日雇労働とされる。平成29年6月現在の派遣労働者が約135万5,000人であるので、それに比べると1％程度でしかないが、相当数の労働者が労働者供給事業により就労している。

　労働者派遣の場合、労働者は派遣元企業（派遣会社）との間で雇用契約を締結し、その後派遣先企業に派遣されてその指揮命令下で就労するのに対し、労働者供給事業では労働組合と労働者とは一定の支配関係はあるものの、雇用契

約は供給先企業との間で締結される[31]。

　労働組合による労働者供給事業は、労働関係における中間搾取を禁圧すると同時に、労働者供給という企業の需要に応えるものであったはずであるが、かつては企業別組合を中心とする雇用慣行の中で定着せず、また今日では労働者派遣に比べて企業から見た使い勝手が悪いことなどから発展を見ない状況にある[32]。

　現在までのところ、労働者供給事業は必ずしも成功した制度とは言いがたいが、労働者派遣制度の問題点が指摘される現状にあっては、同事業の見直しにも一定の意味があるものと思われる[33]。

おわりに

　非正規労働者と一口に言っても、当該就労によって自分自身やさらには家族の生活をも維持しなければならない者から、家計補完的なパートタイム、さらには小遣い稼ぎまで様々であって、その利害は一定ではない。その点で、正規労働者以上に団結の契機を見いだすことは困難である。そのため、半ば強制的にでも代表者を選出させて交渉の入り口を作ろうとする従業員代表制度は一面において魅力的ではある。しかし、他面において、集団的労働関係は「数は力」の論理で労使対等の交渉を形成しようとしてきたのであって、「数」が減ってきたからといって、そもそも選挙による正当性はあっても必ずしも使用者が圧力を感じるような「数」を背景に持たない代表者が適正に労働者を代表しうるかなど、問題山積であり、現在の所、日本では根本的な改善は見いだされていない。

注
1) 独立行政法人・日本労働研究研修機構・統計ページ・http://www.jil.go.jp/kokunai/statistics/timeseries/html/g0701_01.html
2) 前掲・日本労働研究研修機構・統計ページ。
3) 横浜地判平元.9.26 労判 557 号 73 頁。
4) 道幸哲也「非正規差別と労使関係法」（季労 256 号 29 頁）37 頁。

5) 三井正信『基本労働法Ⅲ』(誠文堂・平成 26 年) 74 頁。三井教授は、積極的に女性が自分たち独自の利益擁護と経済的地位向上のために労働組合を結成する場合には合理性があり、組合員資格を女性に限定しても公序良俗に反するものではないとしつつ、資格審査との関係では、「加入資格は女性労働者とする。但し、男性労働者の加入を妨げない。」といった建前にしておく必要があるとする。
6) 労働組合の法的性質については、前掲・三井『基本労働法Ⅲ』45 頁参照。
7) 前掲・道幸「非正規差別と労使関係法」37 頁。
8) そのため、合同労組等の対応の中心は「労働相談」のレベルとなる場合が多いが、同時に相談もまた労働組合運動として重要な役割を果たしているともいえる。ただ、こうした活動が、組合未加入の場合には、不当労働行為制度の中で保護されるものであるのかなど、難しい問題も生じる(道幸哲也「非正規労働者の組織化と法」(労旬 1801 号 7 頁) 12 頁)。
9) 菅野和夫『労働法 11 版』(弘文堂・平成 28 年) 850 頁以下。前掲・三井『基本労働法Ⅲ』156 頁。
10) 東京高判平 19.7.31 労判 946 号 58 頁。
11) 非組合員たる個別労働者の解雇撤回を求めた団交が決裂したのちの争議行為の違法性が争われた中で、解雇撤回要求は適正な人事機構の設立(という労働条件設定に関する事柄)と基礎を同じくするものであって争議行為に違法性はないとした事例として、高知新聞社事件(最三小判昭 35.4.26 判時 223 号 28 頁)。
12) 前掲・道幸「非正規差別と労使関係法」39 頁。
13) 個別労働者の配転に関する問題が義務的団交事項であるとした事例として、奈良学園(救済命令取消請求)事件(最三小判平 4.12.15 労判 624 号 9 頁)。
14) 大阪府・大阪府(23 年度任用)事件(東京高判平 26.3.18 別冊中労時 1460 号 37 頁、なお上告不受理(最三小決平 27.3.31 別冊中労時 1479 号 46 頁))。
15) 最三小判平 7.2.28 労判 668 号 11 頁。
16) 道幸哲也『労使関係法における誠実と公正』(旬報社・平成 18 年) 193 頁。
17) 大阪地判平 21.1.15 労判 985 号 72 頁。
18) 同様の判断基準により、違法労働者派遣の状態にあった労働者らの組合からの団交要求について、派遣先たる国は「車両管理業務を行う際の運行先、運行時間及び業務内容等の労働条件」のみについて使用者であるとした事案として、中国・九州地方整備局事件(東京地判平 27.9.10 判タ 1423 号 250 頁、東京高判平 28.2.25 別冊中労時 1496 号 43 頁)。
19) 東京地判平 25.12.5 労判 1091 号 14 頁。
20) 人員整理の場面で、派遣先会社は削減人数を定めるのみで、具体的な解雇対象者は派遣元会社が決定している場合、派遣先は団交に応ずべき使用者ではないとした事案として、川崎重工業事件(神戸地判平 25.5.4 労判 1076 号 5 頁)。
21) 中労委命令(平 24.9.19 労働委員会命令データベース)。

22) 朝日放送事件最判の解釈と労働者派遣との関係については、池田悠「不当労働行為における使用者」（日本労働法学会編『講座労働法の再生第1巻・労働法の基礎理論』（日本評論社・平成29年）115頁、131頁。
23) 滋賀県労委平22.12.6命令（労働委員会命令データベース）。
24) 派遣労働者の派遣先での直接雇用を義務的団交事項としうるかについては、本庄淳志「労働市場における労働者派遣法の現代的役割」（弘文堂・平成26年）170頁以下。
25) 平成27年9月30日付厚労省職業安定局長通知・職発0930第13号。
26) 前掲・池田「不当労働行為における使用者」129頁。なお、池田准教授は、見做し申込み制度の条件を満たしているか否か（そもそも同条に該当するか、またはこれが適用されなくなる派遣先会社の善意無過失が認められるかなど）が争いになる場合には、要件充足が認められない限り不当労働行為は成立しないとする。
27) 従業員代表制をめぐる議論状況については、内藤忍「日本における従業員代表制の立法化に関する議論の状況」（労働政策研究研修機構編『労働条件決定システムの現状と方向性―集団的発言機構の整備・強化に向けて』（労働政策研究研修機構・平成19年）234頁）。また、浜村彰「従業員代表制をめぐる三つの論点」（山田省三・青野覚・鎌田耕一・浜村彰・石井保雄編『労働法理論変革への模索――毛塚勝利先生古稀記念――』（信山社・平成27年）695頁）。
28) 長谷川裕子「連合が考える労働者代表制――労働組合と労働者代表は役割が異なる――」（労働調査2008年1月号18頁）21頁以下。
29) 平成29年3月31日付職業安定局派遣・有期労働対策部需給調整事業課報道資料「平成27年度労働者供給事業報告書の集計結果」。
30) 伊藤彰信「労働者供給事業の歩みと課題・展望（上）」（労旬1702号36頁）38頁。なお、この論文が書かれた平成21年当時の労働者供給事業実施組合は79であったのとのことなので、増加傾向にはある。
31) 労働者供給事業に基づく雇用契約は、労働組合と供給先企業との間で供給契約が継続されている期間のみ継続し、供給契約が消滅すれば雇用関係も消滅するという特殊な関係だとする事例として、鶴菱運輸事件（横浜地判昭54.12.21労判333号30頁）。
32) 伊藤彰信「労働者供給事業の歩みと課題・展望（下）」（労旬1704号26頁）31頁以下。伊藤はこのほかに、政府が非正規労働者の雇用政策や社会保障政策を真剣に考えてこなかったこと、労働者にとって労働者供給事業による就労の場合に十分な社会・労働保険制度の対象となれないこと、仕事を安定的に確保することが困難であることなどをあげている。
33) 前掲・伊藤「労働者供給事業の歩みと課題・展望（下）」34頁は、労働者供給事業法（仮称）の制定を通じて、非正規労働者の状況の改善を構想する。

第7章　能力不足を理由とする解雇の
　　　　裁判例をめぐる日中比較

山下　昇

1．解雇理由としての低成果・能力不足

（1）日本的雇用システムと解雇

　日本においてローパフォーマンス（low performance）社員の問題が注目されるのは、伝統的な長期雇用システム（人事管理制度）とそれを基盤とした法制度及び判例法理の下で、そうした社員の解雇が難しいという認識があるからである[1]。つまり、日本の雇用システムには、解雇に対する抑制的な法理の展開[2]、広範な人事権（配転命令権）と職種等の無限定性[3]、能力評価・人事考課の利用の限定性（賃金決定・昇進等を中心に利用）といった特徴がある[4]。そして、解雇の代替措置として、職種に拘らない配置転換による能力開発や適正配置を行い、パフォーマンスが賃金に見合わない場合には、賃金減額によって対応することを通じて、解雇を極力避ける人事管理が可能となる。
　こうしたことから、労働者の低成果・能力不足等のみを理由として解雇することは、極端な能力不足を示すような特別な事情が認められない限り、当該解雇が有効とされることはなかったといってよい。そして、特に近時の低成果労働者の解雇紛争は、外資系の金融機関やIT企業における裁判例が目立っている。こうした企業では、経済のグローバル化の中で、伝統的な日本企業における雇用システムとは異なる人事管理を行う傾向があり、伝統的な判例法理と現実の企業の人事管理のズレが生じているのも特徴といえよう。

そして、日本的雇用システムは、その裏返しとして、雇用保障の程度と賃金水準がともに低い非正規雇用労働者の存在を内包している。つまり、正規雇用（正社員）の雇用調整が難しいため、雇用調整が比較的容易な有期労働契約労働者や派遣労働者、パートタイム労働者等の活用とセットで、日本的雇用システムは現在維持され、かつ、そうした非正規雇用労働者の増加を生み出している。本稿では、非正規雇用問題を取扱う本書の全体のテーマとの関連において、こうした問題関心から、非正規雇用に直接スポットを当てることなく、正規雇用の問題に着目するものである。最後に、正規雇用における人事管理の動向が、非正規雇用の人事管理に与える影響の可能性を考察することで、日本における非正規雇用の問題について論じることとする。

（2）就業規則の普通解雇事由

日本の就業規則では、普通解雇事由が定められており、例えば、下記のような定めが置かれることが一般的である。そして、解雇権を行使するために、就業規則上の解雇事由に該当し、その情状が解雇を正当化しうるに足りる程度にまで重大である場合に、客観的合理的理由（労働契約法16条）が認められる。

① 身体または精神の障害、その他私的な事情等により、本来遂行すべき業務への完全な労務提供ができず、または業務遂行に耐えられないと会社が認めたとき
② 能力不足、勤務不良、ノルマ未達成により改善の見込みがないと会社が認めたとき
③ 協調性を欠くため、他の従業員に悪影響を及ぼすと会社が認めたとき
④ 試用期間中、または試用期間満了時までに、本採用することが不適当であると会社が認めたとき

このうち、①については、心身の疾患・障害等を理由とするものであり、療養のため、一定期間（数か月から1年程度）病気休職することが多く、休職期間満了に、従前の職務を通常の程度に行える健康状態に回復した場合、もしくは当初は軽易な職務に就かせれば、程なく従前の職務を通常に行うことができると予測できるといった場合と認められなければ、退職扱いとなる（実質的には解雇）。特に業務内容が特定されていない場合には、使用者が広範な配転命

令権を有することを前提に、可能な限り、現実的な配置可能性を検討することが求められる。労働者のパフォーマンスの低下について、それが心身の疾患等に起因するときには、使用者に一定の配慮が求められる。

他方で、近時の低成果労働者の解雇に関する裁判例は、概ね②③の解雇事由をめぐるものが多く（④の試用期間満了後の本採用拒否は、採用後一定期間における特別な解約権の留保約款に関するものであるため、本稿では割愛する）、以下では、いくつかの典型的な裁判例を紹介しながら、日本の裁判例の動向を紹介したい。

2. 日本の裁判例の動向

（1）能力不足・適格性欠如を理由とする解雇

能力不足や適格性の欠如を理由とする場合、そうした能力や適格性について、「著しく劣り、向上・改善の見込みがない」ことを判断の基準とする裁判例が比較的多い。代表的な裁判例として、セガ・エンタープライゼス事件・東京地決平成 11（1999）・10・15 労判 770 号 34 頁がある。同判決は、相対評価に基づき下位者に対して退職勧奨を行い、これに応じなかった者を解雇した事案につき、「平均的な水準に達していないというだけでは不十分であり、著しく労働能率が劣り、しかも向上の見込みがないときでなければなら」ず、また、そうした事由に該当するかについて「相対評価を前提とするものと解するのは相当でない」と判断して、解雇を無効としている。

また、近時の日本アイ・ビー・エム（解雇・第1）事件・東京地判平成 28（2016）・3・28 労判 1142 号 40 頁では、相対評価[5]の下位者に対して、業務改善プログラム（Performance Improvement Plan（Program）、「PIP」ともいわれる）を経ても改善が見られなかったことなどから、普通解雇した事案において、相対評価での「低評価が続いたからといって解雇の理由に足りる業績不良があると認められるわけではな」く、「現在の担当業務に関して業績不良があるとしても、その適性に合った職種への転換や業務内容に見合った職位への降格、一定期間内に業績改善が見られなかった場合の解雇の可能性をより具体的に伝え

た上での更なる業績改善の機会の付与などの手段を講じることなく行われた本件解雇は」、無効であると判断している。

このように、低成果（能力不足）を理由として解雇する場合には、①解雇を正当化する程度の著しい労働能率の低さ、②配置の現実的可能性や教育訓練・指導等を前提とする向上の見込みの無さが認められなければならず、③相対評価のみを基準とすることについて裁判所は懐疑的であり、④単に評価が低いことのみを理由としてなされる解雇の有効性を否定する傾向がある。

（2）コミュニケーション能力・協調性に起因する低成果の場合の解雇

日本では、古くから、同僚との不和等（対人関係の不良）を理由とする解雇に関する裁判例があった。対人関係の問題は、必ずしも当該労働者本人のみに帰責させるべきものではないが、最近の人事管理では、労働者の「協調性」という性格・性質に帰着させ、さらには、「コミュニケーション能力」という「能力」の問題として、人事評価（考課）等の対象に含めることも少なくない。

例えば、日本ヒューレットパッカード事件・東京高判平成25（2013）・3・21労判1079号148頁では、上司・同僚、会社内の他の部署に対して、非常識な表現の内容を含むメールを多数送信するなどの行為を繰り返していた労働者に対して、信頼関係の毀損、会社内部の円滑な業務試行への支障を与えたとし、注意・指導にも自らの態度を改めなかったとして、普通解雇を有効としている。

また、協調性・コミュニケーション能力の不足・欠如を理由とする解雇については、小規模所業所では、特に業務運営に支障をきたすとして、解雇を有効とする事案がみられた（代表的な例として、南淡漁業協同組合事件・大阪高判平24（2012）・4・18労判1053号5頁、海空運健康保険組合事件・東京高判平27（2015）・4・16労判1122号40頁）。

このように、協調性等の不足に起因して成果を上げられない労働者についても、基本的には、繰り返しの注意・指導等を行うことが求められるが、小規模事業所では、配転等による対応が難しく、また、大企業であっても、協調性等に問題がある場合には、配転先でも同様の業務への支障を引き起こす可能性が高いことから、現実的な配置の可能性について、必ずしも十分に検討することなく、解雇を有効とする事案も見られる。

(3) 日本の判例法理の特徴

　日本では、日常的な成果・業績評価・人事考課等の低さ自体を解雇の理由とするケースは少なく、裁判例でも、そうした低成果のみを理由とする解雇の有効性を認めることには、裁判所は消極的である。使用者には、解雇に至る前に、十分な注意・指導や配転の検討が求められ、また、労働者の低成果・低評価を示す具体的な事情（クレームの多さや同僚や顧客とのトラブル、異常な言動等）が具体的に立証され、それの程度が重大な場合に、解雇が有効とされる。特に、相対評価基準に対しては、その低さのみを理由とする解雇には、否定的である。

　他方で、協調性等の欠如に起因して、業務に支障を生じさせている事案については、比較的に解雇を有効とするものがみられる。裁判所は、解雇事由の評価（労務遂行を阻害する要因として）に当たって、協調性・コミュニケーション能力の不足・欠如について、重視しているとみることもできる。

3．中国における代表的裁判例

(1) 末位淘汰制

　中国においても、末位淘汰制という仕組みにより、解雇等が行われている。例えば、毎年10％の優秀社員を表彰するとともに、業績が下位10％の社員を「淘汰」（リストラ解雇）するというシステムである。競争率が高い中国の労働市場に旋風を巻き起こし、現在企業経営カウンセリング会社により積極的に提案される人事モデルともなっているといわれる[6]。

　しかし、相対評価に過度に依拠した人事システムには、やはり問題もある。2011年12月以降、最高人民法院が「指導性案例」を公表しているが、これは、同種の事案において「参照」するように指示されており、同種事案について同様の解決を図るようにして、司法に対する信頼を高めようとするものと解されている[7]。そして、その指導性案例として公表されているものの一つが、次に紹介する最高人民法院指導性案例18号：中興通訊有限責任公司訴王鵬労働契約紛争案（最高人民法院審判委員会討論通過2013年11月8日発布）である。

事案の概要と判決の要旨は以下の通りである。

（2）中興通訊有限責任公司訴王鵬労働契約紛争案

【事実の概要】

2005年7月、Y（被告労働者）は、X社（原告会社）に入社し、労働契約の定めにより、営業の業務に従事し、基本賃金は毎月3840元であった。X社の就業規則（業績管理規定）では、従業員は、半年、年度の業績評価をそれぞれS、A、C1、C2の4等級で「優秀」、「良好」、「成果に見合わない」、「改善を要する」とし、S、A、C（C1、C2）の等級の相対的割合は、20％、70％、10％とし、業務の任に堪えない場合には、原則として、C2の考課とされた。YはX社において営業の業務に従事し、2009年1月、会社の営業業務の再編により、配置転換となった。2008年下半期、2009年上半期および2010年下半期、Yの人事考課はC2となった。X社は、Yが業務の任に堪えず、配置転換をしてもなお業績が上がらないとして、経済補償金を支払って解雇した。2011年7月27日、Yは労働仲裁を申し立て、仲裁委員会は、Yの解雇は違法であるとして、X社に賠償金の残額の支払いを命じた。そこで、X社が人民法院に提訴した。

【判決の要旨】

杭州市濱江区人民法院は2011年12月6日（2011）杭濱民初第885号民事判決書において、X社に対して、Yの違法解雇についての賠償金の残額を支払うよう命じた。理由は以下のとおりである。

労働契約の解約の立証責任は使用者が負うべきであり、就業規則の「規定に基づき、C（C1、C2）の人事考課等級の割合は10％であり、Yはそれまでの考課結果はC2であるけれども、ただし、C2等級であることが「業務の任に堪えない」ということと全く同じとはいえず、X社は人事考課等級の相対的な考課結果のみで、労働者が業務の任に堪えないということを証明したとはいえず、使用者が労働契約を一方的に解約できる法的要件を満たしていない。」

(3) 中国における解雇の規制法理

　中国における解雇規制の原則によれば、法定の正当事由がなければ、解雇できない。そのため、解雇事由該当性については、原則として、使用者が立証責任を負う。それにより、使用者側の立証を厳格に求めることを通じて、実質的に安易な解雇を抑制することもできよう。

　そして、解雇の有効性判断をみると、必ずしも解雇が厳格に規制されているとはいえないものもあるが、いくつかの裁判例において、解雇事由の重大性の判断に際し、単に労働者の非違行為の有無や態様だけでなく、それ以外の諸事情（日頃の勤務態度や使用者側の対応など）を広く考慮して、解雇に歯止めをかけようとしている。このように、解雇制限の判例法理の形成を見て取ることができ[8]、上記の指導性案例もその一つといえる。

4．終わりに

　以上のように、実体的な解雇の制限という意味では、相対評価による低評価者に対する解雇について、日中で同じような判断をしている。また、日本企業も、中国企業も、IT化（AI化）やグローバル化の進展のなかで、企業の経営戦略の転換のスピードは増しており、また、企業の経営責任（株主に対する説明責任等）との関係でも、今後、ますます効率的経営・人事管理を進めていくことが予想される。こうした経営環境の変化を受けて、解雇の実体的規制も、変容を迫られることになるかもしれない。

　そして、正社員に対する解雇規制法理が変容した場合、少なくとも日本においては、期間の定めのない労働契約の労働者（正規雇用）に対する解雇法理を、有期労働契約の労働者（非正規雇用）に類推適用する法理が形成され（東芝柳町工場事件・最一小判昭49（1974）・7・22判時752号27頁、日立メディコ事件・最一小判昭61（1986）・12・4判時1221号134頁）、現在では労働契約法19条に条文化されるに至っている。これまでの非正規雇用の解雇・雇止めの事案は、その多くが、経営上の都合による人員整理型であり、通常の正規雇用に対する解雇法理を緩やかに適用するものの、雇止め（有期契約の更新拒否）

を一定程度制約するものであった。日本でも、非正規雇用の拡大によって、非正規雇用の労働者に対しても、能力や適格性を厳しく評価するようになってきており、能力・適格性の欠如を理由とする雇止めの紛争（訴訟提起）が増加する可能性もある[9]。そうすると、正規雇用の解雇法理の変容は、かなり直接的に非正規雇用の雇止め法理にも影響を与えることになろう。

また、解雇の規制は、違法解雇の法的効果、つまり、解雇を無効として、労働契約の上の地位の確認と未払い賃金の支払を命じたり、違法解雇を不法行為として損害賠償を命じたりすることになるが、こうした紛争解決の在り方は、国によって異なる。日本は基本的に前者であり、中国では選択的である[10]。さらには、労働紛争解決制度の在り方によっても、こうした法的効果は異なってくる[11]。今後、解雇の実体的規制だけでなく、手続的な規制や紛争解決制度も視野に入れた比較法研究が必要であろう。

注

1) 筆者は、2017年5月21日に明治大学で開催された「第3回　日中雇用・労使関係シンポジウム——非正規時代の労働問題——」において、「能力不足を理由とする解雇の日中比較」というタイトルで報告を行ったが、その際、日本の解雇法の紹介については、山下昇「低成果労働者の解雇に関する最近の裁判例の動向」季刊労働法255号（2016年）15頁以下をベースとしていた。本稿は、この報告をまとめたものであり、日本法の記述は、上記論文に依拠している。

2) 代表的な裁判例として、三菱樹脂事件・最大判昭和48（1973）・12・12民集27巻11号1536頁では、「企業者は、労働者の雇入れそのものについては、広い範囲の自由を有するけれども、いったん労働者を雇い入れ、その者に雇傭関係上の一定の地位を与えた後においては、その地位を一方的に奪うことにつき、雇入れの場合のような広い範囲の自由を有するものではない」とし、高知放送事件・最二小判昭和52(1977)・1・31労判268号17頁でも、「普通解雇事由がある場合においても、使用者は常に解雇しうるものではなく、当該具体的な事情のもとにおいて、解雇に処することが著しく不合理であり、社会通念上相当なものとして是認することができないときには、当該解雇の意思表示は、解雇権の濫用として無効になるものというべきである」と判断されている。

3) 東亜ペイント事件・最二小判昭和61（1986）・7・14労判477号6頁では、「使用者は業務上の必要に応じ、その裁量により労働者の勤務場所を決定することができるも

のというべきであるが、」「当該転勤命令につき業務上の必要性が存しない場合又は業務上の必要性が存する場合であっても、当該転勤命令が他の不当な動機・目的をもってなされたものであるとき若しくは労働者に対し通常甘受すべき程度を著しく超える不利益を負わせるものであるとき等、特段の事情の存する場合でない限りは、当該転勤命令は権利の濫用になるものではないというべきである」として広範な配転命令権を認めている。

4) 野田進「『低成果労働者』の雇用をめぐる法的対応」季刊労働法255号（2016年）4頁以下参照。
5) 具体的にはPBC（Personal Business Commitments）と称する評価制度（以下「PBC評価」という）を設けている。PBC評価は、従業員とその上司との間で年初に目標設定を行い、その目標に対する当該従業員の1年間の達成度や、会社に対する貢献度の評価を行うことを内容とする。PBC評価の結果は、上から順に「1」（最大の貢献度を達成）、「2＋」（平均を上回る貢献度）、「2」（着実な貢献）、「3」（貢献度が低く、業績の向上が必要）、「4」（極めて不十分な貢献）の5段階となっている。それぞれの配分については、「1」が10％から20％、「2＋」及び「2」の合計が65％から85％、「3」及び「4」の合計が5％から15％とされている相対評価である。Y社が実施している業績改善計画とは、従業員と その上司との間で、一定期間（数か月程度）の改善目標を設定し、その改善の進捗状況を定期的な面談で検証することを内容とする。
6) 山下昇＝龔敏編著『変容する中国の労働法』（九州大学出版会、2010年）37頁以下（龔執筆）参照。
7) 木間正道＝鈴木賢＝高見澤磨＝宇田川幸則『現代中国法入門（第7版）』（有斐閣、2016年）111頁参照。
8) 中国の解雇法理に関しては、山下昇「中国の解雇法理の研究」法政研究82巻2・3合併号（2015年）313頁以下参照。
9) 例えば、札幌交通事件・札幌高判平29（2017）・9・14労判1169号5頁は、有期労働契約のタクシー運転手に対する勤務成績不良を理由とする雇止めを有効と判断している。
10) 中国の解雇規制の概要については、山下＝龔・前掲『変容する中国の労働法』87頁以下（山下執筆）を参照。
11) 中国の労働紛争解決システムについては、山下昇「最新！中国の労働紛争の実際とその解決制度について――個別的・集団的労働紛争の現状およびその解決手続・機関――」中央労働時報1157号（2013年）4頁以下参照。

第Ⅱ部
中国における非正規労働の新たな展開

第8章　雇用関係か協力関係か
——インターネット経済における労使関係の性質——

常凱・鄭小静
（清水享訳）

はじめに

インターネット経済における労使関係の分析を通して、本稿は雇用関係が依然としてインターネット経済における労使関係の基本形態であることを認識するものである。雇用関係の核心的要素は依然としてインターネット企業と労働者の相互作用を主導している。表面上のゆるい管理と実質的に行う厳格なコントロール、人格の弱化と組織従属性および経済的従属性の強化、仮想の雇用規則と実際の監視機構など、三つの特性の組み合わせを主に具体的に表現している。雇用関係を確認することはインターネット経済における就労関係の調整についての理論的価値と現実的意義がある。また、完全な形で強化された労働規制を通じて、その中で労働者の基本的な労働の権利の保障とインターネット企業と業界規範の秩序ある統一を実現することができる。

インターネット経済はインターネットが情報伝達と情報更新の技術の優位性に基づいて社会的資源について有効な統合を進め、それにより生じた経済形態と経済活動の総和を指す。インターネット経済においてさまざまな就労形態が現れた。中でもインターネット予約配車、フードデリバリー、インターネット代行運転などの業種ではそれが突出している。これらの新たな就労形態は伝統的雇用関係と大いに異なる点がある。主に企業は労働者に対し、伝統的な直接管理はせず、企業と労働者の関係は形式の上ではより緩やかなものとなっており、労働者は労働過程で一定の自主決定権を得ている。こうした種類の新たな

就労形態はどのような形態に属するのであろうか。学界における、この問題についての認識と判断は大いに異なる。ある研究者はこうした種類の新たな就労形態は、雇用関係の形態に特に変化はないとするものである[1]。しかし、より多くの研究者はインターネット経済における就労形態はすでに雇用関係になく、協力関係にあると考える[2]。インターネット就労関係の形態に直接関わるこの認識の不一致は、さらにインターネット企業と従業員の身分と権利義務に直接影響することにより、議論と分析が必要となる。

1. 雇用関係か協力関係か——定義と内外のケース

雇用関係は広義では雇用を基礎として形成された雇用労働に関連する社会経済の関係である[3]。狭義では雇用関係を中心とした個別の労使関係であり、労働者が企業に雇われることを強調し、労働を提供することを通じて形成された使用者と被用者の関係である。本稿では狭義の雇用関係を用いる。雇用関係の中で、使用者は労働者に賃金を支払い、労働者は使用者の指揮、指示、指令を受け入れなければならない。使用者のコントロールする労働過程で相応の生産や経営活動を全うする。雇用労働過程で労使双方の身分は独立しているが、その能力や権限は対等でなく、使用者は主導的な立場や決定的な地位に身を置いている。労働の従属性は雇用労働の本質的な特徴であり、こうした属性は経済関係上の従属性を示すだけでなく、身分上の関係の従属性もまた表している[4]。市場化した労働関係はすなわち雇用労働を基本とする特徴を有する雇用関係である。本稿で言う雇用関係は従業員と企業が形成する個別の労働関係である。中国においてこの関係を調整する法律が「労働契約法」である。

協力関係は通常個人あるいは組織が独立した財産の所有と経営者を有し、そのほかの企業の間で築かれた双方の合意を基本原則とする平等な経済関係を指す。例えば企業とそのサプライヤーの関係やインターネット経済におけるオンラインショッピングプラットフォーム企業とショップとの関係などであり、それはさまざまな形式の請負関係、委託関係、労務関係などに及ぶものである。雇用関係（労使関係）と比較してみると、協力関係の特徴は両者が対等である民事的な主体の商業活動である。その関係の性格は経済的属性があるだけで、

身分上の属性はなく、二つの対等な主体であり、それらには従属性はない。この関係では民商法の法律規制が適用され、この法規により商業契約がなされる。

　経済協力関係のなかで、単独の個人もまた企業が展開する業務と協力することができ、これにより対等な協力関係をつくることができる。例えば伝統的な意味での「独立請負業者（independent contractor）」では、オープンな市場において特殊な技術を有していることで、さらに高い価値があるとされる企業家型の個人が求められている[5]。このようなタイプの個人は、潜在的な権利の侵害を受けやすいとされる技術が低いかあるいは技術のない従業員とは異なり、一般的かつ多くの雇用に関する法の範疇には含められない。インターネット経済で比較的典型的な職種であるウェブデザイナー、テクニカルディレクター、ベテランインターネットメディアパーソン（大Ｖ［訳者注：人気のある中国版ツイッターユーザー］）、フリーライター、音楽クリエーターなどは大部分がこのタイプに含まれる。これらの独立した雇用労働者は特定の使用者によって雇用されない。それはまた自分自身が替えることのできない技術、リソース、能力により使用者と交渉するある程度の優位性があり、こうした労働者が自主的に労働時間と労働強度を決め、自己の影響力と創作により競争力のある収入を獲得することになる。その上、企業の利潤分配に加わることを通じ、あるいはその技術をもって株主となり、企業経営の意思決定に参加できるようになった。しかし、こうした人々は技術的なエリートと上位のマネージャーに属し、インターネット経済における比率は非常に小さい。インターネット経済における労使関係の性質の問題は、インターネット配車プラットフォームで働くドライバー、インターネットフードサービスのデリバリースタッフ、宅配サービスの宅配スタッフなどの大多数の普通の労働者において注目されている。

　こうしたことに関して内外のさまざまなケースは異なる結果を示した。ここではこれらのケースを分析する。

　2015年にアメリカのウーバー（Uber）の車両保有者が集団訴訟の形でこのアメリカ本国の配車ソフト企業を訴え出ることが認められ、彼らがいったいウーバーの従業員か、独立請負業者であるかはっきりした。ウーバーはアメリカで60万人、全世界で150万人のドライバーが登録されている。カリフォルニア州北部連邦地方裁判所（N.D.Cal）において3月11日にウーバーとドライバ

ーの間で労使関係が成立するとした判決が下された[6]。アメリカのシアトル、サンフランシスコでも法案が議会を通り、ウーバーなどの企業のドライバーが労働組合をつくり、企業と団体交渉をすることが認められ、集団訴訟の形でウーバーを訴えた。この新しい変化は運行営業するドライバーに『アメリカ労働関係法』が適用されることが認められた。アメリカの法廷で出された理由は、「……ウーバーのドライバーはいったいウーバーの従業員であるのか、それとも独立した請負業者なのか、その判断の基準はさまざまな要素を考慮する必要があるが、そのひとつひとつの要素が決して同じような重みを持つものではない。その核心的な原則は使用者側が仕事のさまざまな細目をコントロールする権限を有するかどうかということである……[7]」。

2016年10月28日にイギリスの労働裁判所はウーバーのドライバーとウーバーとの間の労働紛争で裁決を下した。判決ではドライバーはウーバーの従業員であり、全国の最低賃金と有給休暇などの従業員の待遇を受ける権利があるとした。裁判所は、一人のドライバーに対し勤務する地域範囲においてウーバーのソフトを起動させる権限を与え、かつウーバーはドライバーの能力と希望を受け入れたと認めた。こうしたドライバーは一種の「雇用」の契約およびそれに含まれるその他の約款の契約の下、ウーバーで勤務をした。ウーバーはドライバーを雇用することによって運輸業務に従事する企業であり、ウーバー自身が「仕事の機会を提供した」、「イギリスで数万の働き口を提供した」などと公言していたのが主な理由だった。このため、ウーバーがドライバーのために働くのでなく、ドライバーがウーバーのために働くのである。ウーバーは運輸業務を経営し、ドライバーによる専門的な労働により、サービスを提供し、利潤を得ている。その上、ドライバーとウーバーとの間での契約は独立した業務の関係というものでもなく、二つの独立した企業の間での契約といったものでもない。そのため裁判所もウーバーとドライバーの間の不平等な地位での交渉も考慮しなければいけなかった[8]。

アメリカとイギリスは典型的な判例法の国家であり、上記の二つの判決もこの具体的な事案が法的効力を有するだけでなく、今後これに類する事案の判決の根拠となる。そのためイギリスの全国都市一般労組（GMB）で法律事務を主管するマリア・ルドキン（Maria Ludkin）は「これは里程標的な勝利であり、

ウーバーのドライバーやそのほかの多くの「ギグエコノミー」に従事する者に対して大きな影響を及ぼす」と表明した[9]。ここでいう「里程標的な勝利」とはこの判例の法的効力がもつ影響力を指す。この判決は、ウーバーのようなインターネット企業のドライバーの身分が企業従業員であり、独立した請負業者ではないと判断した。企業とこうした人々の関係の性質が雇用関係にあり、企業から独立した関係ではないということは、長期的影響をもつであろう。

しかし、中国におけるこうした紛争の労働訴訟の判決は、アメリカやイギリスの判例とは全く異なったものだった。北京で現れた快車［訳者注：中国版ウーバー］ドライバーや専車［訳者注：中国版高級車ウーバー］ドライバーが提訴した労働紛争の仲裁において、ドライバーはインターネットソフトウェアプラットフォームとの間に労使関係が存在するのか確認することを要求したことがあった。しかし仲裁委員会は審理を行った上で、両者の間は管理的に緩やかな関係にあり、快車あるいは専車のドライバーは自己の判断により、自己の勤務日程を決定するものであるとした。さらに専車ドライバーは企業の具体的住所、管理者さえも知らず、企業もそのことに対し確認をしていないため、両者の間の労働関係の存在を否定した[10]。また別の事案の判決結果は、以下のようなものだった。e代駕［訳者注：代行運転サービスの企業］のドライバーが、ドライバーとインターネットプラットフォーム企業である北京億心宜行汽車技術開発服務有限公司との労使関係の確認を要求する訴訟を起こした。北京市第一中級人民法院は同様の三件の訴訟の判決結果により、おおよそドライバーと企業の間での労使関係の存在について否定した[11]。

内外の判決の事例を比較してみると、われわれは外国のウーバーと従業員の訴訟であろうと、国内の滴滴［訳者注：中国版ウーバー］と従業員の訴訟であろうと、労使双方が求める性質と紛争の焦点は同じであることに気づく。そして労働組合とドライバーは従業員の身分を確認し、それにより労働法での保護を獲得し、さらに労働者のしかるべき給料、勤務時間、労働条件、社会保障および労働組合の組織、団体交渉の権利を得ることを望んでいる。しかし、使用者は労働者について、その従業員としての身分を否定することを望んでいる。使用者が「独立した請負業者」であることを強調するのは、労使関係のなかでの使用者の責任を引き受けようとしないためである。これは新しいインター

ネットによる就労下での労使間の利益争いの法律を反映している。

しかし、内外の判決の事例で、判決の根拠と求められる理念は異なっている。アメリカやイギリスの二つの事例の法的根拠は非常に明確である。インターネット企業とドライバーの間に労使関係が存在すると認めるのは、すなわち使用者が労働過程をコントロールし、労働者を従属的地位に置き、労使双方の身分地位を不平等とする彼らの最も特徴的な雇用関係があるとするからである。具体的理由は判決のなかできわめて詳しい分析がなされている[12]。しかし、中国の裁判所の判決は、双方の間において「管理上、一種の非常に緩やかな関係である」、「ドライバーは自己の判断により勤務日程を決定する」、「企業も相応する審査を行わない」と判断した。そのためドライバーとインターネット企業での労働関係を認めなかった。しかし雇用関係の法的基準とその特徴から、裁判所の判決は具体的事例への言及や列挙はなく、大きく変化する性質を示すだけである。

これらの判決結果は、一方で異なる国家において労使関係と労働法制の発展段階で異なる特徴があることを示している。労働訴訟の法的根拠において、アメリカとイギリスの歴史的な蓄積は厚く、その判例の蓄積も比較的整っている。しかし、中国のこの方面での理論の積み重ねと裁判の経験はまだ薄いと言える。今に至るまで、中国の法律は成文法であれ、判例であれ、いかなる労使関係の基準と要件に対して、系統だった明確な規定はない。法を研究するなかでも諸説紛々として、定説となる理論が形成されていない。このような状況の下、中国の裁判の実務において、各裁判所は、労使関係の特徴を比較的曖昧にとらえていた。価値観の概念としては、アメリカとイギリスなどの国では労働者の権利意識が普及し、労働組合も社会的に強い影響力を持っている。しかし、中国社会の意識のなかで、経済を発展させる主張は強い影響力を持ち、労働組合もこうしたことに対して明確な主張がない。このような社会の意識と価値観の方向は、裁判所の判決にもある程度の影響がある。他方、インターネット就労の性質が新しい国際的な問題となり、それをどのように判断するのか、判例にも反映されている。二つの異なる判決もそれぞれ根拠があり、インターネットのもとでの労使関係は、果たして雇用関係であるのか、協力関係であるのか、わずかな伝統的理論と法的解釈に捕らわれず、この問題はさらに深く研究討論し

なければいけないのである。新しい雇用関係に直面して、労使関係の性質に対する基本的法律原則について、それを堅持しつつ、法律規定を拡大し、改善しなければいけない。

2．雇用関係か協力関係か──現実と理論の分析

インターネット経済では確実に協力関係が存在する。その一つの種類として雇用主と希少な幹部および特殊技能を有する従業員の間のパートナーの関係がある。しかし、この関係は就業関係のなかで占める割合はとても小さい。もう一つの種類として企業家型個人経営者の間の業務協力関係がある。しかしこれら種類の関係はすでに就労ではなく、ビジネス上の協力関係である。インターネット経済における大量の一般的な労働者はすでに雇用主にとってパートナー関係に発展できる希少な資源ではなく、また本来の意味での「独立した個人経営者」と呼ぶこともできない。それではこうした労働者とインターネット企業との関係は実質上、どのような関係であるべきなのか。また新たな雇用形態が、労使関係において伝統的雇用の基本的な形態を転換させる変革となるであろうか。

先に述べた判例の分析から、インターネットのもとでの労使関係が雇用関係であるか、協力関係であるか、異なる国家の裁判所が異なる判断を下そうとも、その基本的な基準は一致することが見て取れる。すなわちそれは使用者が全ての労働過程をコントロールしつつ、使用者と労働者の地位と権利は不平等であり、労働者が従属的地位に置かれるなどの三つの条件に合致するということである。法適用の原則においてこれは基本的に一致するものであり、その差は異なる裁判所における事実認定の違いである。インターネットの下での雇用関係は、典型的かつ伝統的雇用関係とは異なり、また具体的な表現の在り方として多くの新しい特徴を有する。そのため、われわれは具体的にインターネットのもとの雇用関係と伝統的雇用関係を比較し、その新たな特徴を分析しなければならない。

（1）表面的にゆるやかな管理と実質的厳格なコントロール

　伝統的雇用関係のなかでの従業員は、使用者の経営管理に服従することが要求される。また企業と労働者の間で指示と服従が存在するかどうか、管理する側とされる側との関係が労働法のなかでの判定として労使関係を確認できるかどうかが重要な基準となる。しかし、インターネットという科学技術の力を借り、業務は具体的な業務場所を飛び越えて、さらに広い社会的な生活空間に広がった。労働者は固定的な業務時間内に業務を行わなくともよく、また業務時間内に特定の業務場所にいなくともよく、自由にその業務内容などを調整することができる。しかし、表面上の日常的なゆるいように見える管理のもと、インターネット企業は労働者に対して実施的な監督とコントロールを行っている。アマゾン（Amazon）は、その配送を中心とした業務を第三者へアウトソーシングしたとしても、その第三者の個人経営者をコントロールすることを通じて明らかに従業員の収入と労働条件に依然として影響力を有している。フェデックス（FedEx）はドライバーに対し、日常的な管理監督は行っていないが、ドライバーの行動規則を通じてドライバーの言行および設備状況について厳格な要求とコントロールを行っている。ウーバー（Uber）のドライバーは、企業の性格から見れば、「独立した個人経営者」であるが、ウーバーはドライバーを派遣するかどうか、ドライバーをどのように評価するのか、どのような状況でドライバーを解雇できるのかといった絶対的な権力を持っている。

　インターネット企業と労働者の関係は以前と異なってきているが、その労働者への影響において、予測した結果を実現させるためのシステムと方法に対するコントロール力は特にゆるめられない。そのうえ、先進的科学技術の方法により、それは絶えず強められている。企業はこのような方法で細かな業務の煩雑な管理を簡素化できるだけでなく、労働過程を間接的にコントロールすることを実現した。また業績を上げる目的へも深い影響をおよぼした。このため、もし企業の労働者に対する実質的厳格なコントロールを無視して、労働者に対する日常の直接的コントロールを突出させたならば、それは変化する労働界の雇用の特性を覆い隠すだけでなく、雇用関係の内容を不必要に制限することになろう。一般的な従来の法体系では「コントロールテスト（Control Test）」を

雇用関係の試金石として確認し、「企業が予測した結果を実現させるためのシステムと方法をコントロールする権利があるかどうか」という雇用関係をカギとする要素としてテストしたのである[13]。

インターネットプラットフォーム企業の就労方法の新しい特徴は、労働者の従属性に複雑化をもたらした。インターネットプラットフォームのもとで業務につく労働者も業務に対して一定のコントロール力を持っている。ある程度独立した個人経営者のように選択をし、自身の業務日程を決めることができる。インターネットプラットフォーム企業と共同で業務のコントロール過程をシェアし、インターネットプラットフォーム企業はこれを「双方向コントロール（bidirectional control）」と呼ぶ。これによりドライバーに対する単一方向コントロール（unidirectional control）の雇用主ではないと考えられる。しかし、この双方向コントロールは有名無実であり、労働者がその業務に関わる重要な決定について、実質的影響力を与えることは難しい。ウーバーを例にとってみれば、ドライバーがAPPに登録すると、ウーバーはプラットフォームから送られる一つひとつの業務の手配を受け取ることについてドライバーに期待し、それを拒絶した者に対してはアカウントを失うというペナルティを受けさせた。企業の強大な圧力に直面し、ドライバーは自身のスケジュールの管理に対し、無力であるのは明らかだった。アメリカのオコーナー裁判所は判決時にドライバーは自身の業務スケジュールを管理することができるが、ウーバーのみがその給与収入を管理しており、ウーバーは別に料金の基準を設定し、一回につき固定的に20%のマージンを取る。ドライバーはこのような給与収入に関わる約款に対して協議もなく、発言権もなかったと認めた[14]。これは実質的に単一方向のコントロールである。たとえインターネットプラットフォーム企業がいう業務過程において双方向コントロールを実現しているとすることの背後には、依然として企業が労働者の業務の持続性と収入、業績をカギとして企業がコントロールする機能を果たしており、労働者にはその従属的身分と地位を変えられないということが分かる。

これにより、インターネットプラットフォーム企業は労働者に対して伝統的スケジュール管理を変える理由としたが、インターネット予約車のドライバー、配達員、フードデリバリースタッフなど一般の労働者との雇用関係を否定する

のには十分でなかった。独立した個人経営者のP2P (peer-to-peer) プラットフォームを招き雇ったとしても、やはりさらに伝統的で第三者が雇う労働者を使う企業が増える。もし雇用関係の基準が直接的スケジュール管理監督から、こうしたことに関心をはらう企業へ転換するということで実質的な労働過程のコントロールがあるかどうかを判断するならば、業績に関わる期待と能力は伸びて、大量の潜在的使用者を浮上させるのである。

(2) 人格および組織的従属性の軽減と経済的従属性の強化

　労働の従属性は雇用労働の最も本質的な特徴であり、通常労働者は使用者が業務時間、業務場所、業務規則、業務内容などに関しての具体的な要求を遵守しなければならず、厳格に使用者の指揮監督に従い、業務内容を達成することを通じて相応の給与を得るものである。経済的従属性、人格的従属性、組織的従属性はそうしたことに内包され、強く表現されている。具体的に見てみると、経済的従属性とは労働者が自身の労働力を譲渡することにより、はじめて生存の基礎となる給与を得ることができることを指す。人格的従属性は、労働者が使用者に指揮され、使用されることに従わなければならず、人格的な制約を受けることを指す。組織的従属性は労働者が使用者の組織に所属することであり、それは雇用主の生産過程の構成部分となることを指す。これら三者のうち、雇用労働の本質を示す経済的従属性が労働従属性の最も重要な部分である。伝統的雇用関係のなかでの労働従属性はこの雇用労働の本質的な特徴をこの三者が強く表している。しかし、インターネット経済において、その柔軟な雇用労働者は業務時間や業務場所などの日程の手配においてさらに柔軟性を持ち、労働者は労働報酬を獲得する形態をさらに多様化させた。そして労働者は一つの使用者に所属する必要がなく、多数の企業に勤務することができるようになった。これらの特徴が労働従属性の伝統的特徴と全く合致しないため、実際の企業においては一般的にこうした一部の労働者とは雇用関係を認めなかった。それでは、インターネット経済における雇用関係のこうした新しい変化はその労働の従属性を変化させたのであろうか。

　もし労働者が業務に対して一定程度の自主決定権を得るならば、また一つの企業に固定的に勤める必要もない。したがって、その企業への人格、組織的従

属性を弱めさせることとなったとしても、その経済的従属性あるいは企業への依存関係はこれにより弱まることはなかった。インターネット経済において人事のアウトソーシング、労働派遣の形態による労働者であったとしても、これはプラットフォーム企業の「独立した個人経営者」にとって、企業の正規従業員と比べ、いわゆる業務の柔軟性が柔軟な雇用労働者にさらに多くもたらしたものは、業務の不安定性と労働権利保障の弱体化だった。そして労働者は、マーケットと業務からの危険を防御する能力をさらに退化させていった。また柔軟な雇用労働者における低技能と代替性の高い業務の属性は、使用者と対等な協議をする能力の形成を難しくさせた。業務を続けて労働報酬を得るために、柔軟な労働者は一般的に現在所属している企業により依存し、業務の条件、労働時間、給与などの決定についてさらに企業のコントロールを受けた。また労働に関する法律の保護が欠けており、使用者に対して自己の権利を勝ち取る方法がなかった。実際のところ、つねに失業や収入が途絶えるといった圧力に直面し、たとえ同じ勤務先であったとしても、柔軟な雇用労働者も正式な従業員よりさらに多く雇用主への経済的依存を示している。

　これにより、柔軟な雇用労働者は使用者への経済的依存と経済的従属性を増すという状況のもと、たとえ人格的従属性が軽減したとしても、労働者の人格の自主性と人間の尊厳を引き上げる手助けにはならない。たとえ組織的従属性が軽減したとしても、雇用主の経営へ奉仕する実態を変えることは難しく、その独立した労働者自らの属性を実現することも難しい。労働者が雇用主に依存し、生存の根源としての給与を得るという現実は、経済的従属性が柔軟な労働者の雇用形態の最も根本的な要素であることを決定づけている。

　経済的従属性が労働従属性のカギとなる要素であり、雇用関係と判断するのに重要な根拠を示していることが分かる。アメリカにおける「経済実態テスト(the Economic Realities Test)」は雇用関係を確認する重要な方法の一つであり、労働者が一つの使用者に経済的に依存していると推定できるかどうか、経済的従属性において経済的事実が存在するかどうかを主に調査するものである[15]。ウーバーとそのドライバーの関係を判断する際、ブライセン・ロジャース(Brishen Rogers)は、ウーバーの雇用関係が絶えず強化される不平等な経済関係の上に成り立ち、不平等な交渉権と経済的依存関係が労働者に雇用権の保護

を与えるよう求めるものであると認めた[16]。

(3) 仮想の雇用規則と真実の監督コントロールメカニズム

規則については、以前から労使関係の研究者が重視するところであり、その代表的な研究者としてダンロップがいる。労使関係システム論のなかで規則とは法、政策、制度、企業定款など各種の規制的な効果を生じることができる成文規範を指す。かつてダンロップは、労使関係システムのアウトプットとしての規則は、労使関係システムの重要な構成要件であると指摘した。そしてそれは、労使関係の運用や発展を直接決定づけた。規則が労使関係システムと雇用関係の確認にとって、きわめて重要な意味を持っている。インターネット経済において、インターネットプラットフォーム企業とそのプラットフォームの労働者の間において、その管理規則は過去の伝統的な会社約款の規定とは異なっており、規制管理を成文化して明示しているが、そのコンピュータープログラムの運用と応用システムがまさに実質的な規則システムとして作用している。インターネット企業が計画開発し、運用しようとするコンピューターの応用システムには、コンピューターアルゴリズムにより予定される使用者の規則、ビジネス規則、運用規則などがコンピュータープログラムに入力され、それ自身の意思でコンピューター応用システムを開発完成させており、同時に各種の規則もそのなかにはめ込まれている。プラットフォームを使用する労働者はそのシステムに入り、プラットフォーム企業が操作するインデックスにおいて規則を学び、それを受け入れ、規則に服従する過程を終了する。この規則システムの役割は、潜在的にプラットフォームを使用する労働者に対し、監督、管理、コントロール、ペナルティを実施している。

ウーバーを例にとってみると、その自動管理システムは業務につくドライバーに特定の時間と特定の場所で予約票を受け取らせ、もしドライバーがさまざまな理由でこの予約票を断ると、ウーバーからの配信の減少、ドライバーアカウントの稼働を低下させるなどのやり方でペナルティを受けることとなる。ウーバーにおいて最も典型的なのは、やはりその顧客のランク評価システムとフィードバックシステムであり、このシステムを通じてウーバーは顧客を現場の監督者に変えさせ、その顧客の評価を利用し、ドライバーが規則にしたがい

顧客にサービスを提供しているかどうかでドライバーを考査する。あわせてこの評価を基礎として比較的低評価のドライバーに対し、ペナルティや解雇を決めている。そして以下のようなことが見て取れる。インターネットプラットフォーム企業は、具体的な雇用規則はないように見え、具体的な管理を行わないが、インターネット運用システムがすでにその規則ネットワークを形成し、仮想の形式におけるその存在が実際のプラットフォーム労働者のすべての業務行動を監督コントロールしており、いつでもどこでも使用者に代わって個人経営労働者を監督、評価する機能を果たしている。

コンピューター運用プログラムを表現形式としている規則システムはインターネット経済における企業使用者の意思を集中させ具現化している。伝統的意味での規則システムとは異なり、コンピュータープログラムといった仮想の規則ネットワークは成文化せず、周知言明せず、交渉や協議を経ず、民主的表決をする必要もなく、インターネット企業がすべて一方的に決定し、労働者は実質的にその規則システムを受動的に受け入れるものでしかない。ウーバーは「いつでも任意に回収、禁止、停止、制限およびそのほかの形式でドライバーがアプリを使用する権利の制限」を保持すると公言している[17]。

もう一つの面として、こうした規制システムを使ったインターネット企業は、ある意味で労働力市場、ひいては消費市場を思いのままに左右している。インターネットプラットフォームは顧客とその両端がつながり、労働者であろうとも、消費者であろうとも、インターネットプラットフォームで予約票を送受するだけで、商品やサービスの提供と購入ができるのである。どちらもインターネット企業が決めた規則に準じないと、商品とサービスの提供者と購買者を探し出すことはできない。ウーバーを例にとると、たとえウーバーのドライバーがウーバーのコントロールが厳しいと訴えたとしても、ウーバーのプラットフォームの発注がなければ、彼らはどこで仕事を探せばいいのだろうか。

インターネット経済についていえば、たとえその規則システムが仮想のインターネットアルゴリズムやコンピューター運用システムの形式によって現れたとしても、実際に果たされている監督コントロールの効果は、それが依然として労働関係システムの枠組みを抜け出せていないことを示している。そのうえ、その規則システムの特殊性により、資本側は当然として規則を定める技術の優

位性と主導的な地位を備えているため、労働者がその規則に従おうとも、逆らおうとも、その形作られた経済形態のなかでますます受動的になり、労働の権利保障と労働条件もますます厳しくなってきているのである。

以上のことからまとめてみると、インターネット経済の下での雇用関係は、たとえ具体的に示される形式において伝統的雇用関係より多くの新たな特徴があったとしても、その使用者が労働過程のコントロールに対して実質的に厳格となり、労働者に対する企業の経済的従属性が深刻化し、労使双方の労働過程のなかでの影響力と地位はさらに不平等となる。したがって、こうした就労関係では雇用関係の形態は変わらず、その性質も依然として一種の従属的な雇用労働であるといえる。そのため、インターネットの下での就労関係は伝統的雇用関係の基本形態を転覆させるような変革であり、雇用関係はすでに協力関係に転換しているという認識は十分でないと考えられる。

3．雇用関係か協力関係か——比較と政策の選択

理論の詳細と事例分析および現実の分析を通して、本稿はインターネット経済のなかにおける雇用関係の基本形態は依然として従属的雇用関係（労使関係）であると考える。こうした雇用関係の形態と性質を確認することは、労働者の基本的権利の保護とインターネット経済規範の秩序のある健全な発展の促進およびインターネット企業の労使双方の共同発展の実現に対し、重要な意味を持ち、積極的な意義がある。これに反して、もしインターネット経済のなかでの雇用関係の特性が協力関係であったとすれば、それは労働者、企業、業界および社会にとってマイナスの影響があるであろう。

（1）雇用関係が労働者の基本的権利保障を求めるように確認する

インターネット経済、特にプラットフォーム経済は、今のところすべての経済のなかの一部分にすぎないが、将来的に低所得者の労働市場で占める割合はますます高くなるであろう[18]。統計のデータでは2020年までにアメリカの40％の労働者が臨時的な「擬似従業員（pseudo-employees）[19]」になるであろうことを示している。20年後、中国の総労働力人口の50％、すなわち4億人

がインターネットを通じて、自身の雇用と自由な就業を実現するであろうと予測する人もいる。これは現在と将来の労働力市場において、雇用関係の不安定により永続的臨時工（permatemps[20]）がますます多くなり、彼らが労働の基本的権利保障を得ることが難しくなり、労使関係が形式的にさらに微細化、分散化していくことを意味している。資本側が技術的な優位性を持ち、資本側が規則を定められる主導的な地位があることによって、このような労働者の資本側への経済的依存関係はさらに顕著となり、労働側と資本側の間の不平等な協議権もさらに資本側の一方へと傾き、労使の力関係はより不均衡となり、労働者の権利保障問題も際立ったものとなる。

　労働者が基本的労働権の保障を得られるかどうかは、労働者の職務上の安全に関わるだけでなく、労使関係の安定にも直接影響し、それはまた経済と社会の安定的な発展にも影響する[21]。インターネット経済のなかでの基本的雇用関係は、具体的な面でいくつかの新たな特徴があるが、ここには雇用関係の基本的な形態と基本的性質において変化はない。実際のところ、将来インターネットの発展にともない、雇用関係に何らかの新たな変化が現れたとしても、市場経済の基本構造すなわち、労働と資本が依然として存在してこそ、就労関係が存在するのである。また雇用関係は本来的に市場経済から派生してきたものであり、同時に雇用関係も市場経済の基本的な社会経済関係を支えるものであるといえる。雇用関係を認めることが依然としてインターネット経済における就労関係の基本的な形態であり、インターネット経済のなかの資本側と労働側の関係の本質的に内包するものを明らかにすることは意味がある。そして雇用労働と雇用関係の調整の核心的内容は、労働者権利の保障である[22]。

　インターネット経済のなかでの労働者の基本的権利はその保障がなければならない。この権利は労働者個人の権利でもあり、いわゆる個別労働権である給与、勤務時間、労働の保護と社会保障の権利のことを指す。またこの権利は労働者の集団的な権利でもあり、いわゆる集団での労働の権利であり、労働組合の組織と参加および団体交渉とスト権のことを指す。この権利の要求において、中国のインターネット経済のなかでの労働者は、主に個別的に労働の権利を獲得しようとしているが、英米など先進諸国の労働者はすでに労働組合の設立と団体交渉権を獲得している。この差は内外の労働法制が異なる発展段階にある

ことの表れであるが、その基本的な要求目標は一致するものであり、労働者の個別的権利と集団的権利を保障している。労働の権利保障を実現するプロセスとして、企業における保障は主に使用者の義務であり、社会的側面における保護は主に国家の義務である。いわゆる「協力関係」における労働者権利の保護の問題は、給与保障、職務上の安全、社会保障などの企業の義務を、労働者個人や社会および政府への負担として転嫁するというのが基本的考え方であるが、これは明らかに不公正である。当然、新しい形式の雇用関係は伝統的な労働の権利保障の具体的な形式、例えば多くの使用者に雇用される従業員のための社会保障の実施方式などを調整する必要がある。しかし、労働の権利を実現すための義務は主に使用者側にあり、協力関係が雇用関係に代わることによって使用者自身の義務を避けることは、法律上の根拠が乏しいだけでなく、現実的雇用関係の実態的状況に合致しない。インターネット経済のなかでの雇用関係の特性は「協力関係」であるとされるが、実際のところ使用者が自己の経済的責任と社会的責任を拒否しているのであって、これは使用者の負担の軽減と労働コストの削減をするという論理を示している。使用者がもしこの雇用関係の性質の否定を押し通せば、その直接的な結果として労使間の対立が激化する。2016年に中国広州、深圳、西安、北京などで発生した滴滴のドライバーのストライキは、明らかにそれを証明する例である。

雇用関係を認めるこの労使関係の基本形態は、就労関係のなかでの労働者の権利と使用者の義務をはっきりさせ、合理性と正当性を持つ労働者の権利保障を付与するものであり、低収入で柔軟な雇用労働者の業務上のリスク低下に有効である。これは労働法が立場の弱い労働者を保護し、労使関係の強弱の差を修正するという立法の根本的趣旨を体現している。そのうえ現代社会における公正正義の道徳的要求にも符合し、またそれは企業における内在的要求である調和のとれた労使関係をつくり上げるということでもある。

（2）雇用関係の承認はインターネット企業と業界の規範の秩序ある発展の前提となる

インターネット経済のなかで柔軟な雇用のシステムは絶えず現れ、人事のアウトソーシングやパートナーシップであろうとも、いわゆる独立した個人経営

者であろうとも、表面上は企業ビジネスモデルの刷新、管理能力の進歩が見て取れる。しかし実際は、使用者が労働に関わる法律の規制を避け、使用者の責任を転嫁し、労働コストを下げ、資本の収益の増収をはかるための経営戦略を進めている。雇用関係が消失し、協力関係が構築されるといった主張はまぎれもなくこのような使用者の要求と符合する。アメリカの記者がウーバーを例として、使用者の責任についての潜在的雇用コストは毎年40億ドルを超えると見積もった。このように、使用者のためにさまざまな雇用責任を加えることはインターネット経済のなかでのビジネスモデルを破壊するものであり、労働規制は雇用の保護ということに名を借り、科学技術の刷新と業界の発展を阻害するものであると、一部の研究者が認めた[23]。

　労使関係は基本的に社会経済関係であり、労働側と資本側の力関係の相対的均衡により労使関係の協調が安定し、企業や業界と社会規範の秩序ある発展の基礎を促進する。これは労働側と資本側が相応の権利と義務を分担することが鍵となり、インターネット経済も例外ではない。価値観の方面から見れば、いわゆる「協力論」が求める目標はいかによりよい経済発展をするかということである。しかしこの欲求だけでは社会の発展と社会の公正がなおざりにされる。その結果、このような一連の労働問題が出現するのであり、このことは社会問題を引き起こすだけでなく、企業と経済の持続的かつ安定的発展に直接影響する。インターネット経済における雇用関係の基本的性格は「協力関係」であり、実際は企業が使用者の責任を引き受けないことへ合理性を与え、同時に形を変えて現在の企業が実際の管理権限を保ち、雇用による危険を一方的に労働者に転嫁する状態を肯定している。これは疑いもなく、資本側と労働側の権利と力の関係が相対的に均衡を実現しようとしていることから遠ざかっている。理論的に見れば、雇用関係の承認を問わず、インターネット企業には何らかの経済的な影響を与えるであろう。どのような理由であれ企業の雇用責任を制限し、企業の雇用コスト低減を求めるやり方は事実と相反し、これを継続することはできない。

　現在インターネット経済が発展している現実はこの点を証明している。この一、二年でインターネットプラットフォーム経済の熱気は下がり、プラットフォーム経済がサービスを提供するための労働者の数は減少しつつある。従業員と

しての社会保障や最低賃金の保護など、当然認められる労働者の基本的権利が与えられないことについて労働者は承服できないため、インターネットプラットフォーム企業への労働者の吸引力はますます弱くなっている。雇用関係の承認がインターネット経済の基本的な雇用形態であり、使用者に相応の雇用責任を求めることがインターネット企業と業界の規範の秩序ある発展の前提となる。労働者の権利保障とインターネット経済の発展促進は、これにより雇用関係の枠組みのなかで一致することができる。企業は雇用関係に関わる一方の主体であり、どのような発展の戦略をたて、いかなる経済の発展形態を計画したとしても、もし労使関係を運用発展させる基本的な規律を尊重しなければ、資本側と労働側の力関係の基本的な均衡の達成が重視されず、どのような企業、あるいは業界であろうとも、その発展は制限されるであろう。

(3) 雇用関係の承認要求がインターネット経済へ相応の労働に関する法的規制を進める

もしインターネット経済のなかの就労関係の基本的性格が協力関係であるならば、インターネット企業は法律の外に置かれる。労働に関する法規制が欠如した市場環境のなかでは、企業の底辺への競争（race to the bottom）はますます激烈となり、企業はさまざまなやり方でその従業員に対して柔軟性をもたせる要求を満足させ、ますます多くの労働者が雇用関係の被害者となり、業務上のリスクの増加や労働収入の低下を招いている。同時にすべての社会における安全性への脅威となり、経済の不平等と社会が不安定化する状況はさらに深刻化していくであろう。

インターネット経済が就労形態とその性格に対し、未だ根本的な改革をもたらさないならば、雇用関係は依然としてインターネット経済の就労関係の基本形態である。労働規制は労使関係を調整する重要な方法であり、社会の公平性と効率化を実現するのに有効な方法であったと従来認識されていた。拮抗している「双方向運動」の二つの次元、すなわち安全性と柔軟性の過程のなかで、使用者の有効な経営リスク低減の要求と従業員の業務上安全性のない制度が労働規制に対して主に要求された[24]。インターネット経済、特にプラットフォーム経済にとって、その雇用形式の特殊性、例えば労働者のサービスのための

設備や道具の提供、労働者の基本的な自己負担損益、業務関係の持続性の非固定性などが、インターネット経済における労働規制の促進を決定づけている。それは労働者の基本的労働権を保障するだけでなく、インターネット経済規範の秩序ある発展を重層的に実現をさせるのである。

インターネットの雇用関係が直面する新たな問題に対応するために、研究者はさまざまな方策を提案した。例えば、既存の法体系を考慮し、具体的事案を基礎として個別の分析を行った[25]。それは例えば「独立した労働者（independent worker）」であるか、「独立していない個人経営者（dependent contractor）」であるか、「従業員」と「独立した個人経営者」との間の新たな類別を分けるものであった[26]。また改革にあたり全日制の雇用と相関関係のある社会保障制度が社会民主主義的な福祉国家を構築するなどといったものであった[27]。この規制の考え方は、実行性と有効性の面からともに異なる質問を受けた。例えばブライセン・ロジャース（Brishen Rogers）などは、労働者の第三の分類の増えることは雇用関係の承認に対してさらなる混乱をもたらすだけでなく、当面の問題解決も不可能にするとした。それは例えば、企業が名義上の従業員を非独立の個人経営者に区分しているということだった[28]。具体的な事例を基礎に個別の分析を進める方法では、インターネットの就労状況に対し、有効な事前規制を行っていないため、実際のところ、大量の潜在的に耐え忍んでいる労働者への差し迫った労働権の侵害という状況が存在し、継続している。社会民主主義的な福祉国家の構築は、企業の労働コストからも、多くの国家の発展の全体性の考慮からも、現実の運用性が欠けている。学界は規制改善の具体的方策に関して、それぞれ意見が異なるが、現在のインターネット経済の雇用関係における雇用の性格は確かに存在しており、労働規制を改善する前提となっている。

インターネット経済のなかでの雇用関係が多くの新たな法律問題に及ぶことに関して、もともとある法律規定では新たな問題の解決に適応することはできない。そして新たな規制は現在の労働に関する法律と体系への突破口となり、インターネット経済のなかの雇用関係において労働規制をいかに進めるのか、研究しなければいけない多くの問題がある。基本的な原則として、労働者の基本的労働権についての有効な保護とインターネット経済の健全な発展によって

平衡をはかり、インターネット企業と労働者の権利義務を明確にし、あわせて政府の管理監督責任も明確にさせることである。この基礎の上で規制を行い、労働者とインターネット企業が同時に発展できるようにする。労働者の基本的労働権の保障とインターネット経済の秩序ある発展の規範をいかに実現するのかが、当面の労働と雇用への理論と実践の面からの重層的課題となる。この問題に対してそれぞれの国家の間で同様、あるいは相似した経済と法制度体系にあるかどうかにかかわりなく、その規制の基本的思考と有効な経験を互いに参考にすることができる。

おわりに

インターネット経済のなかで多様化する柔軟な雇用形態は、労働者が一定の勤務自主決定権を得たが、しかしそれは本当の意味での協力関係ではない。インターネット経済のなかでの雇用関係は、表面的にはゆるやかな管理であっても実質的には厳格なコントロールがあり、人格的、組織的従属性を弱めるものの、経済的従属性を強め、仮想の雇用規則と実際の管理コントロールが存在している。この三点の特徴から、雇用関係の核心要素は依然としてインターネット企業が主導する労働者との相互関係であり、雇用関係が依然としてインターネット経済の就労関係の基本的形態である。雇用関係の基本形態を確認することは、正当性と合理性を持つ基本的権利を労働者に付与し、これにより労働者がいわゆる柔軟性を持つ雇用形態のなかで一定の業務上のリスクを避ける能力を得られるように期待できる。インターネット企業と業界に対する雇用関係においてこのような就労関係が基本的形態であるということの確認が、秩序ある発展の基礎と前提となる規範をかたち作る。そして雇用関係の枠組みのもと、労働者の基本的権利とインターネット経済の秩序ある発展の一致を実現できる。またそれはまさにインターネット経済における就労関係の法規制の要求を体現させるものでもある。

注

1) 常凱「雇用か協力か、シェア経済はどのような就労関係に依存するのか」『人力資源』2016 年第 11 期 p.38-39。
2) 高超民「シェア経済モデルにおける半契約型人力資源管理モデル研究——6 企業の複数のケーススタディ」『中国人力資源開発』2015 年第 23 期 pp.16-21。葉剣波「シェア経済時代の人力資源管理への挑戦」『中国人力資源開発』2015 年第 23 期 pp.6-9。程熙鎔等「シェア経済と新興人力資源管理モデル——Airbnb を例として」『中国人力資源開発』2016 年第 6 期 pp.6-12。
3) 常凱「中国の特色のある労働関係の段階、特徴と傾向——労働関係の国際的な比較研究の視野に基づいて」『武漢大学学報（哲学社会科学版）』2015 年第 5 期 pp.21-29。
4) 常凱『労権論——現代中国労働関係の法律と調整の研究』中国労働社会保障出版社 2004 年版、pp.9-14。
5) Cunningham-Parmeter, K.. "From Amazon to Uber: Defining Employment in the Modern Economy", *Boston University Law Review*, 2016, 96: 1684.
6) 「アメリカカリフォルニア州労働委員会がウーバーのドライバーは従業員であり、独立した契約者ではないと裁定」『国際在銭』 2015 年 6 月 18 日 http://gb.cri.cn/42071/2015/06/18/6991s5001774.htm
7) S.G. Borello& Sons, Inc. v. Department of Industrial Relations, the Supreme Court of California, Rogers, B.. "Employment Rights in the Platform Economy: Getting Back to Basics". *Harvard Law & Policy Review*, 10 (2016), pp.479-520.
8) 「イギリスの判決——ウーバーのドライバーはウーバーの従業員」『人民法院報』2016 年 11 月 25 日 http://www.chinacourt.org/article/detail/2016/11/id/2356676.shtml
9) 「イギリスの二人のドライバーが契約労働者とされたことについてウーバーを告訴し、勝訴した」『新浪財経』2016 年 10 月 31 日 http://finance.sina.com.cn/roll/2016-10-31/doc-ifxxfuff7275591.shtml?cre=financepagepc&mod=f&loc=7&r=1&doct=0&rfunc=100
10) 蘇慶華「絡み合う関係——インターネット＋その背景の下のタクシー業界の雇用関係問題分析」『中国人力資源開発』2015 年第 22 期 pp.80-83。
11) 「庄燕生與北京億心宜行汽車技術開発服務有限公司労働争議上訴案」北京市第一中級人民法院 2014 年 一中民終字第 6355 号、「孫有良與北京億心宜行汽車技術開発服務有限公司労働争議上訴案」北京市第一中級人民法院 2015 年 一中民終字第 176 号、「王哲拴與北京億心宜行汽車技術開発服務有限公司労働争議上訴案」北京市第一中級人民法院 2015 年 一中民終字第 01359 号
12) ウーバーの訴訟事案で、ドライバーと企業が雇用関係であるとする判決について、その理由としてウーバーがドライバーのために業務をするのでなく、ドライバーがウーバーのために業務をするとしている。ウーバーは運輸業務を経営し、ドライバーの専業労働とサービスの提供を通して、利潤を得ている。その理由は以下のいくつかの

点であるが、しかしこれだけに限られたものではない。

1. ウーバーがドライバーの面接試験と募集をする。
2. ウーバーは重要なデータを把握し、それは乗客の実際のグループ名、連絡方法と目的地を含め、ドライバーには提供しない。
3. ウーバーはドライバーへ発注を受けるよう要求し、その発注のキャンセルはさせない。その要求を受け入れないドライバーは登録を抹消する方法をもって、その要求を執行させる。
4. ウーバーは決まったルートを設定し、そのルートを外れるドライバーは自己責任をとる。
5. 料金はウーバーが設定し、ドライバーは乗客に対し、より高い価格の設定はできない。
6. ウーバーはドライバーに多くの条件や制約を設け、ドライバーがどのように勤務するのか指示をし、さまざまな方法でドライバーの勤務の仕方をコントロールする。
7. ウーバーは格付けシステム、業績管理、懲戒プログラムによりドライバーをコントロールする。
8. ウーバーはドライバーの同意を経ずに割引を決め、その割引はドライバーの収入に影響する。
9. ウーバーはドライバーへのクレームも含め、乗客のクレームを処理する。
10. ウーバーは一方的にドライバーとの定款を変更する権利を有する。

13) Woo, C.P., & Bales, R.A., "The Uber Million Dollar Question: Are Uber Drivers Employees or Independent Contractors?" 2015: http://ssm.com/abstract=2759886.

14) Cunningham-Parmeter, K., "From Amazon to Uber: Defining Employment in the Modern Economy", *Boston University Law Review*, 2016, 96: 1673-1728.

15) Woo, C.P., & Bales, R.A., "The Uber Million Dollar Question: Are Uber Drivers Employees or Independent Contractors?" 2015: http://ssm.com/abstract=2759886.

16) Rogers, B., "Employment Rights in the Platform Economy: Getting Back to Basics", *Harvard Law & Policy Review*, 2016, 10: 479-520.

17) Cunningham-Parmeter, K., "From Amazon to Uber: Defining Employment in the Modern Economy", *Boston University Law Review*, 2016, 96: 1673-1728.

18) Mishel, L., "Uber Is Not the Future of Work", *ATLANTIC* (Nov. 16, 2015): http://www.theatlantic.com/business/archive/2015/11/uber-is-not-the-future-of-work/415905/.
Rogers, B., "Employment Rights in the Platform Economy: Getting Back to Basics", *Harvard Law & Policy Review*, 2016, 10: 479-520.

19) Cunningham-Parmeter, K., "From Amazon to Uber: Defining Employment in the Modern Economy", *Boston University Law Review*, 2016, 96: 1673-1728.

20）（脚注19に同じ）
21) Kalleberg, A. L., "Precarious work, Insecure workers: Employment Relations in Transition". *American Sociological Review*, 2009, 74: 1-22.
22）常凱『労働権―当代中国労働関係的法律調整研究』中国労働社会保障出版社，2004年，78頁。
23) Kessler, S., "The Gig Economy Won't Last Because It Is Being Sued to Death", *FAST COMPANY* (Feb.17, 2015): http://www.fastcompany.com/3042248/the-gig-economy-wont-last-because-its-beingsued-to-death.
Reynolds, G.H., "Regulators Wreck Innovation": Column, *U.S.A. TODAY* (June 10, 2014): http://www.usatoday.com/story/opinion/2014/06/09/uber-lyft-taxi-transportation-regulators-column/10198131/.
24) Kalleberg, A. L., "Precarious work, Insecure workers: Employment Relations in Transition". *American Sociological Review*, 2009, 74: 4.
25) Woo, C.P., & Bales, R.A., "The Uber Million Dollar Question: Are Uber Drivers Employees or Independent Contractors?" 2015: http://ssm.com/abstract=2759886.
Crank, A.L., O'Connor v. Uber Technologies, Inc.: "The Dispute Lingers-Are Workers in the On-Demand Economy Employees or Independent Contractors?" *American Journal of Trial Advocacy*, 2016, 39: 609-634.
26) Harris, S. D. & Krueger, A. B., "A Proposal for Modernizing Labor Laws for Twenty-First-Century Work: The 'Independent' Worker 2" (Hamilton Project, Discussion Paper 15-10, 2015) Surowiecki, J., "Gigs with Benefits", *NEW YORKER* (July 6, 2015): http://www.newyorker.com/magazine/2015/07/06/gigs-with-benefits.
27) DePillis, L., "This Is What the Social Safety Net Could Look Like for On-Demand Workers", *WASH. POST* (Dec. 7, 2015): https://www.washingtonpost.com/news/wonk/wp/2015/12/07/this-is-what-the-social-safety-net-could-look-like-for-on-demand-workers/.
28) Rogers, B., "The Social Costs of Uber", *The University of Chicago Law Review Dialogue*, 2015, 82: 85-102.

第 9 章　独立事業者か労働者か
―― 中国ネット予約タクシー運転手の法的身分設定 ――

范　囲
（野本敬訳）

　「インターネット＋」コンセプトの台頭によりビジネスモデルの変化が引き起こされ、シェアリングエコノミーが人々の生活に入りこみ始めた。ネット予約タクシーはほかでもない「インターネット＋」とシェアリングエコノミーの産物である。法整備の立ち遅れにより、ネット予約タクシーは登場してから効果的な法規制を受けておらず、ネット予約タクシー運転手の法的身分の定義が争点となる労使紛争が頻繁に発生している。本文では労使関係の認定基準を基礎として、実際の判例と組み合わせることで、現代中国のネット予約タクシー運転手の法的身分の問題について分析を加えたい。

はじめに

　「インターネット＋」コンセプトの持続的な普及に伴い、企業のビジネスモデルにはさまざまな革新的な形態で急速にネット運営モデルが取り入れられている。「ネット＋従来産業」とは両者を単に加算するのではなく、情報通信技術とネットプラットフォームの利用により、インターネットと従来産業を深く融合させ、新たな発展形態を創りだすものである。2015年3月、李克強首相は、政府の活動報告において大々的なイノベーションと起業を提唱し「インターネット＋」モデル発展のための優れた制度的基盤を提供した。2015年7月4日、国務院発行の『国務院の「インターネット＋」の積極的推進に関するガイドライン』によれば、「インターネット＋」はネットのイノベーション効果とさまざまな社会・経済分野とが高度に融合することで技術革新・効率向上と組織改

革を促し、実体経済のイノベーションと生産力を向上させ、より広範にネットをインフラとする独創的な社会経済の新たな形態を形成するものと述べている。目下モバイルアプリなどのネットプラットフォームによって運営される新たな業態が続々と出現しており、旅客・貨物の輸送、エステやハウスキーピングサービス、車両保守サービスなどさまざまなサービス産業に及んでいる。これらの新型業態は、科学技術の急速な発展の結果としての新たな生産方式・就業形態であり、労働のプロセスにおいて生じた新たな社会関係でもある。しかし、これらの経営の実態は、順調であったり惨憺たるものであったりとさまざまで、往々にして不安定な状況下で、これらの業態では経営側と労働者間の労働紛争が徐々に起こってきている。

　伝統的な労働法の概念では、労使関係の中核的特徴は、労働者が人格・経済・および業務上使用者に従属することにある。同時に、労使関係においても、正規の労使関係と非正規の労使関係の区別が存在する。先に述べた新たな経営モデル下で生じた労使関係の大半は非正規のものとなる。正規の労使関係と非正規の労使関係は主に以下の点で異なる。

　第一に、使用者と労働者の関連程度の差異である。正規の労使関係では関連程度は緊密であり、非正規の労使関係の程度は比較的緩やかである。

　第二に、労働者の労働自律性の相異である。正規の労使関係では労働者の労働自律性は弱く労働時間は固定され、特定の職場で厳格な職場管理としてあらわれるが、非正規の労使関係における労働者の労働自律性は強く、フレックスタイム制や職場も固定的ではない、弾力的な労働管理としてあらわれてくる。

　第三に、両者の労働者の保障面の格差である。正規の労使関係では、労働者は厳格な制度により報酬と福利厚生が保障されており、労働組合が確立されていることが一般的である。非正規の労使関係では、労働報酬と福利厚生の保障は手薄で、労働組合が結成されることも稀である。

　第四に、両者の使用者の数が異なる。標準的な労使関係では使用者は単一であるが、非正規の労使関係では使用者は二つ以上になりうる。新たな経営モデルにおいて従業員とネット経営企業との間に明確な身分保証が存在せず、双方に経済的・業務上の関係はあるものの緊密ではないとすれば、これらの従業員とネット経営企業との間には労使関係が確立しているのであろうか。またそう

でない場合は、確立されている関係は何であるのか。

　これがまさに本論で分析すべき問題である。本論では、労使関係の認定基準より出発し、従来の労使関係の認定基準が「インターネット＋」時代にも適用できるかどうかについて検討する。もし適用できる場合はいかに適用し、どのように調整を行うのであろうか。

1．労使関係認定基準の理論的整理

　労使関係の認定基準が登場して久しいが、異なる国や地域における労使関係認定に用いられる認定基準は必ずしも一致していない。本文では異なる法体系の観点より出発し、労使関係の認定基準——すなわち大陸法の国や地域における従属性基準と、英米法の国や地域における規制基準——に対する理論的整理を行う。加えて理論的整理の基礎の上にネット予約タクシーの現状を結び付け、従前の理論に対し再考したい。

（1）大陸法の国や地域における従属性基準

　大陸法の国または地域における従属性基準は、主に人格的従属性・組織的従属性と経済的従属性の三つの側面から判定する。人格的従属性とは使用者の労働者に対する指揮命令を指す。使用者は勤務地・配置・時間・職位などを一方的に決定し、しかも法規に違反した労働者に対し懲戒を与えることができる。組織的従属性とは労働者が使用者の経営組織に加入する必要があることを指す。経済的従属性とは、労働者の労働の目的が使用者の利益のためであり、労働者の生存維持には使用者の支払う報酬が必要であることをいう。したがって、労使関係に属するかどうかについては、業務の配置を拒否できるか・業務プロセスに指揮監督を受けているか・業務内容及びその手段は具体的な指示命令を受けているか・拘束力はあるか・職場と業務を行う場所は明確で管理は厳格かどうか・他人が業務を代替することは可能か・報酬は労働の対価か・報酬は他の労働者と比べどのようであるか・生産財や生産手段は誰が提供するか・操業のリスクは誰が負うのか、といった複数の側面に基づいて判断することになる。

表1 英米法の国または地域における規制基準

指標	労働者	請負業者
規制	✓	
労働者は使用者の組織に属する	✓	
労働者は制服の着用または使用者の経営活動との関連を示すものを提示する必要がある	✓	
労働者はいかに貴重であれ、工具や設備を提供し保守する必要がある		✓
労働者は労働時間に基づいてではなく業務完了により報酬を得る		✓
労働者は使用者と損失・利益を分け合う		✓
労働者は同時に別人のために働く自由を有する		✓
労働者はその業務を他人に外注や委託できる		✓
労働者の所得税は給与から使用者により天引きされる	✓	
労働者は業務中に遭遇する可能性のある傷害に対し責任を負う		✓
労働者は有給休暇や病気休暇を享受できる	✓	
雇用契約で労働者を請負業者としている		✓

（2）英米法の国または地域における規制基準

　規制はきわめて重要な要素であり、労働者が受ける指示が多ければ多いほど雇用関係にあると見なしうるであろう。ある特定のスキルを持つ労働者の場合は業務中日常的に規制を受けるわけではないが、それでも雇用関係にあると見なしうるのであり、そのため裁判所は彼らの業務の履行方式を審査するだけでなく、多くの側面から労働のプロセスに規制的な要素があるかを調べるのである[1]。表1に具体的な規制の判断基準を示す。

（3）まとめ——労使関係認定基準の理論的回顧

　従属性基準は労使関係と非労使関係を判断する実質的な基準であり、大陸法ではそれを人格的従属性・経済的従属性および組織的従属性に分け、英米法では規制基準、すなわち使用者の労働者に対する規制を強調するが、両者は本質的には同一であって、観点の違いが現れたにすぎない。大陸法における従属性基準は労働者の視点から労使関係における労働者の使用者に対する従属が強調されるが、英米法の規制基準では使用者の視点から労使関係における使用者の労働者に対する規制が強調される。しかし、従属性基準によりネット予約タク

シープラットフォームと登録従業員との間の法的関係の性質を判定しようとすると、従属性基準に限界があることが理解されるであろう。

　まず労働法の歴史をみると、労働者の使用者への従属は弱まる傾向を示している。黃越欽教授の見解によれば、労使関係の歴史的変化には不自由労働の時代が存在し、当時の労働者は労働の自由や独立した人格をもたない「物」として奴隷所有者に従属しており、その従属性は歴史上最も顕著であった。しかし、近代労働法の萌芽期において、人類社会は農業時代から工業時代への転換を経て、「労使関係」も農業時代の雇用関係から大規模生産の産業労働関係へと変化し、この過程で労働者の使用者に対する従属あるいは使用者の労働者に対する規制の弱体化がみられるようになった。特に、労働者の人権保護理念の向上につれて、労働者のイメージやその独立性・人格の尊厳と生存の保証もまた絶え間なく強化されたことで、使用者の絶対財産権と、特にその延長としての指示命令の権利は弱まっていったのである。今日、人類社会はまさに工業化時代から情報化時代に移行しており、農業時代から工業時代への移行と同様に、蒸気機関や情報技術などツールの変化の影響を受け、労使関係の形態は大きく変化した。工業化時代においては生産手段と設備の大型化・高額化のため、(1)生産地点の固定化を引き起こし、(2) 生産財を所有し生産手段を提供する使用者と、単に自由意思で労働力を売るほかは無一物である労働者との役割分担は絶対的となり、(3) 生産が組織化され、工場では系統的管理モデルの採用により、労働者の個別性は相対的に弱まった。労働市場の分割に基づき、この種の生産組織を立ち上げ職場を配置する上では、一定のスキルを持つ特定労働者に依存してきたのである。しかし、情報化時代、特にモバイルネット時代においては、工業化時代のこれら三つの特徴は完全に打ち破られ、そのため伝統的産業労働の産物である労使関係の従属性理論も課題に直面している。すなわち、伝統的産業労働により形成された従属性理論からみれば、ネット時代の労使関係の従属性はさらに薄弱であり、(1) ネット予約タクシープラットフォームとその従業員間には固定的な勤務場所は無く、従って勤務時間も固定されておらず、使用者の従業員に対する指示命令はいっそう弱まっていること、(2) 使用者と従業員の役割はある程度入り混じっており、使用者は必ずしも生産財や手段を提供せず、従業員も既に単に労働力のみを提供する存在ではないこと、(3)

生産の組織性は打ち破られ、生産の完遂は労働力市場の地域的分断を突破できるようになり、生産組織の特定労働者に対する依存も打ち破られた。すなわち、ネット技術の発展につれ、使用者はもはや伝統的な生産の組織者ではなく、その生産のプロセスを更に細分化し、伝統的な産業労働時代には工場内で完結していた生産活動を分散・仲介化し、よりいっそう重要となった生産情報を制御するのみとなり、もはやある特定の技能を具える労働者に依存しなくなった。使用者の職場が、一定の技能をもつ労働者への依存が弱まったことで、元来はある一定地域の熟練労働者によって独占されていた生産活動は完全に解放され、多数の労働者による受注競争の形式に変わり、労働者はあたかも生産活動へ参与するかについて比較的自主性があるかのようになった。つまり、ある職場で労働市場の要因の制限により、条件に合致し技能を備えた労働者が比較的少ない場合は、採用後、使用者の生産はその労働者に完全に依存していたが、ネット時代においてはその職場はもはやその地域の特定の労働者に限定されなくなったのである。

　第二に、従属性基準は理論研究としてあいまいさをもっている。19世紀に労使関係の従属性理論が提出されて以来、理論上は従属性の欠如についての定義は十分明確であったが、ある程度は労働法学におけるゴールドバッハ予想と見なしうるもので、多くの理論研究の文章はみな個別事例の観点よりある基準を選んで従属性を定義するものであるが、個々の事例の相違、およびまとめた後になお存在する例外的状況を無視してはならない。

　第三に、従属性基準には個々の事例で相違が存在している。業界・職種と労働者自身の要素などの相違により、使用者との間の従属性の具体的な現れ方も千差万別であり、我々の列挙する具体的な状況はある状況下では従属性と判定できるかもしれないが、同様の要素を基準にまた別の労使関係を検討しようとする場合、かえってその労使関係にはその要素や状況が存在しないかもしれないことには注意が必要である。例えば一つ目には伝統的工業生産とネット時代の生産様式の差異で、必然的に従属性の現れ方にも相違が生じる。二つ目は従属・規制は使用者と労働者双方の関係の定義であることだ。使用者と労働者双方が互いに協調する根本的な目的が生産の完遂、生産効率の最大化の実現であったことは、過去数十年間の組織形態及び人的資源管理方式の変革が、使用

者と従業員間の関係に必然的に影響を与えたものであったことを看過してはならない。これらはみな近年の労使関係、例えばテレワーカーなどの分野で数多くの論争的な諸問題が出現していることに関わっている。かりにわれわれが労使関係の従属性基準に関わる指標を遵守し、これらの関係を労使関係に属するか否か判断したところで、事実に反する結論となりかねない。三つめは、従属性基準を人格従属性・経済従属性と組織従属性より成るとする場合、具体的な事例の中でそれらがみな備わっているのか、あるいは事例によっては三者間にしかるべき重点があるものなのだろうか。これもまた思慮深く考える必要のある問題である。

2．独立事業者か労働者か——中国ネット予約タクシー運転手の法的身分における見解の相違

（1）独立事業者、すなわちサービス提供関係説

　一部の研究者は、現段階での中国のネット予約タクシープラットフォームと運転手の間の関係はサービス提供関係であり、労使関係ではないと考えている。第一に、彼らは資産モデルの視点からネット予約タクシープラットフォームと運転手との間の法的関係を分析し、ネット予約タクシープラットフォームの発展は我が国が全力で提唱する「インターネット＋」テーマにおける新たなビジネスモデルで、経済発展への促進効果は際立っており、全国民の創造的エネルギーをかきたてるものであるが、そのビジネスモデルの発展は同時に社会の各分野の利益に対する十分な保護に基づく必要があるとする。もし単純に労使関係であると認定するなら、滴滴出行プラットフォームの現行のアセットライトモデルの変革は必須で、滴滴プラットフォーム上の自家用車運転手は離れざるを得なくなり、フルタイムの運転手も正規の募集と訓練を経て適格な職業資格証をとってはじめて職務につくようになり、滴滴プラットフォームと運転手間の従前のゆるやかな提携関係が雇用関係に改変されることになれば、この滴滴プラットフォームのスタッフの基本給・手当・社会保険など一連のコスト負担や資本投下が莫大となることは推して知るべしである。これらのコストは最終

的に消費者へ転嫁され、都市住民の旅行の騰貴を改善しようとするハイヤー配車サービスの初志から遠ざかり、シェアリングエコノミーにおける、遊休品の使用権を取引することで報酬を得るという定義とも符合しなくなる。

同時に、ネット予約タクシープラットフォームという新興ビジネスモデルは労働法の立法当時には想定されておらず、機械的な適用ではシェアリングエコノミー発展の可能性をただ圧殺するばかりで、経済基盤が上部構造を決定する法則にも背くものであり、新たな労働権利保護方式こそが経済発展に寄与しイノベーションを促進するとして、関係各部署はネット予約タクシープラットフォームのあらゆる方面に詳細な観察と分析を行い、さらにこの新興経済形式に適合する法的規範をつくりあげ、関係各方面の利益を保護し、ネット予約タクシープラットフォームの発展と労働者保護の双方にメリットのある状況を実現すべきであると主張している[2]。

第二に、労使関係の基準に基づいてネット予約タクシープラットフォームと運転手との間の法的関係を分析した研究者もいる。彼らによれば、両当事者間の法的関係は労使関係の基準に合致しないため、労使関係ではなくサービス提供関係に属すると考えている（表2を参照）。具体的に配車運転手を例とすると、まず一点目にはネット予約タクシープラットフォーム会社が運転手に配車情報を配信する行為は指揮命令の要件を構成していない。ユーザーの配車要請を発信した後でネット予約タクシープラットフォームはアプリを通じ運転手に配車情報を一斉配信するのであり、ネット予約タクシープラットフォームは特定の運転手に特定のサービスを指示しないのである。運転手は情報を受信した後に応じるかどうかを決め、さらに送迎プラットフォーム上で運転手がアプリのオンオフ時間の決定権を有する、つまり運転手はサービスをいつどこで提供するかについて自主的に決定する権利を有するのである。

二点目には、運転手のサービス業務の完遂が、サービスの結果の報酬を受け取る根拠であり、「使用者の配置による賃金労働」要件を構成していない。運転手は配車サービス中にその運転経験と技術により配車業務を完遂するのであり、走行ルート・速度・途中停車や目的地の変更などの合意内容は顧客の指示或いは運転手との話し合いで確定するもので、ネット予約タクシープラットフォームはここでは顧客との契約義務履行中にはいかなる管理または干渉も行

表2 ネット予約タクシープラットフォームと運転手との関係

	サービス関係説
従属性	滴滴プラットフォーム上の運転手は勤務時間・場所、自発的に注文を受けるかどうかを柔軟に選択可能で、そのうえで運転手が受注したタスクを完遂してはじめて滴滴プラットフォームより発注金額の80％を報酬として獲得するのであり、そのため両者間には経済的関係があるのみで、従属関係にはない。
労働報酬	滴滴出行プラットフォームと運転手間の報酬は運転手の受注数により決定され、市場性を備えかつ報酬の支給方式は等価補償原則のもと週一度支払われる。もし運転手が一週間受注しない場合は報酬はゼロとなるため、この点から見れば両者間はサービス関係と判定する方が適切である。
生産手段	滴滴出行運営プラットフォームと運転手間に労働契約は締結されておらず、しかも運転手は自由に勤務時間を選択でき、生産手段としての自動車は運転手が提供している。

わない。

　三点目として、配車運転手の行為の外在的要素を労使関係と認定する主要な根拠とみなすことはできない。「e配車」案件では、運転手はネット予約タクシープラットフォームに管理が存在したという証拠として、運転手は配車中名札をつけ、会社の制服を着用し、違反した場合は処罰を受けるといった「E配車服務規程」を提出した。実際の労使関係の表れ方はさまざまであり、完全に基準化できるのはごく一部分にすぎず、大量の労働者雇用状況の諸要素や指向は相互に矛盾することもありうる。この時点で「労働管理」を核心とすべきであり、もし労働管理の存在を認定できない場合は、行為の外形的に現れる要素のみでは労使関係の存在を証明できないことになる[3]。

（2）労働者、すなわち労使関係説

　一部の研究者は、ネット予約タクシープラットフォームと運転手との間の法的関係は、伝統的な労使関係と本質的に異なるわけではないとして、労使関係と認定すべきであると主張している。

　第一に、ネット予約タクシープラットフォームは登録従業員に対する制御と複雑な仲介行為を行う。仲介行為においては、仲介者は双方の取引達成を目的とした調整を行うのであって、取引のフォローアップと管理に重点を置いているわけではない。しかしネット環境下ではプラットフォームの信頼と経営の持続性を考慮し、あらゆるネット予約タクシープラットフォームは取引後のフォ

ローアップと管理を極めて重視し、さらにプラットフォームの信頼性を高め顧客を引き付けるため、ネットの特性を利用し伝統的な労使関係における労働者の内部統制を外部統制へと転換、つまり顧客評価を通して従業員の就業状況をモニタリングし、それらをプラットフォーム適格性評価の根拠としたのである。取引結果により従業員を統御し、顧客評価を伝統的な生産プロセスにおける指示命令の人格的支配に置き換えたことは、また人的資源管理における業績評価方式の変革の影響も受けている。その後のネット予約タクシープラットフォームの運営をみる限り、ネット予約タクシープラットフォームは取引機会を統括し、あらゆる取引ニーズはプラットフォームより提供され、かつ従業員の受注資格も掌握されている。このことは、従属性基準からみれば、ネット予約タクシープラットフォーム企業と従業員は経済上高度に結び付けられており、登録状況のみでネット予約タクシープラットフォーム企業を一介の情報提供業にすぎないと見なすことはできず、実際の運営状況からみれば、タクシー運営、ケータリングなどのように適切なサービスを提供し、従業員の業務活動もそのサービスであって、両者には高度な合致がみられる。さらに、ネット予約タクシープラットフォーム企業は、従業員をモニタリングし営業収入を確保するため、ほとんどがモバイル決済プラットフォームを持ち、取引は完全にプラットフォーム企業の制御下にあるので、ネット時代では直接取引機会の統制・経済的統制は、伝統的な使用者の労働者に対する直接的な指示命令を超えて企業経営におけるいっそう重要な要素となっている。

　第二に、経済効果の面からネット経済を奨励するため、労働者の権利保障を放棄することが正当であるか否かについては、より慎重な議論が必要である。まず、いかなる経済形態であれ、労働と雇用のコストは経営コストの重要な一部分であり、一方で労働者の権利を放棄しネット経済の発展を促進することは、他の経済形態でもまた同様の方式を採用できることでもある。現在、供給側の改革で経営上の圧力に直面している伝統的業態もまた右にならうのであろうか。他方で経済発展と労働力のコストは密接に関連しているが、労働者の権益保障を放棄することは必然的に経済発展をもたらすだろうか。次に、新興経済形態としてネット経済の発展は注意深く観察する必要がある。歴史の発展から見ると、商業経営は全て勝者と敗者があり、労働者の権利を賭けのようにネッ

ト経済上に置くことは、かりに数年後ネット経済におけるビジネスの敗者が徐々に出現した場合、従業員の権利問題が社会の安定に影響を与えることは必定であり、目先ばかりを見て予防措置をとらないということがあってはならない。最後に、ネット経済は経済全体の一部に過ぎず、我々は社会経済の全体性を軽視してきた。ネット予約タクシープラットフォーム企業と従業員の関係は、その内部の権利義務の分配だけではなく、社会全体の秩序構築を前提とし、使用者責任のように第三者の権利義務にまで関わる問題である。現実的には、我々はひたすら内部関係のみに気を取られて労使関係の構成を否定し、外部関係に及ぶ制度的論理を看過してしまったといえる。第三者の利益が侵害されたとき、我々が直面する問題とは、例えばハイヤー運転手が交通事故を起こし第三者を侵害した場合などに、いかにして第三者に保護を与えるかであって、裁判所は無理矢理にハイヤー運転手とハイヤー会社に雇用関係を認定し会社に責任を負わせているが、その論理が一貫していない様には閉口させられるばかりだ。

　第三に、社会的リスクの分担と移転のメカニズムからみると、工業社会の形成以来、人類文明で最も発展したのは社会化機能によるリスク軽減であり、一つは使用者の価格調整によりリスクを消費者に分担させるものであり、二つは社会保険制度の確立によるあらゆる社会構成員へのリスク分散であった。しかし、ネット時代のシェアリングエコノミーのビジネスモデルはむしろ社会化に反する傾向を示し、これら二つの主要な社会的リスク分散のメカニズムを破壊し、社会全体を産業社会の初期段階或いは農業社会時代のリスクを自弁する時代に戻すことになった。ハイヤー運転手と交通事故に遭遇した第三者がまさにこれである。

3．中国ネット予約タクシー運転手の法的身分設定に関する判例とその規範根拠の分析

（1）ケーススタディ

　目下ネット予約タクシー運転手の法的身分の定義については統一されておらず、ある判例ではネット予約タクシープラットフォームと運転手の間を労使関

係であるとし、また別の判例では両者間には労使関係が存在しないとする。

陶新国が中国平安財産保険株式会社上海支店・北京億信宜行自動車技術開発サービス有限公司を訴えた自動車事故責任の紛糾事案（(2014) 浦民一（民）初字第 37776 号）では、原告陶新国によれば、2013 年 3 月 9 日 20 時 40 分頃、被告趙鵬の運転するルノー上海支店の所有する滬 LSXXXX 小型乗用車が上海浦東新区周浦鎮旗杆村葡萄路に沿って北から南へ運転していた時、原告の運転する電動バイクは西から東へ向け現場に通りがかり、被告趙鵬は右側車両を譲らず先行したため二台の車両は衝突し、その事故で原告が負傷するに至った。交通警察部門の鑑定を経て、被告趙鵬が事故の全責任を負うこととなった。そのほか滬 LSXXXX 小型普通乗用車は被告平安財産保険株式会社上海支店において交通事故責任強制保険と第三者商業責任保険がかけられていた。最後に、裁判所の判決は、被告趙鵬と被告億心宜行会社の間は雇用関係の一般的特徴と合致し、両者間の関係は雇用関係に属するものとみなされるべきであるとした。その根拠は以下のとおりである。まず事故発生当時の状況からみると、被告趙鵬は被告億心宜行会社の SMS 通知を受け取りその配車サービスを行うための配車サービス確認票の承認を通じて、配車サービス業務委託協定は被告ルノー上海支店が被告億心宜行会社と締結したのであり、被告趙鵬は協定の当事者ではなく、そのため被告趙鵬の配車行為は被告億心宜行会社の指示の履行協定における特定行為であるとした。次に被告趙鵬と被告被告億心宜行会社との協定をみると、被告趙鵬は被告億心宜行会社の審査を経て配車運転手として承認されたのであり、配車業務中は被告億心宜行会社の定めた服務規定と行動規範に従い、会社の制服と名札を身に着けており、よって被告趙鵬は勤務時間中には被告億心宜行会社の管理下にあったといえる。加えて被告趙鵬は被告億心宜行会社が定めた基準に従って料金を徴収しており、配車代金について被告趙鵬は交渉権をもたず、労働にみあった報酬を得るのみであった。最後に、雇用関係の特徴から見て、雇用関係とは、一方の当事者が一定期間または不特定の期間内に、もう一方の当事者の提供する特定或いは不特定の労働のために指揮管理を受け入れ、それにより労働報酬を得る法的関係を指し、本質的な特徴は一方の当事者が他方の管理を受け入れ、サービスを提供して報酬を得るところにある。これ以外に、杜乾磊と范芝鋼・胡輝・西安志華土工エンジニアリング株式

会社・北京小橙科技有限会社の自動車事故責任の紛糾案件における一審民事判決では（西安未央地区裁判所民事判決書（2015）未民初字第07245号）、裁判所は胡輝をネット予約車受託運転手としてその過失を根拠に原告に対する賠償責任を認定し、北京小橙科技有限会社はネット予約車プラットフォーム経営者及び相応の管理費を徴収しているとして、同様に胡輝の賠責義務に対する連帯責任を認定している。

　一方で、判例の中には両者の間に労使関係を認定しないものもある。例えば甘甜と程春興・北京小橘科技有限会社との自動車事故責任紛争の一審民事判決（四川省剣閣県裁判所民事判決書（2016）川0823民初1198号）では、裁判所は被告人程春興を本件交通事故の責任者とし、原告甘甜に対し車両の乗務員として負傷後に認定されたところの損失費用に対する賠償責任を負うべきであると裁定した。被告程春興は既に費用を立て替え、原告甘甜が主張しなかった医療費については本案件では処分を下さないが、WeChat振替の金額は賠償額より差し引かれる。被告北京小橘科技有限会社は本件の責任主体ではなく、事故の賠償責任は負わないものとされた。

（2）法的規範の分析

　まず労使関係認定のための基準について、『北京高等裁判所・北京労働紛争仲裁委員会の労使紛争案件における法律適用問題研究会会議録』（2009年）第12条によれば、使用者と労働者間に労使関係があるか認定する場合には、以下の要素を考慮すべきであるとする。(1) 使用者と労働者が法令で定められる主体資格に合致すること。(2) 労働者には使用者が法律に従って定める規則が適用され、労働者は雇用者の労働管理の下に割り当てられた報酬のある労働に従事すること。(3) 労働者の提供する労働は、使用者の業務の構成要素であること。同時に第13条では、自身の技能・知識或いは設備を用いて使用者のために提供される労働やサービスに対しては、経営のリスクを自発的に引き受け使用者と身分上の従属関係はなく、一般的には使用者の管理あるいは支配を受けていない人員であり、使用者との関係は労使関係に属していないと判定すべきであるとされた。『労使関係の成立に関する諸事項の通知』（労働社会保障部発行〔2005〕12号）中においても、労使関係の認定基準について説明が設け

られており、まとめると、第一に、使用者が書面で雇用契約を締結せず労働者を募集しても、同時に以下各項の状況が備わっている場合は労使関係が成立しているとする。(1) 使用者と労働者は法令で定められた主体資格に合致すること、(2) 使用者が法律に則って制定した労働規定を労働者に適用し、労働者は使用者の労働管理を受け、使用者の配分する報酬ある労働に従事していること、(3) 労働者によって提供される労働は使用者の業務の構成要素であること。第二に、使用者が労働者と労働契約を結ばない場合の両者間に労使関係の存在を認定する際には、以下の証拠を参照すべきである。(1) 賃金支払証明書またはその記録（賃金台帳）・社会保険料の納付記録、(2) 使用者が労働者に発行した「社員証」・「身分証」など身分を証明できる書類、(3) 労働者が採用時に記入した使用者の「受付用紙」・「応募用紙」その他募集記録、(4) 出勤記録、(5) 他の労働者の証言など。

　次に、近年ではネット予約タクシーの急速な発展と発生した問題に伴い、関連法規も公布されている。例えば、『ネット予約タクシー経営サービス管理暫定措置』第18条では、ネット予約タクシープラットフォーム運転手の加入資格及び関連する義務と責任が規定されている。まず、ネット予約タクシープラットフォーム運転手の加入資格については、ネットタクシープラットフォーム会社は、サービスを提供する運転手に合法的な従業資格を保証し、関連法規の定めるところにしたがい、業務時間の長さ・勤務頻度などの特徴に応じて、運転手と様々な形式で労働契約や協定を締結し、双方の権利と義務を明確にすべきとされる。次にネット予約タクシープラットフォームの義務と責任については、ネット予約タクシープラットフォーム会社は運転手の法的権利を保障し、関連法規・職業倫理・服務規程・保安体制等の方面で事前講習や日常的な教育を推進するとともに、オンライン上でサービスにあたる運転手と実際に業務にあたる運転手が一致することを保証し、運転手の関連情報はサービスを行っているタクシー行政主管部門に通知できるよう備えるべきとされる。さらに、ネット予約タクシープラットフォーム会社は運転手・ユーザーのサービスプラットフォーム上での予約内容・ユーザーアカウント情報・認証ログ・注文ログ・アクセスログ・オンライン取引ログ・運転ログ等のデータを記録し、バックアップを行うこととされる。

以上を総括すると、労使関係の判定基準及びネット予約タクシーの経営モデルについてすでに部分的には法律が整備されつつあるが、現行の法律ではネット予約タクシー運転手の法的身分について明確な定義がなされておらず、実際の類似する判例において異なる判定結果が生じていることになる。

4．再考：労働法は権利法か関係法か——労働法の二者択一式立法モデルのジレンマ

　以上の分析から、現在のネットワーク予約タクシー市場では、法的側面と実態の双方において、ネットワーク予約タクシープラットフォームと運転手間の法的関係の定義は明確ではないことがわかる。これは、将来にわたってさまざまな分野の専門家や研究者が研究すべき重要かつ深く探求する価値のある問題であるが、さらに現在の状況下で熟考に値する問題がある。まず一点目、科学技術とマネジメントは人類社会の進展を促す両輪であり、いかにして科学技術とマネジメントの進度に法制度を追随させるかは大いに探求の価値がある。労使関係の本質は生産関係であり、産業革命からインターネット革命にいたるまで科学技術とマネジメントのイノベーションは生産関係の変化の最も直接的な表れであり、これにより労使関係の様相へも重大な影響が生じている。例えばサンフランシスコ連邦地方裁判所のビンス・チャブリア判事は、労働者であるかどうかを区分する、20世紀に端を発する従前の複合的要素は、既に21世紀の状況に適さないと判断している。チャブリア判事も認めるとおり、労働時間の長さは労働者の身分を決定する核心的な要素ではなくなった。したがって、科学技術とマネジメントが急速に発展する状況下で、法制度の適用可能性がいっそう重要になることは明らかである。二点目は、労働法は社会的保護の機能を持つべきであるが、人身の従属性及び労使関係の判定は本当に不可欠なのだろうか。仮に非正規雇用のサービス提供者に保護を行き渡らせるため労働者の判定基準を人格的従属におく必要がなければ、経済的従属性と社会的保護の必要性を基準に改め、私見ではそうすることで労働法を関係法から次第に権利保護法へと転換していくことが可能となると思われる。従前の論理では、労使関係を構成する労働者が労働法上の保護を与えられるというものであったが、

権利保護の論理では、労使関係を構成するか否かにかかわらず、労働者が労働を提供してさえいればその権利は保護され、みな法的保護を受けられるようにすべきである。そしてこうした労働者を含む具体的な方法は、以下のようにまとめることができる。第一に、立法手続きにおいて労働者を明確に位置づけ、法的保護を直接提供すること。第二に、判例認定方式により、企業と非正規雇用形態の労働サービス提供者の相互作用はすでに従属に至っているか検証すること。第三に、労使双方の団体協議や会社協定において、当該サービス提供者の身分を労働者と定めることである[4]。

注

1) Stewart, Andrew. *Stewart's Guide to Employment Law* (Third Edition), Sydney：The Federation Press, 2011 年, 49 頁。
2) 王天玉「基于互聯網平台提供労務的労動関係認定——以"e 代駕"在京・滬・穂三地法院的判決為切入点」『法学』2016 年 6 期, 50-60 頁。
3) 彭倩文・曹大友「是労動関係還是労務関係？——以滴滴出行為例解析中国情境下互聯網約租車平台的雇佣関係」『中国人力資源開発』2016 年 2 期, 93-97 頁。
4) 楊通軒『個別労工法：理論与実務』台北, 五南図書出版股份有限公司, 2013 年版, 91 頁。

第 10 章　グローバル規模での経済衰退と労働法

劉　誠
（本田親史訳）

はじめに

　2008年以降、グローバル規模での経済衰退が続いている。その直接的な原因としては、欧米各国において、長きにわたり金融バブルによって隠蔽されてきた生産過剰の問題が明らかになり、さらにアジア諸国においても輸出によって覆い隠されてきた生産過剰の問題が明らかになったことが挙げられる。ただその実態は低賃金が消費能力不足をもたらしただけにすぎない。量的緩和、規制緩和およびコスト削減、リストラではこの経済衰退の問題は解決することはできず、むしろ需要不足を加速させることにつながりかねないため、レーガノミクスではなく、ルーズベルトのニューディール政策を模倣することこそ必要である。ここにおいて労働法は客観的に消費を促進し、需要と供給バランスの実現に利するものである。したがって、規制緩和ではなく再規制を進めるための方法として労働法は正しい手段である。目下のところ、固定期限の労働契約に対する制限をより強化し、労働時間遵守に関する法律執行を強化し、労働者による給与交渉や労働者の民主的参与を強化すべきである。

1．グローバル規模での経済衰退とその原因に関する分析

（1）グローバル規模での経済衰退現象に関する分析

2008年の全世界的な金融危機以降、グローバル経済は衰退期に入り、GDPの年間成長率は2007年の5.7％から2015年には3.1％にまで下落した（IMF調べ）。米国は2004年の3.8％から2.4％へ、中国は2007年の14.2％から6.9％にまで落ち込んでいる（同）。

「2015年、世界経済のスピードはダウンし、グローバルな規模での復活の道は困難を極めている。2016年世界経済が再び成長に転じていくかどうか、楽観は許されない」。「新興市場および発展途上国経済が五年連続でマイナス成長に陥っている状況に有効に歯止めをかけられるのか、多くの経済共同体内外の経済改革と構造改革が既得権益集団から絶えず干渉を受けることによる危害の程度など中国の経済情勢も楽観を許されない」[1]。「総合的に判断して我が国の今後の経済運営についてはU字型はありえず、V字型はよりありえない。ありえるのはL字型の趨勢だ」。「このL字型は一つの段階であり、1、2年では終わらない。今後数年間は総需要低迷と生産過剰状態が併存する難しい状況を抜本的に変えていくことは困難であろう」[2]。

現在、グローバル経済にとっての主な問題は、利潤と所得分配との間の不均衡[3]、高級管理職と一般従業員との間の給与格差[4]、経済発展レベルと社会保障水準の間の格差[5]、多国籍企業と下請け企業との間の利益上の格差[6]、（ドイツを除く）欧米各国とアジア各国との間の貿易不均衡[7]、バーチャル経済と実体経済の間の不均衡[8]、家庭資産の増加と給与所得増の間の不均衡[9]——この7つの不均衡が目下のところ一つとして解決されておらず、むしろ逆に貨幣発行量と経済成長間の、あるいは資産と負債の間の不均衡（債務危機）を増大させている。こうした問題は、就業率の持続的な低迷[10]、バブル経済の存続、所得格差の一層の拡大に如実に現れており、さらには欧米で生産過剰が明らかになったことにより台頭した保護貿易主義、貨幣の過度の大量発行によりもたらされた債務危機やスタグフレーションの危険性にもつながっている[11]。実

際、以下の事実が証明するように、各国とも大幅に、債務総額の GDP に対する比率、財政赤字の GDP 比率が跳ね上がっていること以外に、全体的な経済規模、製造業による生産高、労働生産率にせよ、就業増加率、家庭消費支出、金融ローン額にせよ、危機の前の水準にまで回復しているとはとうてい言い難い。こうした点からみて、現行のグローバル経済は再び衰退の縁に立たされているといえる[12]。

特に注目しなければならないのは、全世界的にバブル経済の問題が解決にはほど遠いにもかかわらず、債務危機がより深刻化したことである。バブル経済という点についていうと、米国のサブプライムローン問題が強調されすぎた一方で、金融派生商品（デリバティブ）については軽視されており、またウォール街のみに注目しロンドン・シティの状況は軽視されている。統計によると、2001-07 年に米国で発行された住宅抵当貸付額は 2 兆 2372 億米ドルで、そのうちプライム抵当ローンが 1 兆 4805 億米ドル、二次抵当ローンが 2805 億米ドルでそれぞれ 66.2％、12.7％を占める。このほか劣後債（subordinated debenture、会社が発行する債券のうち払い戻しの順序が劣るもの）が 1 兆米ドルあり、債券市場の 3％を占めている。デリバティブ商品についていうと、クレジット・デフォルト・スワップ（サブプライムはその中の一部分にすぎない）総量も 8％前後を占める（2006-08 年はそれぞれ 6.7、9.4 および 7.8％）[13]。PIMCO（ある資産運用企業）のデータによると、2007 年に 10 兆米ドルの住宅ローンのうち、プライムローンが 80％で、サブプライムローンおよび二次抵当ローンは合計 2 兆米ドル前後に過ぎなかった。住宅ローン債権担保証券 RMBS は合計 5 兆 4 千億米ドル、サブプライムローンおよび二次抵当ローンはわずか 1 兆 4 千億米ドルに過ぎず、CDO（債権担保証券）など再証券化されたものは 2 兆米ドルだった。FRB の統計によると、2006、07、08 年末で RMBS はそれぞれ 6 兆 1 千億、6 兆 7 千億、6 兆 9 千億米ドルだったのに対し、金融デリバティブ名義でも価値総量はそれぞれ 131 兆 5 千億、165 兆 6 千億、200 兆 4 千億米ドルもの高額に達している。そのうち利率デリバティブ商品の比率はそれぞれ 81.7％、78.2％、82.0％の割合であった。国際清算銀行の統計によると、2007、08、09、10 年末のデリバティブ商品の域外取引額総額はそれぞれ 595 兆 7400 億、598 兆 1500 億、603 兆 9 千億、601 兆 5 百億米ドルで、2015 年末でも依然 493 超

米ドルに達しており、そのうち利率デリバティブによる額はそれぞれ393兆1400億、432兆6600億、449兆8800億、465兆2600億、384兆3千億米ドルである[14]。単一通貨利率による契約総額だけでも2007年末には393兆1400億米ドルに達しており[15]、以下2008年末434兆6600億米ドル、09年末449兆8800億米ドル、10年6月末451兆8300億米ドルとなっている[16]。加えて、ロンドン・シティが発表した域外取引（OTC）デリバティブ商品に関する報告によると、2007年の全世界でのデリバティブ商品取引の43％がロンドンで、24％がニューヨークで発生している。全世界のCDS（訳者注＝Credit default swap, CDS）取引のうち四分の三が米国以外で発生しているのである[17]。

債務危機に関していえば、国際清算銀行の統計によると、2007、08、09年末段階の国際債券残余額は22兆7千億、23兆9千億、27兆米ドルで、2007年末、08年末、09年の第三四半期末における国内債券残余額はそれぞれ56兆、59兆4千億、64兆4千万米ドルである[18]。2011年7月21日までの時点で、全世界86の国家・地域の債務の総和は45兆米ドルである。この数字は全世界のうちトップ5の経済共同体（EU、米、中、日、インド）の2010年のGDP総和におおむね等しい[19]。米連邦政府の2010年における負債総額は13兆5300億米ドルで、米国のGDPの93％を占めている[20]。2015年3月15日時点で、米公共債務の純債務総額は18兆米ドルを超えており[21]、GDPの120％超である[22]。中国の状況も楽観を許さない。2015年中央と地方の債務残高総額は約26兆2千万人民元で、政府の総負債率は38.7％に達している。同年末時点での地方政府債務残高は16兆元で、全国のGDP総額を除くと、23.6％に達するが、これは米国地方自治体の13-16％という負債率の上限をはるかに上回るものである。遼寧省、貴州省、雲南省、そして内モンゴル自治区の負債率はそれぞれ197.47％、120.2％、111.23％、104.7％に達しており、これは全人代の規定する100％という債務率のラインを上回っている[23]。

このほか、危機対応策としては、貨幣増刷政策が各国ともに採用している戦略である。FRBは2014年10月29日にようやく、「無制限緩和」の第三期緩和策の終了を宣言した。この緩和策によりFRBの資産負債は金融危機前の8千億米ドル強から4兆ドルという記録的な次元にまで膨れ上がったのである[24]。中国の場合はより突出している。2012年末時点で、中国のM2残高は

97兆4200億元で（2013年3月末には103兆6100億元にまで増加）世界一、全世界の貨幣供給量の四分の一を占め、米国の1.5倍、英国の4.9倍、日本の1.7倍であり、ユーロ発行地域全体の貨幣供給量を20兆元以上も上回っている[25]。通貨発行量の緩和は金融機関を危機から救い出すことはできるが、経済を谷底から救い出すことはできない[26]。

（2）全世界的な経済衰退の原因に関する分析

グローバルな経済衰退の直接的な要因はサブプライムローン危機が引き起こした金融バブルであり、欧米各国において長く金融バブルによって覆い隠されてきた生産過剰の問題を明るみにし、輸入の急激な減少は、アジア各国において長期的に隠蔽されてきた生産過剰の問題を浮き彫りにした。根本的な次元において、長年にわたり隆盛を極めている市場原理主義（新自由主義原理主義派）が法的規制を緩和した禍根は、主に労働法、社会保障法、金融法、企業法に表れている。労働法の規制緩和によりグローバルな次元で低給与化が進み（給与増が経済成長には遥かに追いつかず、マイナス成長にさえなっているところもある[27]）、消費者の主体としての一般労働者には消費する金がなく、消費能力不足に陥っている。社会保障法の規制緩和により過度の貯蓄が促進され、消費の主体としての一般労働者は金があっても消費せず、消費が滞っている。この二つが結びついたことにより、生産過剰が深刻化し、消費不足が深刻化している。さらに金融法の規制緩和により金融投機が氾濫することになり、金融バブルが限りなく膨らんでいった結果、欧米各国は消費能力の限度を超えて空前の消費（家庭資産バブルと消費者金融の結合）に陥り、生産過剰・消費不足を覆い隠すことになり、労働補償問題の明確化や解決は遅れることになったのである。企業法の規制緩和は、内部の人員の自己規制現象の氾濫と拘束メカニズムの欠如をもたらし、収入格差を拡大し消費能力不足を加速したし、経営者の投機的な行為を容認した結果、金融バブルの膨張を加速し、労働補償問題の解決を阻むことになった。簡潔にいうと、需給のアンバランスが全世界的な経済衰退の最も根本的な要因であり、その実質は消費能力不足ということにある。中国も例外ではない。「生産（社会の総供給）と消費（社会の総需要）の構造的なアンバランスが経済衰退圧力を形成する重要な要因なのである」[28]。

シカゴ学派を代表とする市場原理主義の一番の過ちは「交換が富を創造する」とした点と「完璧なる市場」幻想である。まず市場原理主義者は、交換による価値（富）の創造を信奉してきたが[29]、その結果としてデリバティブ商品の投機的な氾濫につながった。米国サブプライム危機がもたらしたグローバルな金融危機（金融バブルの崩壊）により、それまで金融バブルのもと覆い隠されてきた経済的なアンバランスの問題の一部——それは国内の需給のアンバランス（生産過剰）と国際貿易におけるアンバランスを含むが——を暴露した。このような、経済の過度の不均衡がグローバルな規模での経済的衰退を引き起こしているというのに、貨幣の乱脈発行に依存した拡大投資政策やバブルに陥った市場を保護する救済策だけでは、短期的・暫定的な復活はありえても、長期的に持ちこたえることは難しい。

次に、市場原理主義者は「完全無欠の市場」「理性的な市場」という幻想を信奉して政府による関与に反対し、規制緩和を主張している。だがこれは、結果として、労働や社会保障関連の立法並びにその実施メカニズムを弱体化させ、さらに金融法や企業法をも弱体化させた。労働法についていうと、長年、資本主義の主導するグローバル化のプロセスにおいて、各国は競争力を強化するために次々と労働基準を緩和した。結果として多くの国の労働法で労働者側にとって不利な状況が出現し始めている。先進国の政府は自国資本を留め置くために、立法を通じて規制緩和し、労組の力を抑圧し、資本にとって最大限の自由と最も優遇された待遇を保障した。発展途上国の政府も、外資導入のために立法を通じて資本の側の権利を拡大し、労働者側の義務を増やすとともに、労働法の執行には消極的な態度を取った。例えば米国は貨物運送業界の規制を緩和し、市場による調整をもって法的な調整に取って代え、労組の代表権に関する制限を強化することで、労働組合の役割を弱体化させた。フランスで結局は可決されなかった「初回雇用契約法」も規制の緩和と、労働基準の引き下げを狙ったものであった。労働基準立法における規制緩和と、集団交渉において労組が常に譲歩を迫られている趨勢は、給与の「底値を探る動き」につながっており、結果的に分配の著しいアンバランスをもたらしているのである[30]。

2．関連する経済理論と政策分析

　経済衰退に対応するための理論と政策については、これまでに主にケインズ主義とルーズベルトのニューディール政策、サプライサイド（供給側）経済学およびレーガノミクス、それに計画経済とレーガノミクスを結合させた朱鎔基経済学がある[31]。目下のところ中国は主にサプライサイドの側の改革に関係している。

（1）ケインズ主義とニューディール政策

　ケインズ主義とニューディール政策は密接に関連しており、両者はともに経済に対する国家の関与を主張し、需要の管理を強調し、就業問題を最も根本的な問題とみなしており、需要拡大と就業の保証を重視した。ただケインズ主義は赤字政策をとり、国家による投資で経済成長をけん引していく政策を取ったことから結局国家独占資本主義に陥り、加えて過度に心理的作用（有効需要は完全に心理的要素に帰因する）を強調し、結果として「空中の楼閣」となってしまった。一方ニューディール政策がとった施策においては、国家独占経済の出現は避けられなかったものの、この政策は消費能力を重視したため、給与の伸びと社会保障システム構築（「国家労働関係法」と「社会保障法」の可決により）の上では目覚ましい成果を収めた。同政策に対する反対者は「米国経済は1933年以降、縮小が止まり、失業率も25％という高いポイントから回復したが、実のところ、真のGDP値は1939年にようやく1929年の水準まで回復したに過ぎず、失業率は1941年にコンマの数まで低下したにすぎない。軍備支出の直線的な（右肩上がりの）上昇は確かに有効需要を生んだし、軍による大規模な徴兵は当然のことながら仕事の場を生んだのであるが」[32]。このことはまぎれもなく、ケインズ主義とニューディール政策の有効性を物語っているし、さらに戦争が需要を生むということも、問題が需要不足にあることを説明するものである。もちろん、ケインズの財政赤字政策とローン拡張政策は、危機の際のきわめて短い期間にしか使うことはできず、常態化すべきではない。1970年代のスタグフレーションは石油危機の産物であり、国際政治の問題に属する

もので、その責任はケインズに帰すべきではない。

（2）サプライサイド学派とレーガノミクス

サプライサイド学派とレーガノミクスは密接な関連を持ち、ともに新自由主義に属している。サプライサイド学派にとって問題は需要不足ではなく、供給側に問題がある。すなわち、生産すべきでないものの生産が過剰で、同時に消費者にとっての必要な物資の供給が欠如していることが供給不足の原因へとつながっているのであり、あるいは政府による干渉のあまりの多さがイノベーションを阻んでいるのかもしれず、あるいは税負担のあまりの重さが供給を抑制しているのかもしれない。レーガノミクスの核心は「連邦政府の支出増を停止する」ことにあり、この考えに基づいて税率を下げ、規制を緩和し、貨幣供給を調節し予算の平衡を取ることにあった[33]。習近平総書記が「われわれのいう供給側の改革は、西側のサプライサイド学派とは異なる」、「中国は新自由主義を遵守しているとの一部の人間による勝手な解釈を防ぐべきである」と明確に述べたにもかかわらず[34]、また、海外ではごく少数の者しかサプライサイド学派を肯定しなかったにしても、中国では多くの者がなおレーガノミクスを、「米国の70年代におけるスタグフレーションの泥沼から救い上げた」ものとして高く評価しており[35]、レーガンを「二十世紀最高の米国大統領」であるとし、「レーガンが米国経済を再創造したのだ」として称賛する場合さえある[36]。しかし、1982年に始まった経済成長は、果たしてレーガノミクスの貢献によるものなのか、あるいは石油危機消滅の結果なのか。後者の方はそのレーガノミクスの追随者により「選択的に忘れ去られている」わけであるが、スタグフレーションの主な要因は石油危機だったのであり、石油危機の消滅こそが根本的な原因だったのである。1970年、サウジアラビア原油の公定価格は1バレル当たり1.8米ドルだったのだが、1974年（第一次石油危機）には初めてバレルあたり10米ドルを突破、1979年（第二次石油危機）には20米ドルを超え、80年には30米ドルを超えた。国際的に原油価格が落ち始めたのは1981年以降で、その後20年間原油価格は安定したのである[37]。第一次石油危機は、西側経済発展の黄金期を終わらせることとなり、70年代末から80年代初頭の2回の石油危機が、西側経済の"スタグフレーション"を加速させたのである。

レーガン大統領時代（1981〜88）時代における石油価格と米国経済成長の対比表

	70	74	79	80	81	82	83-85	86-89	90	91-96
GDP成長率	0.2	−0.5	3.2	−0.2	2.6	−1.9	4.2-7.3	3.5-4.2	1.9	−0.1-4
石油価格	1.8	10-13	16-29	31-36	35-39	33-36	26-31	11-25	16-41	14-32

出展：IMF

2回の大規模なエネルギー危機は、西側経済の発展を激しく直撃することになり、西欧経済が衰退期に入るのを後押しした。しかし、その後OPEC非加盟国による原油産出量が増えるとともに、代替エネルギーが発展するにつれ、原油価格の下落が始まった[38]。米国の70-80年代における経済的変動は主に石油価格下落を要因とするものであって、レーガン時代の米国経済成長はレーガノミクスの貢献によるものではなかったのである。（以下の表から、米国の経済変動と石油価格が密接に関連していることがわかる）[39]。

実際のところ、新自由主義はすでに西欧で広く批判を受けている。金融バブルの崩壊は、「有効市場仮説」の崩壊を象徴するものである。レーガノミクスだけでなく、「労働組合を抑圧し、貧富の格差を助長した」「社会福祉を大幅に削減した」「教育費を一貫して削り続けた」「金融監督の緩和を主張した」「小さな政府を唱え、経済に対する国家の干渉が少なければ少ないほど良いと主張した」「2008年の金融危機は部分的にはこの経済政策に原因が帰せられる」[40]などとしてサッチャリズムも非難されている。ジョージ・ソロスは、レーガン、サッチャー両政権が盛んに崇拝していた自由資本主義経済思想こそが問題の根源で、まさしく「市場原理主義」の影響こそが巨大な金融危機を作り出したと指摘している[41]。

（3）計画経済、レーガノミクスと朱鎔基経済学

朱鎔基経済学は、計画経済とレーガノミクスの混合体である。それは第一に計画経済の伝統を引き継ぎながら、陳雲の「調整」方法とともに、行政手段の「生産縮小」を用いて、過剰生産能力削減、不動産在庫削減を行う。第二に計画経済の手段である「レバレッジ削減」（「空手形を切る」方法により銀行の資本金を補充し、加えて不良債権を引き剥がして専門の資産管理企業に移管する）を用いる。第三に計画経済の手段である「国営企業人員整理」で、レーガノミ

クスの規制緩和、コスト削減という目標を達成するという点にある。しかしその成功は実のところ、1998年の大洪水に帰せられるところが大きかった。この点に関していうと、「割れ窓理論」（訳者注＝もともと犯罪学の用語で軽微な犯罪も徹底的に取り締まることで、凶悪犯罪を含めた犯罪を抑止できるとする環境犯罪学上の理論）を引用して水害の経済への影響を分析する人が多い。当時の大洪水が中国の経済危機からの離脱を加速したという観点である[42]。当時、一部の経済学者は経済の先行きに対し楽観的な予測を行っていた。その根拠としては莫大な復興プロセスが需要不足に悩む国内市場にとっての強心剤になるだろうという点にあった[43]。洪水の災害が需要を引き上げ、経済成長を刺激する積極的な効果をもたらすとする予測もあった[44]。洪水災害は固定資産投資を増加させ、日用品の供給過剰による生じた経済規模縮小を緩和させるなど、経済発展に有益な影響をもたらすとする予測もなされた[45]。

現行の経済政策の選択に関していえば、主にレーガノミクスと朱鎔基主義に関係している。現在の経済学界のレーガノミクスへの信奉ぶりから見て、中央の政策の当初の意図がどうあろうと、サプライサイドの改革は朱鎔基主義になりうる。それは「過剰生産能力・不動産在庫・レバレッジの削減、コストの引き下げ、脆弱産業分野の支援」（三去一降一補）の五点に集約される。「過剰生産能力削減」は実際に運用される中で計画経済の手段を取ることがありうるものであり、政府主導の市場メカニズム破壊行為に発展していくもので、結果として劣ったものは淘汰されてしまう恐れがある。加えて企業倒産の際に、地方政府は労働者の退職金の上前をはねることがよくあり、結果として内需不足を加速させ、悪循環を招き、集団デモなどを引き起こしやすく、社会的安定を損ねる場合がある（実際、自然災害による「過剰生産能力削減」のほうが政府主導による「過剰生産能力削減」より効果は高い）[46]。「不動産在庫の削減」は実際の運用の中で、地方政府による不動産価格釣り上げに変じやすく、農民の都市化を迫るものであり、不動産バブルを引き続き拡大し経済的リスクを増大させるだけでなく、消費空間をさらに圧迫し、内需不足問題を加速し、さらには集団デモを誘発しやすい。「レバレッジ削減」は実際に運用される中で、金融バブルや無形資産バブル、債権の株式転換により希釈される傾向にあり、より大きな経済的リスクをもたらす可能性がある。「コスト引き下げ」[47]は実際

の運用の中で単に労働者の給与の引き下げへと転じ、社会的矛盾と内需不足を引き起こす恐れがある。というのも、運用の中での税収の計画性（予算税収によるもので固定税率によるものではない）や社会保険費の徴収の不確定性に加え、地方税制の圧力により税を低く抑えることが難しくなるからである。「脆弱産業分野支援」（インフラ建設を除く）政策は、クリエイティビティと信用の欠如という理由に加え、ブランド（とりわけ贅沢品）の形成には時間がかかるため、短期間での効果を見込むのは難しい。結局、サプライサイドの改革においては、政策運用の問題を考慮し、さらには地方政府の「法律遵守」というボトムラインを保証しなければならない。これ以外に、労働法と社会保障が経済発展と社会的安定にはきわめて重要であり、これらを強化しこそすれ弱体化させるべきではない[48]。「内需を重点として社会の総需要を拡大すべきである」「社会各界、とりわけ労働者の権益と社会政策を守ることに反対する一部の経済学者や企業は今こそ真剣に考え方を変えることを求められている。すなわち、農民工を含む労働者を生産者としてのみではなく、消費者とみなし、労働者の権益保護と社会政策を強化する重要性を十二分に認識し、徐々にその給与水準を一線の一般労働者並みに引き上げ、住民の収入分配格差を縮小し、国内の消費需要が安定した持続性を保つよう保証しなければならない。『労働契約法』などの社会法のプロセスにおいて、労働者の合法的権益を堅持するという原則を少しもゆるがせにしてはならない」[49]。

　指摘しておかなければならないのは、歴史的に、経済が衰退する原因としては、戦争、自然災害、技術革新、計画経済とニューディール政策の五点が含まれることである。ニューディール政策は労働法と社会保障法により実施された。つまり第一に集団交渉を通じて給与を上げ、その後結果的に消費能力が高まることになった。第二に社会保障システムの構築を通じ生活安定の問題を解決し、結果的に消費が滞るのを避けることができた。この二点が結合することにより、生産過剰の問題を解決したのである。歴史上戦争と洪水は客観的には「過剰生産能力削減」の役割を果たし、新たな需要を作り出した。しかし戦争と洪水はまた同時に富の減少につながっただけでなく、人間の生命をも危険にさらした。技術革新に至っては、望んでも求められないものである。ゆえにニューディール政策の模倣こそ唯一実行可能な選択なのである。

3. 労働法の役割と対応する措置

(1) 労働法の役割

　労働法には人文的価値および道具的価値以外に、客観的には経済的かつ社会的役割がある。もちろん、これは労働法だけの価値志向性だけにとどまった話ではないが…。労働法の価値は効率性ではなく公平性へと向かっており、労働者を守るものであって企業ではない。しかし労働法には客観的に企業に対し、持続的発展と需給のバランスを促し、公平な競争と社会的調和を保証することで経済、社会を発展させるという役割がある[50]。

　まず労働法は企業の発展持続に有利である。労働法は労働基準、集団交渉、社会保険などの方法で労働者を守っているわけだが、このことは企業の発展持続に有利である。労働者の給与水準が上がれば、それは人的資本への投資、自己の素質の向上へと転用して自分自身を発展させることが可能になると同時に、企業の発展に有利に働く。企業が発展すれば、労働者にとっては社会的セーフティネットを持つことができるようになり、後顧の憂いが取り除かれ、労働者の積極性も高まっていくことになり、再び企業の持続的発展に有利になっていくことになる。この点についていうと、経済学には有名な効率賃金理論があり、それは労働者の給与水準と労働効率との関係を説明している。同理論によれば、労働者に対し、相場よりもより高い賃金を支払ったほうが、企業としてはむしろ労働総コストを最低に抑え、最大の利潤を挙げる効果がある。この論点を支持する理由は数多くあるが、米国の経済学者デビッド・ローマーは4つの重要な理由を挙げている。賃金がより高ければ労働者の食に対する消費を増やすことができ、労働者の栄養状態を改善できる。また労働者の努力の程度を上げることができ、さらにそのほかの予想以上の能力を向上させることが可能になる。また彼らの企業に対する忠誠も培うことができる。その他多くの研究も効率賃金理論の有効性を証明している。そのうち最も有名なのはヘンリー・フォードによる高給付与の実践であろう。1914年フォード自動車は労働者の賃金を1日2.5ドルから5ドルに引き上げた。これは当時の製造業の平均

時給の倍以上の額であったが、当時多くの人が、高額賃金はフォードを圧迫するだろうと考えた。だが、実際にはむしろ逆で、フォードの戦略は大きな成功を収めたのである。この新たな賃金体系を敷いた年、フォードの労働生産率は51％も向上した。まさしくこれは伝統的な思考スタイルを突破する大胆かつ刷新的な戦略であり、これによりヘンリー・フォードは米国「二十世紀工業化の父」と呼ばれるようになったのである[51]。

　次に労働法は市場の公平な競争に有利である。労働法は労働基準のプラットフォームを確立することで、企業間の公平な競争に貢献している。市場競争が必要とする公平さには、労働法律環境が公平であることが含まれる。かりに合理的な賃金体系と社会保険待遇を有しつつ労働力コストの高い企業と、賃金を低く押さえ社会保険も提供しない別な企業があるとして、前者が労働力コストの高さのゆえに総コストが高くつき市場競争で不利な立場に置かれ、淘汰さえされる場合があるとすれば、それは明らかに不公平であり、市場経済の基本原則にも合致していないということになる。

　第三に、労働法は需給バランスの上で有利である。労働法は、賃金引上げにより、消費能力を向上させ、消費が停滞するのを防ぐ。周知のとおり、製品市場は需給のバランスを必要とする。もし賃金の伸びが長期的に経済成長を上回ることがなければ、消費能力は生産能力より低くなり、生産過剰状況が生まれることになる。また社会保険システムが健全でなければ、消費は滞り、生産過剰を加速させることになる。内需不足なら輸出が必要である。しかし発展途上国が次々と工業化していくにつれ、輸出に力を入れる国家はますます増えている。ただ欧米各国では金融バブルと消費者ローンのベースの上に空前の消費を行うようなシステムを構築してしまったため、バブルの持続不可能性のゆえに、需要不足の問題も徐々に明らかにされていった。このようにして、国際市場における需給のアンバランスの問題が生まれてしまったのである。この点からもわかるように、各国とも賃金引き上げと、健全な社会保険のシステムを通じ、内需を拡大し、需給のバランスをとることが求められている。

　第四に労働法は社会的調和に有利である。労働法は「利益共有」を通じて社会的調和を促進する。「利益共有」の理念は、社会における各主体の経済的権利を、また彼ら自らの利益の合理性と合法性の追求を承認する。またこの理念

は、人間を第一とする理念を具体的に実現したものであり、「利益の独占」という伝統的思考による拘束を打ち破るものであり、社会全体における利益共有メカニズムの確立を主張するもので、中国社会主義内部における各利益主体間の利益の矛盾を克服し、経済的・社会的発展を推し進める主な手段となるものである。利益共有と利益独占は完全に相反する経済観である。利益独占の考え方は、経済主体間の差異を否定し、経済主体の自主性や特殊な経済的利益の追求をも否定するものであり、結果として利益共有という考え方の必要性すら否定してしまうものである[52]。

経済的発展を根本から論じた場合、それは広範な人民がより良い物質的・文化的生活を享受できるようにするためのものであり、人々が経済発展の成果を共有することができなければ、経済発展の意義は即座に失われてしまう。歴史的な経験が証明しているように、「利益独占」は社会的・経済的格差を拡大し、社会的矛盾を加速させてしまう。一方、「利益共有」は社会的・経済的格差の縮小により社会的矛盾を緩和し、社会的調和の促進に有利に働くのである[53]。利益共有のメカニズムを確立することは、社会的調和の促進につながるのだ。

先進国における工業化の歴史もこのことを証明するものであり、これら諸国では労使紛争が産業化の過程で最も困難な問題であったが、労働法が社会的安定と経済発展にきわめて重要な役割を果たした。英国では1802年の「学徒健康・道徳法」から1871年の「労働法」に至るまでの各法規が一貫して労働立法をリードし続け、結果的に社会の基本的安定、経済の急速な発展に繋がった。米国では1886年に労働者が「8時間労働制」を勝ち取ったシカゴでの大ストライキの後、議会が1894年に「レイバーデイ」（9月の第一月曜日）の立法を確認したことで、「8時間労働制」を承認し、このことが労使紛争を緩和し（同時に社会改良主義や労使協調路線を打ち出していた労働組合主義が労働運動の主流となり、反政府運動や資本家の撲滅を訴えていた革命的労働者運動は米国においては完全に周縁化された）、米国経済の急速な発展を促進した。1930年代の「大恐慌」後、ルーズベルトのニューディールは1935年に「国家労働関係法」を可決（これより前に政府は労働者によるストを鎮圧していた）、これにより団体交渉権、スト権を確立し、1938年に「公平労働基準法」を可決したことで、最低賃金額と最長労働時間制限などの労働基準を確立、社会的矛盾

を解消し、労使協調を促しただけでなく、米国経済が危機から脱し急速に発展する契機をもたらしたのである。

(2) 現行の労働法に対する対応措置

現在の経済的困難に対しわれわれはその深層の原因を探り、考え方を改めて、市場原理主義を徹底的に放棄しなければならない。またマルクスとアダム・スミスの共同理論である労働価値論のベースの上に経済理論を打ち立て、労働価値説を労働法の経済理論の上での基礎としなければならない。労働法律規制を強化すべきである。それは主に労働基準立法と労働法実施メカニズムを改善し、賃金の集団交渉と労働者の民主的参加により賃金をアップし、収入格差を縮小し、消費能力を上げて、徐々に国内の需給バランスと国際貿易の均衡を取ることを実現することにある。

まず労働基準立法と労働法実施メカニズムの改善を通じ、労働者の給与のより一層の引き上げと、雇用の増加により、消費能力不足と消費の停滞の問題を解決すべきである。そのためには第一に国際的な慣例を遵守し、固定期間労働契約の解消を奨励し、固定期間労働契約を制限し、「非固定期間労働契約が例外で、固定期間労働契約が常である」状態を「非固定期間労働契約が常であり、固定期間労働契約が例外である」という状態に変えなければならない。これにより労働関係が安定し、労働者の職業的安全感も増し、消費停滞の問題も緩和、内需拡大も実現するのである。第二に、労使紛争調停協議書の司法による確認を撤廃し、加えて調停に向けての仲裁と司法手続きを一律に前倒しして、仲裁員と裁判官との間で調停を進めることを禁止して、強制的な調停に至らないようにすることである。これにより労働者の賃金に関する権利「縮小」に歯止めをかけ、さらには労働者の消費能力を上げることができ、内需拡大につながるのである。第三に労働基準の実施メカニズムを強化することである。特に労働時間規則の実施メカニズムの改善が必要で、これにより、一般的になってしまっている超過勤務現象を速やかに解決するべきである。これにより就業が増加し、その結果消費能力向上、内需拡大を可能にするのである。

次に賃金の集団交渉を通じ、低収入により労働者の消費が伸びない問題を解決すべきである。つまり給与引き上げを通じて内需を拡大し、生産過剰問題や

消費能力不足の問題を部分的にでも解決できる。この賃金交渉推進のためには、労働組合の力を大幅に増強しなければならない。基層労組における直接選挙や労組代表による訴訟を通じて基層労組を活性化させるべきであり[54]、こうしたことが団体交渉の前提である。もしこの前提が守られなければ、労働協約は必然的に形式に流れてしまい、せいぜい現在少数の臨時的な労働者代表が展開している団体交渉の中に現れるだけである。

　第三に労働者の民主的参与などの方式により、企業のガバナンスを改善し、幹部の年俸問題を解決し、収入格差を縮小し、消費能力を向上させることである[55]。企業幹部の権力が労働者による制約を受けないという問題は株主の利益を損なうとはいえ、結局のところ重役会議はなお一定程度株主、特に大株主の権益を保護できるものなのである。現在さらに深刻な問題は、企業幹部の権力が労働者による制約を受けないがために、分配のアンバランスにつながっており、特に利益が持続的に幹部や株主の方へと偏っているために、幹部自身の給与アップや一般労働者賃金の抑制の方へと働いていることである。この問題を解決するには、企業のガバナンス構造を規範化することから着手して、企業内部の人的コントロールの問題を解決する必要がある。一般労働者の幹部抜擢制度を改善することで、幹部の権力を制約し、労働者の利益を守らなくてはならない。国有独資企業および2社以上の国有企業あるいはそのほかの国有投資主体2団体以上による投資で有限責任会社を作り、労働者出身重役の比率は三分の一を下回らないとし、具体的な比率は企業の規則において明確に規定する。そのほかの有限責任会社と株式有限企業の重役会議メンバーの中にも該当企業の労働者代表が入るべきである。その重役メンバー入りした労働者代表は、労働者代表大会などの形式により民主的な選挙で選ばれなければならない。その候補者は労働者全体の過半数の得票によって選出されるべきである[56]。

注

1) 張宇燕、姚枝仲「2015-2016年世界経済形勢分析與展望」(『光明日報』2016年1月20日)。
2) 龔雯、許志峰、呉秋余「開局首季問大勢──権威人士談当前中国経済」(『人民日報』

2016 年 5 月 9 日）。
3) 労働生産率と給与の伸びはまだ必ずしも同じペースではなく、こうした状況はすでに数十年も続いている。こうした傾向はまた、GDP 値における労働力の割合が下がっていることを意味している。つまり GDP 値において労働力による支出による支出に用いられた値と斎藤氏による支出に用いられた値との比率がアンバランスになっているのである（陳建：「全球工資増長徘徊不前」『経済日報』2014 年 12 月 9 日）。2014 年、米国民間企業の税引き後利潤総額は 1 兆 6800 億米ドルと史上最高額を記録した（呉迪「美国債務消腫的難関輿啓示」『南風窓』2015 年 7 期）。ドイツの労働者の 2007 年における平均収入は 1991 年時点より 1.3％減少した一方、雇用種の可処分所得はなお 17％も増加している（呂鴻「徳国工資之争凸顕経済難題」『人民日報』2008 年 1 月 16 日）。中国では 2002 年 -2012 年の間に労働報酬が GDP に占める割合は 54.1% から 45.6％に減少している（王屹「加快収入分配制度改革，跨越中等収入陥穽」『証券日報』2016 年 5 月 28 日）。
4) 2007 年、16 社の上場国有系金融企業において、年俸額トップ 3 の重役の報酬総額は 2 億 3957 万人民元で、平均年収は 1497.3 万元であった。2008 年時点で、「中国平安」の董事長兼 CEO の馬明哲の年収は税引き前で 6616 万元であった（張静：「肥猫」自肥：賎疑中外高管薪酬」、『新民周刊』2009 年 2 月 19 日）。2015 年 7 月に中国語版フォーブスが明らかにしたデータによると、楊元慶の年俸は 1 億 1800 万人民元にも達している（佚名、「三個月損失　四十億！楊元慶首度回応聯想巨虧内幕」, 2016 年 3 月 11 日 http://tech.sina.com.cn/it/2016-03-11/doc-ifxqhmvc2342616.shtml, 2016 年 3 月 29 日参照）。2015 年スタンダード＆プアーズのトップ企業五百社 CEO の平均報酬は一般従業員の 335 倍で、2014 年は 373 倍だった（羽箭「美企　CEO　去年薪酬是員工 335 倍」2016 年 5 月 17 日, http://finance.sina.com.cn/stock/usstock/c/2016-05-17/doc-ifxsenvn7275894.shtml, 2016 年 6 月 13 日参照）。
5) 1980 年代以降、新自由主義による「福祉病」との批判の中で、社会保障水準は全世界的に停滞している。
6) 多国籍企業はその優位にまかせて、下請けからの買い取り額を可能な限り低く抑えており、これが下請け業者の利潤の低さにつながっている。
7) 税関統計によると、近年輸出額はすでに減少しているとはいえ、中国はなお純輸出国である。
8) あまりにも多くの資金が不動産市場、証券市場、金融デリバティブ市場に流出している。
9) （ドイツを除く）欧米各国では家庭金融資産が主流だが、中国の場合主流は不動産である。
10) 米国における失業率の低下はそのまま就業率の増加を物語るものではなく、多くの失業者が長期にわたる失業状態のゆえに求職を放棄した結果、自発的失業者とみなされ、失業率の指標から排除されたことによるものであることを指摘しておきたい。筆

者は 2015 年 12 月に米国各地で大量のホームレスを目撃したが、これほど多くのホームレスをこれまで目撃したことはなかった。このこともまたある側面からの米国経済の深刻さを物語っている。

11) 葉檀「全球経済危機加重，中国改革千鈞一発」(『毎日経済新聞』2011 年 9 月 13 日)。
12) 楊芮「全球金融海嘯三周年，危機并未過去」(『毎日経済新聞』2011 年 9 月 19 日)。
13) Joint Center for Housing Studies of Harvard University, "THE STATE OF THE NATION'S HOUSING2008".
14) 国際清算銀行のデータを参照。http://stats.bis.org/statx/toc/DER.html.
15) Bank for International Settlements, International banking and financial market developments, *BIS Quarterly Review*, March 2009. http://www.bis.org/statistics/bankstats.htm.
16) Table 19: Amounts outstanding of over-the-counter (OTC) derivatives, http://www.bis.org/statistics/otcder/dt1920a.pdf.
17) Terry Smith, "Facts Belie The Diagnosis On Credit Derivatives," *Financial Times*, May 7, 2009.
18) Bank for International Settlements, International banking and financial market developments, *BIS Quarterly Review*, March 2010. http://www.bis.org/statistics/bankstats.htm.
19) 劉斌「全球負債四十五万億美元」(『南方都市報』2011 年 8 月 2 日)。
20) TOM ORLIK, "Adding Up China's Debt Load," *WSJ*, March 9, 2011.
21) 呉迪「美国債務消腫的難関與啓示」(『南風窗』2015 年 7 期)。
22) 韓潔、申鋮「財政部：我政府債務負債率低于国際警戒線」(『新華毎日電訊』2016 年 5 月 27 日)。
23) 梁発芾「是認真対待地方債拡張風険的時候了」(『中国経営報』2016 年 1 月 25 日)。
24) 佚名「美聯儲宣布結束量化寛松政策」(『大河報』2014 年 10 月 31 日)。
25) 田俊栄、呉秋余「我們的銭会"毛"嗎？」(『人民日報』2013 年 5 月 6 日)。
26) 葉檀「无就業復蘇就是没有復蘇」(『毎日経済新聞』2010 年 1 月 19 日)。
27) 例えば米国では 1970 年以降、民間の非農業部門における労働者の実際の報酬は減少傾向にあり、1978-95 年の間に 12.5％も減少している（劉英「二〇 世紀 七〇 年代以来美国工人実際工資的変動趨勢」『当代経済研究』2003 年第 1 期を参照）。米国経済は 2001 年以降一貫して成長しているが、労働者の収入は増えるどころかむしろ減少している（翁翔「美国企業利潤連昇，工人実際工資反降」『中国青年報』2006 年 3 月 14 日）。ドイツの労働者の 2007 年における実際の収入額は 1991 年と比較して 1.3％減少している（呂鴻「德国工資之争凸顕経済難題」『人民日報』2008 年 1 月 16 日）。給与水準は今なお減少傾向から抜け出すことができない（劉洋「国際労工組織 "晒" 全球工資」『国際先駆導報』2011 年 1 月 7 日）。
28) 沈水生「関于当前経済下行圧力影響因素的探討」(『行政管理改革』2016 年第 5 期)。

29) 価値（富）の交換・創造が意味するのは以下のようなことである。張三が 10 元で購入してきたものを 20 元で李四に売り、李四はそれを 30 元で王五に売り、王五はそれをさらに 40 元の価格で張三に売ると、この過程において 30 元の価値（富）が作り出される。こうなってくると、人々は商品やサービスを作り出す仕事に従事する必要はなくなり、単に交換だけをすれば済むようになり、社会における富はこの交換過程において増え続けることになる。ところが実際はこの過程においても、商品は変わることなく同じ商品であり、真の富の価値は特段変わることはなく、増えているのは名義上の富―貨幣だけである。バブルはこのように誕生したのである。
30) 劉誠「国際金融危機輿社会法弱化」（『中国労動保障報』2009 年 2 月 7 日）。
31) 朱鎔基元首相が経済政策を主管していた時の経済政策をここでは朱鎔基経済学もしくは朱鎔基主義と呼ぶことにする。
32) 許小年「从来就没有救世主――凱恩斯主義的真相輿陥穽」（『南方周末』2011 年 6 月 23 日）。
33) 実際のところ石油危機がもたらしたスタグフレーションを除くと、経済衰退は一般的には需要不足によりもたらされるもので、供給とは無関係であり、コストの問題もカギではない。もし計画経済が短期的な不足を常態としているとすれば、市場経済では過剰が常態になっているといえる。
34) 習近平「在省部級主要領導干部学習貫徹党的十八届五中全会精神専題研討班上的講話」（『人民日報』2016 年 5 月 10 日）。
35) 戚自科「美国的"供給側改革"是這様的」（『中国中小企業』2016 年第 2 期）。
36) 劉勝軍「中国擁抱"供給経済学"」（2015 年 11 月 26 日、http://www.ftchinese.com/story/001064960?full=y，2015 年 12 月 26 日参照）。
37) 佚名「数拠簡報：一九七〇年以来国際原油価格走勢輿大事記」（2013 年 7 月 31 日、http://intl.ce.cn/specials/zxxx/201307/31/t20130731_24622321.shtml，2016 年 4 月 26 日参照）。
38) 孟環「国際原油価格五十年跌宕起伏」（『北京晩報』2014 年 10 月 29 日）。
39) 前世紀 1970-80 年代に石油価格の高騰が市場を直撃した要因とは違って、2003-08 年における石油価格の上昇は、石油に対する世界的な消費需要が増加していたということに加え、石油取引の「バーチャル化」がこれを後押ししていたことを説明しておく必要がある。前者の主な被害者は先進国であったのに対し、後者の場合被害者は発展途上国であった（曽才生、曽徳軍「一九七〇 年以来国際石油価格冲撃的比較分析」『求索』2009 年第 6 期を参照）。
40) 劉玲君「撒切尓輿全球金融危機有関」（『新安晩報』2013 年 4 月 15 日）。
41) 金立群「説説索羅斯和他的著作＜二〇〇八年大崩潰＞」（『国際融資』雑誌 2012 年 11 期）。
42) 朱宏任「如何把握災后重建的投資機会」（『経済論壇』1998 年第 17 期）。
43) 兪肖雲「九八洪水："破窗理論"輿消費需求不足」（『中国統計』1999 年第 3 期）。

44) 宋素吾、陳栄華「経済増長中的洪災効応」(『江西財税與会計』1998 年第 12 期)。

45) 佚名「専家們認為，要辯証地看洪災対経済産生的影響」(『領導決策信息』1998 年第 34 期)。

46) 過剰生産能力削減の困難さについては、李紫宸、董瑞強「最厳政策遭遇最猛復産，中国式鋼鉄去産能困境」(『経済観察報』2016 年 5 月 22 日) を参照 (十年過ぎても、一貫して過剰生産能力削減政策への高い圧力にさらされてきた河北省、のみならず中国全土でみても、鋼材の供給過剰傾向は緩和されるどころか、日増しに深刻さを増しつつある。河北省は毎年過剰生産能力削減に懸命に取り組んでいるものの、同省における鋼鉄の実際の産出量はほぼ毎年増え続けている。過剰生産能力は常に淘汰されている一方で、しかし実際の産出量も増え続けているのである)。

47) 実際のところコストは主要な要因ではない。「海外購」の調査によると、価格こそが第一のファクターであり、中国製品の品質には問題があるというのはある種の誤解である。「中間の過程が風通しよくならなければ、需要と供給という両端の風通しを良くすることは難しい」。主に重すぎる税負担、下がることのない物流費用、高い用地借地料、何重にも搾取されることが常態化している流通システム、および混乱する消費環境のせいである (孫立平「疏通中間，打開両側」2015 年 12 月 18 日、http://blog.sina.com.cn/s/blog_408bb1430102wa7p.html, 2016 年 5 月 1 日参照)。

48) 実体的な経済成長は消費による制約を受けるため、貨幣発行乱発というベースの上に構築された投資依存型の成長モデルでは必然的に、消費の比重が下がり続けることになる。このため、輸出が実体的な経済成長を維持するための選択となる。欧米の金融バブルがその勢いを維持し続けられないという状況のもと、国際市場にはもはや発展の余地がないというのに、輸出に依存し続けるというのは幻想にすぎない。解決策はどこにあるのか。賃金を上げて消費能力を高め、社会保障制度を改善して消費停滞の問題を解決し、それにより実態的な経済の製品とサービスの出口を保証するしか道はない。さもなければ、実体としての企業は十分な資金があったとしても、生産やサービスの質を上げることはできず (というのも消費者のいない製品やサービスは企業にとっての損失を増やすだけだからだ)、資本市場における投機に頼るしか道はなくなる。また赤字政策の長期化は、財政危機に導くだけでなく、「債務の平等な分担」や、「貧しきをくじき富むものを助ける」嫌いさえ出てきてしまう。

49) 沈水生「関于当前経済下行圧力影響因素的探討」(『行政管理改革』2016 年第 5 期)。

50) 例えば酒瓶の価値あるいは機能は容器なのだが、客観的に見れば乱闘の際の凶器になりうる。

51) 李長安「低工資将損害企業長期競争力」(『第一財経日報』2018 年 2 月 13 日)。

52) 李炳炎「利益分享——構建和諧社会的一項基本原則」(『中国改革報』2007 年 2 月 15 日)。

53) 同上。

54) 劉誠「後金融危機時期我国的労動関係與労動立法」(『工会理論研究』2010 年第 6 期)。

55) 幹部の賃金と資本の利潤は類似しており、消費に使われるのではなく、投資に向けられる。したがって高い収入でも消費能力は減少するのである。
56) 劉誠「後金融危機時期我国的労動関係與労動立法」(『工会理論研究』2010年第6期)。

第11章　中国経済の転換期における集団的労使紛争の特徴と結末
——個別案件の分析と探求を中心に——

王　晶
（中村達雄訳）[1]

はじめに

　中国の市場経済体制下における労使関係の構築は、計画経済から市場経済へと急激に変遷してゆくなかで労使双方の主体およびその相互関係が技術進歩のようには迅速に進まず、それらへの対処方法は未だ成熟段階に至っていない。
　改革開放前期における経済の急速な発展、および社会全体の福利水準の伸びは、多かれ少なかれ当時すでに起こっていた労使間の矛盾を覆い隠した。経済体制の転換期、伝統企業の利得空間はたえず圧縮され、長期にわたる雇用関係の整備不足で放置されてきた労使の矛盾が噴出した。本稿は近年の経済転換期に発生した3つの代表的な集団的労使紛争を例に、当該時期における特徴をすくいあげて分析し、それぞれの結末を描き出すのが目的である。
　本稿で検討する集団的労使紛争には集団行動による紛争も含まれ、これらを「労使紛争調解仲裁法」で仲裁プログラムが適用される集団的労使紛争とは分けて考える。経済体制の転換期に起った集団的労使紛争は経済発展期における集団的労使紛争とは異なる特徴を有し、まさにこうした特徴によってこの種の紛争に別種の結末がもたらされたと考えられよう。

1．先行研究について

　中国では今世紀に入ると集団的労使紛争の発生回数が増え、その規模も大

くなり、国内外の研究者の関心を集めるようになった。本稿は紛争における集団的行動者の行動パターンと紛争の結末を検討したものであり、先行研究は労働者と政府の役割について言及したものに焦点をあて、以下のように整理しておく。

　近年、多くの研究者、たとえばEli Friedman (2014) やChan と Selden (2014)、Elfstrom と Kuruvilla (2014) らはその研究で、集団行動方式で引き起こされた紛争は労働者の要求が複雑化し、いったん職場に鬱積した労使矛盾が爆発すると、賃上げ、労働時間の短縮、福利の充実、食事の改善、労働契約、未払い賃金の追加支払いなどの各種要求が会社側に突きつけられることを指摘している[2]。Lee (2007) はこの種の集団的紛争を「細胞型」(Cellular activism) と呼び、安定した組織を欠く条件下で労働者が政治的な要求を出すことは難しいと断じる[3]。同氏が導いた結論は Chan (2013) の研究成果に確証を与えた内容となっており、「階級組織の存在しない階級闘争」(Class struggle without class organization) という概念を用い、集団的紛争で労働者団体の組織率が低い現状を検討したものだ[4]。

　集団的労使紛争の形態面では、戴春と李琪 (2014) が「行動型集団的労使紛争」の概念を提出し、集団行動を経ることなく仲裁プロセスに至る集団的労使紛争と明確に区別している[5]。戴と李はこの種の紛争には集団行動の発生に事前の予兆がなく、個別の事件から偶発的に引き起こされ、利益と権利の要求が混ざりあい、組織率が低く、業界や地域的な影響を受ける、などの特徴があることを明らかにした[6]。組織率の低さ、行動に秩序がないなどの特徴は常凱 (2013)、崔静 (2014)、Chen (2010) ら他の多くの研究者も言及している[7]。広東省の珠江デルタ地域における集団的労使紛争の急増については、中国経済、政治、制度環境の変化にその原因があり、労働者の集団行動に政治的な空間を与えていると多くの研究者が考えている。たとえば Lee (2007) は、中国労働法制度の完備は労働者の法意識を高め、労働法を基礎にして打ち立てられた個人労働契約制度は労働組合と労働 NGO の支持を得ていると語る[8]。Elfstrom と Kuruvilla (2014) は、近年の中国における労働力の不足状況、労働法の政策面における政府の労働者権益に対する傾斜、労働力不足下における高給採用などは労働者に一種の「認知手がかり」(Cognitive cues) を付与し、みずからに権

利獲得と労使交渉の力量（Bargaining power）が備わっていると認識させている、と分析した。

　孟泉と路軍（2012）は、集団的労使紛争に対する地方政府の対応策の変化に注意をはらった。孟と路は2010年に発生した広東省佛山における「南海本田」の集団的労使紛争の分析をもとに、地方政府の労働運動に対する方策の転変、すなわち二つの政治的機会の結合要素について論じている。それは第一に労働者の集団的行動関連領域ですでに存在する政府の対応策、つまり集団的労働者権に備わるべき一定の法的基礎であり、第二に地方政府が経済と政治の面で達成すべき発展原則のことだ。両氏が導き出した結論は、労働者の経済意識と地方政府が発展するなかで生まれてくる政治的機会の作用で、双方の行為は一種の黙契を形成する、というものだ。すなわち、労働者の集団行動と地方政府の対応策の間には、実現可能な「労働三権」を育む政治空間が生まれるということである[9]。

　しかし上述した、労使が交渉で紛争を解決する政治空間がそれほど明確に見えてきているわけではない。大部分の集団的労使紛争は労使間の交渉では解決されていないのが現実だ。研究者の多くは、中国がこの種の集団的労使紛争に対応できる既存の解決プログラムを欠いていると考え（例えばChen 2010、李琪 2011、王全興・劉焱白 2015）[10]、もう一方では中国の労働組合が、みずから抱える多面的な役まわりのために交渉現場で労働者側に立つことを難しくしていると判断する（例えばChen 2010、Ma 2011）[11]。こうした二つの現実にもとづき、紛争の解決にむけた政府の対応メカニズムに検討を加えてきた研究者もいる。

　Chen（2010）は遼寧省の大連経済開発区で発生した集団的労使紛争の事案を分析し、その紛争処理プロセスが「非司法過程」（Non-judicial process）であり、地方政府、使用者、労働者、労働組合の「四者存立」（Quadripartite interactions）だったことを明らかにした。Ma（2011）は使用者と労働組合をさらに使用者と使用者団体、地方労働組合、企業労働組合の四者に分類し、そこから新たに「六者関係」の中国的な労使関係モデルを提示した。

　2010年に「南海本田」で発生したストライキが労使交渉で解決をみたあと、中国では交渉で解決した集団的紛争の事例が多く出現している。こうした状況

に対して多くの研究者は、行動型集団的労使紛争を交渉で解決する方法は実行可能であり、今後、これは中国の労働組合改革の突破口になるだろうと見る（蔡禾 2012、常凱 2012、2013、馮同慶等 2012、孟泉・路軍 2012）[12]。しかし謝玉華等（2015）は、2015 年に珠江デルタ地域の服装鞋帽（衣服・履物・帽子）業界で七人の労働者から始まった集団的行動事案を分析し、中国の集団的労使関係が十分に成熟していない段階でこの種の紛争がはたして団交によって解決できるのか否かは企業の属性である外部要因にかかっており、それは地方政府、地方労働組合、メディア、ブランド企業、労働 NGO、国内外の研究者にまで関係してくると指摘している。謝玉華等は、団交による集団的紛争の解決は多方面の思惑の合算であり、往々にして地方政府や第四者のパワー・バランスが必要だと述べている。このプロセスは、労使の衝突――労働者集団行動――労働者の組織化――政府および第四者の強調斡旋――会社側の妥協――労使団交というプロセスをたどると分析している[13]。

謝玉華等が描いた集団行動から団交までのプロセスのなかでは労働者の組織化が鍵となり、とくに経済の転換期においては集団的労使紛争の労働者側のあり方が組織を経済発展に先まわりさせるのであり、このことも労使交渉の空間の重要性を顕著にするものである。

2．紛争の事例

（1）各事例の背景

A 公司は宝石を製造する香港資本企業で、工場は広東省の沸山市にあった。2013 年末、同社は南海市に新工場を設立し、旧工場の設備を徐々に移転する。同社には勤続十年以上の従業員が在職し、新工場への移動を望まなかった。会社側は移動にともなう補償金の支払いを逃れるため、これらの従業員に配分する仕事を減らし、給与を減額するなどの方法で、当該の従業員を辞職に追い込んでいった。その結果、従業員の給与は毎月 5000～9000 元から 1000～2000 元に激減することになる。

B 公司はプラスチック製品の金型を製造する香港資本企業で、広東省の広

州市に工場があった。同社は経営が順調だった頃には 2500 名の労働者を抱えていたが、2012 年 5 月を境に注文が減って経営不振に陥り、残業制限、時間給引き下げ、生産請負制の導入などを進めて従業員に辞職を促し、補償金支払いを免れるレイオフを実施した。2017 年 7 月、会社側は生産請負制を受け入れない労働者の時間給を再度引き下げ、不満を買った。

C 公司はブランド品の運動靴を委託製造する台湾資本の企業で、広東省広州市に工場があった。従業員は 2700 名で、それらの大部分が十年以上勤続し、退職年齢に達する者も少なくなかった。2014 年 8 月、会社側は注文の一部と機械設備を郊外の新工場に移したため、労働者のなかに不安が生まれた。11 月下旬、会社側は労働者に二つの条件を提示し、そのなかから一つを選ばせた。すなわち、①新工場への移動を希望する者は会社と新たな契約を結び、これまでの勤続年数は引き継がない。②新工場への移動を希望しない者は辞表を提出し、会社側は一切の経済的補償をしないというもので、大いに労働者の不満を招いた。

（2）各事例の紛争経過

＜A 公司の場合＞

労働側は 2014 年 6 月 16 日にストライキに突入し、同時に現地の地方政府労働監察部門に代表を送り、会社側が最低賃金を支払い、社会保険費と住宅積立金などを追加支出するよう訴えた。

6 月 18 日、労働側は職場復帰後もサボタージュを行い、出勤はするが仕事はしない戦術に転換する。

6 月 23 日、労働者代表は会社側に「グループ交渉要約書」を提出し、同時に佛山市総労働組合と人力資源社会保障局（以下「人社局」と略称）にもコピーを送った。

佛山市総労働組合は 6 月 26 日と 27 日の両日、担当者を派遣して協議したが、会社側は労働側が提出した要求を拒否した。

7 月 2 日、会社側は設備の搬出を始める。

7 月 3 日、労働側は 3 回目の労働者代表会議を開き、会社の得意先に書簡を

送って理解を求め、会社側との交渉を進める方法をさぐった。地方政府と地方労働組合に対しては引きつづき会社側への介入を促し、必要な場合にはさらに大規模な集団的行動に訴えることを伝えた。

7月7日、区人社局と市労働組合は労使双方と協議し、会社側は7月11日に労働側との話し合いに応じることに同意する。

7月11日、労使双方は第1回協議のテーブルに就き、会社側は労働代表が提出した要求を拒絶し、交渉は徒労に終わった。

7月11、12日の両日、会社側は週末の休日に設備の搬出を進めた。

7月17日、労働代表は工場全体会議を招集し、さらに規模の大きな集団行動を実施することを決め、労働者たちは工場の作業場や敷地内に横断幕を張り、デモ行進し、スローガンを叫んだ。

7月22日、労使双方は第2回協議を開き、会社側が譲歩して労働者の勤続年数を確定する交渉を行うことに同意し、社会保険費、住宅公的積立金、経済補償金を追加支出することに同意した。

7月24日、労使双方は第3回協議に臨み、追加支払いの根拠と支払い方法についてさらに一歩進んだ交渉を行う。

8月26日、会社側は工場全体大会を開き、労働側に社会保険費、住宅公的積立金を追加支出し、あわせて残業代を補塡することを発表した。労働側は当日中に職場復帰した。

9月1日、労使双方は第四回協議を開き、書面の協議書に署名した。

＜B公司の場合＞

2013年8月2日、請負制に加わっていない労働者がストライキに突入する。8月3日午後、60人の労働者が工場建屋の屋上にのぼり、地方政府の注意をひいた。

8月5日、100余名の労働者が工場の正門で横断幕を掲げ、『南方工報』の記者が人事部責任者を取材すると、人事部責任者が記者とともにスト現場に来て職工と会話を交わし、8月8日に労働側と協議することを約束した。

8月8日、会社側は労働者代表に協議日時の変更を通知し、その後、100余名の労働者が工場内でデモ行進し、スローガンを叫んだ。

8月10日、労使双方は第1回協議を行い、会社側はみずからのやり方が「合法」であると主張した。労働側は集団的行動を続ける。

8月14日、区労働組合主席、区人社局の局長らが工場に入り、労働代表を集めて要求を聴取し、あわせて会社側を説得して協議を続けることを約束した。その後、労使双方は地方政府の仲介で幾度か協議を行う。それに合わせて、労働者側も工場内で抗議活動を行い、鎮政府や区政府、市政府に対する請願をつづけた。労働者たちの行動で、会社の首脳らは工場で管理業務に当たることができなかった。

9月27日、労働者たちは工場敷地内で総経理を取り囲んで抗議した。

10月7日、労働者側が翌日広東省政府に集団で請願に行くという情報を得た区政府は、8日午前、工場で調停することを約束した。

10月8日、労使双方はふたたび協議のテーブルに就き、10月10日、会談紀要に署名し、会社側は労働側と労働契約の解除について協議し、勤続年数に従い、1年につき月給の0.7ヵ月分の経済補償金を支払うことに同意した。

＜C公司の場合＞

C公司の労働側による集団的行動と団交の二つのプロセス

第一段階。会社側は二種類の解決策を提示し、労働側の反対に遭った。

2014年12月5日、会社側は職場の一つに担当者を派遣し、労働側に解決策の選択を迫ったために不満を招き、労働者はすぐにストライキに入り、工場全体がストに突入するよう働きかけた。

12月6日、労使双方は第1回協議に臨み、会社側は労働側が提出した6項目の要求を考慮すると表明。双方は具体的な内容について12月10日に再協議することを確約し、会社側は労働側に職場復帰を求めた。これに対して、労働側は再協議の結果に満足せず、ストライキを継続して即時交渉に入ることを要求した。

12月7日、双方は日時を繰り上げて第2回協議を行い、会社側は労働側のすべての要求を法律の範囲内で考慮し、補償金などの具体的な計算方法は12月14日の第3回協議で確定するとした。労働側は職場復帰した。

12月13日、会社側は一方的に通知を出し、労働側の一部の要求には「1回

限りの抱き合わせ」の補償を行うと宣言したところ、労働側はこれに反対して継続協議を求めた。

12月15日、労働側は会社側から回答を得られなかったため、第2回ストライキに突入した。

12月17日、労使双方は第3回協議に入り、労働側は「1回限りの抱き合わせ」の補償案を受け入れるかわりに補償金の計算基礎を上積みすることで合意に達し、さらに労働側のその他の要求についても、工場移転が始まったあとで労使双方が協議して解決することを約束した。これを受け、労働者は職場復帰した。

第二段階。2014年12月から2015年4月にかけ、会社側は設備の搬出を進めたが、ふたたび協議を提案することはなく、4月15日、労働側は第3回ストライキに突入し、ピケを張って設備の搬出を阻止した。

4月21日、労使双方は地元政府の斡旋で第四回協議に臨み、会社側が社会保険費、住宅公的積立金、経済補償金を支払い、それを地元政府が監視することで合意に達した。

4月27日、会社側が支払い金額をそれぞれの労働者の銀行口座に入金したことを確認したあと、労働側は職場に復帰してピケを解除した。

3．各事例における労働側組織主体の特徴

本稿で扱った3つの事案はすべて経済の転換期に発生したもので、それぞれの背景にはいくつかの共通点が存在している。まず、それぞれは会社側がコストの上昇、あるいは経営困難に直面して工場移転、または人員削減を断行したことから発生している。次に、労働側は会社側の意図を察したあと、集団的行動を起こして会社側に未払い費用の支払いを要求していることだ。さらに、紛争が解決したあとで大部分の労働者は工場を辞めている。換言すれば、労働者は紛争の過程で「背水の陣」を敷いたという認識があり、このために要求は「最後の決着」をつけるという意図があったことだろう。

現時点で見れば、経済の転換期に発生した集団的労使紛争の大半は会社側の操業停止、もしくは工場移転の強行に起因し、これによって労使間に紛争が発生すると双方に分裂状態を引き起こし、紛争の新たな特徴を生んでいる。

第 11 章　中国経済の転換期における集団的労使紛争の特徴と結末／王　晶　　175

　第一に、労働側の要求は比較的絞り込まれ、容易に統一される傾向にあった。労働側は集団行動を準備する段階で、出来るかぎり要求を一本化している。たとえば、C 事案では労働者が最初に出した要求は労働契約の解除にともなう保証金の支払いだけで、他の 5 つの要求は紛争あるいは交渉の過程で労働側がより多くの交渉カードを用意したために増えていったものである。B 事案では、労働者は一貫して保証金の支払いという単一の要求を貫いた。これは項目を絞り込むことにより要求をひとつにまとめ易いという利点があり、経済発展期の集団的労使紛争とは性質を異にしている。たとえば 2010 年に発生した「南海本田」の紛争では、労働側が当初提出した要求は 100 項目以上にのぼり、「第 2 回交渉が始まったあとも要求を出しつづけた。労働側の代表はこの交渉のために臨時に選ばれた者だったため、交渉に臨むに際して統一した要求や計画が存在せず、それぞれの代表がみずからの意見を述べたにすぎなかったので、ひとつの要求さえも満たされることはなかった[14]」。汪建華、石文博（2014 年）は日系の自動車部品メーカーに関する研究で、2010 年に発生したストライキで労働側が 100 項目以上の要求を提出したことに言及している[15]。単一かつ合意し易い要求で労働者を団結させて、はじめて分化と瓦解のリスクを低減し、それにつづく集団的行動のなかで相当程度の安定性を維持できるのである。

　第二に、労働側は集団行動に至る以前に比較的長期の準備期間があった。高度経済成長期における労使紛争には労使間の矛盾が高まるプロセスがあり、偶発事件が引き金となることがあるので、紛争が勃発する予兆を察知できないと考えられている。本稿で取り上げた 3 つの事案には、比較的長い準備期間があった。たとえば A 公司の事案では、労働側は 2013 年末にはすでに会社側が新工場を建設するという情報を得て、翌 2014 年 6 月に反対行動を起こす。B 公司の事例では、会社側は 2012 年 5 月に労働者の残業を制限し、請負制を進め、これに対して労働側は 2013 年 8 月に集団的抗議をスタートさせた。C 公司の事案では、労働側は 2014 年 9 月に工場移転の情報を察知し、12 月中旬には集団的抗議行動を始めている。これらの事例から判るように、それぞれの事案で労働側は集団行動を起こすまでに短くても 3 ヵ月、長くて 1 年以上の準備期間があったことになる。しかもこの間には不満の蓄積だけでなく、抗議行動の組織化や動員活動も準備できた。その証左として、3 つの事案で労働側は現地労

働NGOの援助を受け、労働者代表を選出し、会社側に提出する要求をまとめ、団交方法についての研修も受けている。

　第三に、労働側の組織率が高く、安定していれば分化と譲歩から免れ、紛争を比較的長期に継続できる。管見の限り、これら3つの事案における労働側の組織率は、高度経済成長期の労使紛争におけるそれよりも高かった。それはまず集団のなかに確固とした労働者代表が存在し、さらに要求内容が統一され、行動を起こす前に整理されていたことである。加えて、労働者に会社を恐れる気持ちが少なかったことも挙げられよう。集団行動の過程では、労働者が雇用関係の継続に期待を抱かなくなると使用者から受ける報復を恐れなくなる。さらに言えば、労働側は今回の行動を会社側との最後の駆け引きと見なして「一発勝負」に出た。これらの組織的、心理的な準備は労働者に高い集合力と安定性をもたらし、それが3つの事案を長期に闘わせる原動力となったのだ。たとえばA公司の事案は88日間、B公司の事案は48日間、そしてC公司の事案は二段階に分かれる紛争期間を合わせて142日間の長期にわたっている。3つの事案に共通するのは、会社側はその初期においては強硬な態度で臨み、労働側の要求を相手にしないか、あるいは拒絶していたが、組織された労働者団体に直面すると交渉のテーブルに就かざるを得なくなったのである。

　第四に、抗議行動を起こす者の主体は、今後、青年層に限られることはないということである。高度経済成長期の集団的労使紛争を担ったのはその主体が青年であり、これは研究者の共通認識となっている。しかし、経済の減速期においては集団的紛争の主体は青年層だけではなく、工場の移転先に移動することを望まない、あるいは解雇の対象となっている労働者のなかで勤続年数の長い者の占める比率が高い。たとえばB公司とC公司の事案では、紛争に加わった多くの労働者の勤続年数は15-20年だった。これらの労働者は所属企業の成長期と隆盛期を経験し、経営困難に陥った際には「辞職」を迫られ、幾許の保証金も得られなかったという不公平な結果に直面し、大いに労働者としての「尊厳」が損なわれた。上記3つの事案で、青年層は権利意識が強く、会社側がみずからの権利を侵犯する行為に不満を覚え、現代の通信技術を駆使して集合するなどの特徴があったが、その傾向はすでに非青年層にも伝播している。

4. 各事案に対する地方政府の対応とその役割分析

　中国政府の伝統的概念では労働者の集団行動は通常「集団的事件」と見なされ、これに対して地方政府はとるべきお決まりの対応策を用意している。そのなかには、説明、宣伝、承諾、仲裁、制止指導、打撃などの措置が含まれ、地方政府が集団的労使紛争に介入する際の慣用手段となっている。

　地方政府は「集団的事件」が発生すると、まず担当者（地方労働組合の担当者も含む）が紛争の具体的な状況把握に乗り出し、紛争関与者に政府の対策と法律の関連条項を示す。関与者が法律や政策に明るくなければ、関連する法律の条項を説明もする。同時に、政府と労働組合の担当者が紛争の関与者に対して早急に要求の解決にむけた承諾を与え、それを前提条件として関与者に仲介工作を施し、集団行動を解除して帰宅、あるいは職場に復帰するよう求める。関与者が過激な集団行動をとった場合、たとえば工場を出て政府機関に集団誓願、街頭デモなどを行い、道路を塞ぐなどの行動に発展した場合には政府は警察権力を導入して秩序維持につとめ、関与者に対しては制止指導、阻止を行い、過激行動が治まったあとで集団行動の組織者に対して行政または刑事責任を追求する。

　本稿で扱った3つの事案では、政府と労働組合は事件発生後に程度の差こそあれ介入と関与を行い、上述の対応策を実施している。労働者の組織力が強く、安定している場合は積極的な斡旋に乗り出し、労使双方を団交に導く。団交に持ってゆく場合は、最終的に協議で問題を解決することが重要な前提条件となる。

　A公司の事案では、省、市、区などの地方労働組合は当初から労働側の要求を支持し、紛争の中盤以降になって地方政府が介入し、地方人社局（人力資源社会保障局）は会社側から労働者の勤続年数を入手して労働関係確認書を作成し、あわせて会社側に社会保険費の追加支給年数とその金額を提示している。地方政府と労働組合は一貫して会社側に労働側が提出してきた要求を受け入れるよう説得し、団交を設定してその証人の役割を果たした。この事案の交渉過程で地方政府の担当者は一切ならず労働側に仲裁を受け入れるよう説得したが

拒否され、地方政府はそれを了承した。

　B公司の事案では、紛争の前期において地方労働組合（鎮、区、市労働組合）は労使間が協調するよう介入している。後期になって労使が団交に入ると、鎮政府が重要な役割を担った。地方政府の担当者は一貫して労働者が職場復帰するよう働きかけながら、労使間の斡旋にも乗り出す。こうした状況のなかで鎮政府は専門グループを組織して労使間の強調工作につとめ、その専門グループには鎮党委員会副書記、鎮労働ステーション責任者、公安派出所責任者らが含まれた。労使が複数回にわたり実施した団交も地方政府担当者の主催で行われ、労働側と共闘する労働NGOの統計によれば、2013年7月から10月まで地方政府の担当者が主催して開かれた団交や労使間の協調会議は20数回に及んでいる。

　C公司の事案では、労使双方は協議の第一段階で合意に達し、第三者の介入を受けていない。第二段階では地方政府が積極的に介入し、①労使双方に対して積極的に斡旋し、会社側には労働側と団交するよう促し、②労使双方が社会保険費の追加支払い協議に合意したあと、労働側の不信を払拭するために地方政府が口座を開いて追加支払い金の受け入れを行い、随時、労働側の監督を受け入れるよう労使双方に働きかけた。③労働側が社会保険費の追加支払いを求める手続きを恙なく進められるよう、必要な人力の手配を行った。地方政府のこうした取り組みは今回の労使紛争の迅速な解決を大いに促した。

5．結論

（1）労働者代表――労働者の組織化を促す重要条件

　上述した3つの事案を検討するなかで、これらの集団的労使紛争がその他の労使紛争と異なるいくつかの顕著な特徴を見つけることができた。それは、労働者の要求が分散せず、かつ容易にまとめることができ、集団行動を起こす前に何らかのシグナルが発せられ、行動者の組織力が強く安定しており、行動者を構成する主体が青年層に限られていなかった、ということなどである。これらの特徴は労働側の集団的な実力を強固にし、労働側が実力を蓄えればこの種

の紛争を団交で解決できるという前提を提供したものであると考える。これらの議論は謝玉華（2015 年）らが提出した。労働側は組織されるべきなのだ。

　それでは、各事案のなかで労働側の組織された形態は具体的にどのように現象したのか。3 つの事案で、労働者の集団はそれぞれに代表を選出し、代表間には分業があり、集団は一致した行動で統率され、行動者の高い理性などが労働側の組織形態と組織率に体現され、ここから「労働者代表」の重要性を見てとることができよう。

　研究結果が示しているように、集団的労使紛争で基層の労働組合あるいは地方労働組合が労働側の代表になった事案は稀である。2010 年以前に発生した大部分の集団的労使紛争では、労働側の「代表者不在」あるいは「すべての人が代表」という形態が、会社側や地方政府担当者に相対するときのひとつの方策だった。実際、紛争に加わった労働者の規模が 100 人を超える事案では組織者を欠くことはなかったが、多くの場合は紛争の背後に隠れ、前面で活動したり、実際の身分で登場することは少なかった。2010 年に発生した「南海本田」事案や 2011 年の「西鉄城（シチズン）冠星」事案で、初めて労働者の代表が真正の身分で集団行動や労使協議の場に現れ、こうした手法はその後の多くの紛争で採用されるようになった。

　本稿で検討した 3 つの事案では、労働者グループのなかに選挙で選ばれた数名から十数名の代表が存在し、労働者の委任に基づいて委託行為に従事し、要求の収集と整理、会社側への交渉要約書の提出、地方の政府や労働組合への誓願、労使間協議への出席、集団行動の計画と組織、執行会議の開催と協議の状況報告などの責務を担った。

　陳歩雷、陳朝聞（2016 年）の研究によれば、労働者の選挙で選ばれた労働者代表には法的根拠が存在する。「中華人民共和国民法通則」第六十三条に照らせば、公民、法人は代理人を通じて民事法律行為を行使できる。この条項に因り、労働者が委託授権書にサインすれば労働者と代表との間には民法上の委託代理関係が生じ、労働者が委任した団交を含むすべての授権行為を代表することが可能になる[16]。

　3 つの事案の全体プロセスと関連資料を分析した結果、労働者代表は集団的労使紛争において要求のまとめ役、行動の組織者、グループの招集人、そして

交渉においては労働側代表などの役割を演じ、これらの役割が労働者集団の組織率を向上させ、共通利益の要求で集まった労働者に明確な行動要求と、進退に秩序ある行動規範を持たせ、分散しにくい集団に転化させ得ることが判明した。このような集団の存在によって会社側は紛争の重大性と対応難度の高さを認識し、交渉に対する態度を軟化させ、労働者代表との交渉を受け入れることになる。このため、労働者集団の組織率の如何は労使交渉にもっとも必要な条件を提供すると考えられる。

（2）労使交渉で集団的紛争を解決する政治空間は存在しているのか

これまでの研究成果から明らかなように、中国の経済、政治、制度の変化は労働者の集団行動に柔軟な空間を提供し、同時に政府の集団的紛争に対する対応策の調整を促した。然しながら、現状ではこのような研究の成果を実証するに足るデータはいまだ十分ではない。少なくとも本稿で検討した3つの事案では、政府が介入初期の段階で労働者の集団行動を「集団性事件」と見なし、事前に準備されたお決まりの対応策を採用している。しかし地方政府と労働組合の担当者が労働側は良く組織された集団であると判断すると、時を移さずして対応策に調整を加え、労使双方の交渉に歩み寄りの余地を提供したのである。

筆者の結論は、上述した空間の存在を否定するものではない。たとえば2010年、「南海本田」のストライキが労使協議で解決を見ると、中国共産党広東省委員会書記は「南海本田」の所在地である獅山鎮を視察してストライキに理解を示したが、これは労使の衝突であり、双方が協議して解決すべきであり、政治的に「安定維持」を志向すべきではないとする意見を提出した[17]。中共中央と国務院は2015年3月21日、「労使関係の調和を構築することに関する意見」を通達し、「集団職場放棄事件」と「労使関係に関わる集団的事件」の間に明確な線引きをし、同時に「労使関係の三者メカニズムの協調という名目で紛争の集団的協議の方法に対処すべきことを提案し、労働契約で発生した紛争と集団職場放棄事件を有効的に調停しなければならない」としている。このことから、今後、集団的労使紛争の処理に際し、地方政府の対応策に大きな変化が起こることが予想される。しかし、現時点では各レベルの政府に対応策を調整する動きは見られず、地方政府は依然として「安定・維持」の責任を負っている。

このため今後も政府の資源を使って紛争を短期間内に解決し、「安定・維持」を達成してゆくことが予想される。このような状況のなかで、政府の担当者が今後この主の紛争に介入する際には、まず採用されるのが現有のお決まりの対応策ということになるだろう。事実が示しているように、労使間の協議で紛争を解決するためには長い時間を要しているが、これは紛争を早期に解決したいとする政府担当者の現時点での思惑とは合致していないのである。

　本稿で扱った3つの事案から見えてきたのは、現地政府が既存の対応策で紛争の解決を目指したが、この対応策が通じないことを悟ると次の段階では一転して斡旋に態度を変え、労使双方に対して中立の立場を守りながら協議を主催していることだ。ここに労使協議で集団的労使紛争を解決しようとする第二の条件、すなわち政府の立場が浮上し、政府の態度変更が労使交渉を合意に至らせるための第二の必要条件になることが明らかになった。実際に紛争が発生すると、会社側は交渉で解決しようとせず、とくに政府がこれらの紛争を集団的事件と見なせば、その態度はますます強行になってくる。政府がその立場と態度を変えて、はじめて会社側も方向を転換し、交渉が紛争を解決するための出口であることを認識するようになる。

　以上のような分析から、筆者の結論は、紛争を解決するための効果面から見ると、労使交渉で集団的労使紛争を解決する方法は労働側の利益にかなうものだが、これが最終的に採用できるか否かはまず労働者の組織率如何にかかわり、その次に政府の態度と方策が重要になってくるということだ。経済の転換期、紛争における要求内容は統一・整合することが容易であり、労働側の組織レベルも高く安定し、行動者を構成する主体も勤続年限が長いなどの特徴があることから、従来型の対応策では解決が難しい。このため、政府はこの種の紛争に際しては、従来方法に従った方策と措置をすみやかに修正する必要に迫られている。社会の安定は保障しなければならず、また労働者の権益と社会の公共利益にも目配りしなければならないのである。

注
1) 首都経済貿易大学労働経済学院副教授。現在、労働関係学部副主任、経済学博士。

中国人力資源開発研究会労働関係分会の事務局長などを務める。
2) Friedman, E. (2014) *Insurgency Trap: Labor Politics in Postsocialist China*. Ithaca and London: Cornell University Press; Chan, J. & Selden, M. (2014) China's rural migrant workers, the state, and labor politics. *Critical Asian Studies 46* (4): 599-620; Elfstrom, M. & Kuruvilla, S. (2014) The Changing nature of labor unrest in China. *Industrial and Labor Relations Review*, 67 (2): 453-480。
3) Lee, C.K. (2007) *Against the Law: Labor Protests in China's Rustbelt and Sunbelt*. Berkeley and Los Angeles: University of California Press。
4) Chan, C.K.C. (2013). Contesting Class Organization: Migrant Workers' Strikes in China's Pearl River Delta, 1978-2010. *International Labor and Working Class History*, 83 (Spring): 112-136。
5) 「中華人民共和国労働紛争調解仲裁法」第七条は、労使紛争を発生させた労働者が10人以上いて共通の要求項目があれば、調停に代表を送り、仲裁あるいは訴訟を行うことができる、と規定している。
6) 戴春・李琪「行動型集体労働紛争的影響及其応対」(『中国工人』、2014年第12期20-28頁)。
7) 常凱「労働関係的集体化転型與政府労工的完善」(『中国社会科学』、2013年第6期91-108頁)、崔静「群体労動関係現状、根源及出路」(『人民論壇』、2014年第10期167-169頁)、Chen, F. (2010) Trade Unions and the Quadripartite Interactions in Strike Settlement in China. *The China Quarterly*, 201 (March): 104-124。
8) Lee, C.K. (2007) *Against the Law: Labor Protests in China's Rustbelt and Sunbelt*. Berkeley and Los Angeles: University of California Press。
9) 孟泉・路軍「労工三権実現的政治空間：地方政府與工人抗争的互動」(『中国人力資源開発』、2012年第3期89-93頁)。
10) Chen, F. (2010) Trade Unions and the Quadripartite Interactions in Strike Settlement in China. *The China Quarterly*, 201 (March): 104-124。李琪「啓動集体談判＜潜機制＞」(『中国人力資源開発』、2011年第2期82-85頁)、王全興・劉焱白「我国当前群体労働紛争的概念辨析和応対思路」(『中国労動』、2015年第1期27-35頁)。
11) Chen, F. (2010) Trade Unions and the Quadripartite Interactions in Strike Settlement in China. *The China Quarterly*, 201 (March): 104-124; Ma, Z.N. (2011) Industrial relations in China: A review based on a six-party model. *International Labour Review*, 150 (1-2): 145-162。
12) 蔡禾「利益追求與社会管理」(『広東社会科学』、2012年第1期209-216頁)、常凱「関與罷工的合法性及其法律規制」(『当代法学』、2012年5期109-117頁)、馮同慶・王侃・聞効儀「＜事後協商＞與＜事前協商＞——一種始與自発爾被推廣返還可創新的模式和経験」(『中国工人』、2012年第9期4-14頁)、孟泉・路軍「労工三権実現的政治空間：地方政府與工人抗争的互動」(『中国人力資源開発』、2012年第3期89-93頁)、路軍「工

人集体行動的制度化治理——＜南海本田＞事件為例」（『東岳盧論叢』戯画史、2013年第3期31-36頁）、常凱「労動関係的集体化転型與政府労工政策的完善」（『中国社会科学』、2013年第6期91-108）。
13) 謝玉華・李紅・楊玉芳「集体行動走向集体談判的条件：基於珠三角案例的分析」（『中国人力資源開発』、2015年第23期97-103頁）。
14) 伊夫・徐多「親歴一次罷工」（『時代風采』、2010年第17期、16-18頁）。
15) 汪建華・石文博「争奪的地帯：労工団結、制度空間與代工廠企業工会転型」（『青年研究』、2014年第1月期、53-61頁）。
16) 陳歩雷・陳朝聞「労使自治中的労働者＜自賦権維権模式＞――以廣州利得草鞋業公司集体労動紛争為例」（『中国人力資源』、2016年第8期（総350期）100-107頁）。
17) 徐智慧「南海本田工会＜維新＞記」（『中国新聞周刊』、2011年第29期56-58頁）。

第 12 章　中国新雇用形態と社会保険制度改革

呂　学静
（清水亨訳）

はじめに

　中国の十八期五中全会の公報では「柔軟な雇用に対し、新形態の雇用への支援を推進する」ことに言及し、はじめて新雇用形態の概念をうち出した。本稿では中国の新雇用形態の概念とその主要な類型および発展状況について討論し、新雇用形態が中国の現行の社会保険制度への新たな挑戦であることを初歩的に分析し、中国の現行の養老保険、医療保険および失業保険などの制度に見られる疲弊を指摘しつつ、中国の社会保険制度の改革について提言したい。
　2016年に中国の城鎮で新たに増加した求人は1300万人あまりであった。毎日新たに創業された企業は1万社を超え、多くの労働者の雇用と再雇用の実現を促進した。それだけでなく、例えばインターネット経済の迅速な発展は少なくとも1000万人にのぼる労働者の求人を作り出すなど、新産業や新業態の出現は多数の労働者に多くの新たな求人や創業の機会を提供した。改革開放以来、三度の工業革命の波が中国に重層的効果を生み出すにつれて、多くの新産業や新部門を出現させ、新しい雇用形態を形作っている。

1．新雇用形態の現状と特徴

（1） 概念

　ここでいう新雇用形態とは、インターネット、ビッグデータ、クラウドコンピューティングを特徴とする新たな世代の情報技術革命が製造業および第三次産業の融合と発展という背景のもとで生まれた新しい職業の類型や新しいビジネスモデルと経済の構成要素を指している。「業態」という言葉は1960年代に現れた。この言葉の定義は、多くの学者が異なる見解を示す。しかし、内外の研究者は一般的に「業態」が、さまざまな消費者のニーズを満足させるため、それに対応する要因の組み合わせとして発展し、形成された異なる経営形態である。「新業態」は産業革命が発展した結果、革新的、融合的、かつ人間的であるという三大特徴をもつものとなった。

（2） 内在的構成要素

　新雇用形態の概念は本質的に生産力と生産の関係の二つの異なった視点から理解することができる。
　1．生産力の視点から見た「新雇用形態」は、新しい工業革命による生産資料の知能化、デジタル化、情報化といった条件のもと、労働者と生産資料の相互作用を通じて、仮想と実体の生産体系が柔軟に協力するジョブモデルを実現したことを示している。例えば、それは新材料、3Dプリンタ、自動化、ロボット、人工知能などであり、秘書、電話交換手、銀行出納係員などの雇用はこうした大量の機器に取って代わられた。人類社会の生産方式は「知的な生産」といった新しい雇用形態への進化に向かい始めた。
　2．生産関係の視点では、新雇用形態がインターネット技術の進歩と大衆消費の進展にともなって現れた、雇用主化とプラットフォーム化した雇用モデルを指している。最近五年間においては、インターネットプラットフォームが供給と消費の両端を分かち合う経済を接続させ、また臨時雇用者の経済の下のジョブモデルを発展させた。インターネットプラットフォーム上の就業者はす

でに雇用組織のなかの被用者とも、また完全に自律的な自営業者とも異なり、彼らはプラットフォーム上で求められたニーズに応じて、自主的に仕事を選択し、仕事のプロセスでもプラットフォームの監督ルールを受け入れている。

 (3) 主な類型

　1．創業式雇用者。創業式雇用者は個人が自らプロジェクトを見つけ、自ら資金を集め、自らリスクを負うやり方での雇用を指す。電子商取引プラットフォーム雇用やイノベーション型雇用の二種類が主に含まれる。電子商取引プラットフォーム雇用で代表的なものは「淘宝網オーナー」などである。イノベーション型雇用の代表的なものは「メイカー」などである。

　2．フリーランサー。彼らは一般的にどの組織にも属さず、いかなる雇用主に対しても長期的な委託は受けない。

　3．インターネットやマーケット化したリソースに依拠する多重雇用者。一つは兼業であり、もう一つは専門家がインターネットプラットフォームやネットのもとマーケット化したシステムにより行う兼業である。

　4．パートタイム雇用。ネット上のオンラインビジネスより大規模により発展してきた労務型雇用派生した形態、すなわち、例えばテイクアウトプラットフォームの配送スタッフなどである。

 (4) 発展状況

　1．近年では、モバイルインターネット、APP、モバイル決済などの新技術は、新しいアプリケーションの登場、シェア経済の急速な発展、カーシェア、シェアハウス、コミュニティサービスのシェアなどの新しい形態の経済を出現させ、新しい雇用機会を多数生み出している。ある関係機関の計算によると、2015年に中国のシェア経済市場の規模は約1兆9500億元であり、常勤従業員数は約1000万人にのぼり、プラットフォーム事業従業者は140万人を超えている[1]。

　2．滴滴のプラットフォームを通じて収入を得た被用者は1332万人にのぼり、社会の雇用に大いに貢献している。またさまざまな事業者の運転代行ドライバーは1330万人を超え、2014年末の全国第三次産業における雇用労働者の4.2％を占めた。2015年の国家統計局の年鑑によると、2014年の全国雇用人口

は7億7253万人にのぼり、第三次産業の雇用者は3億1364万を数え、社会の雇用に対し、大きく貢献している[2]。

3．『中国シェア経済発展報告2016』では、2015年の中国シェア経済市場規模は約1兆9560億元となり、シェア経済の分野でサービスを提供する人々は5000万人前後となり、全労働人口の約5.5％を占めている。そしてシェア経済活動に従事する人々の数はすでに5億人を超えている。ハウスキーピング産業を例にすると、それらは主にみな柔軟な雇用グループからなり、全国のハウスキーピング産業は約65万社を数え、従業員は2500万人を超えている[3]。

（5）主な特徴

1．新しい雇用領域。新しい雇用形態は全く新しい労働力資源の分配方式である。新しい雇用形態は伝統的雇用と完全に異なる特徴を示している。大量のサービス商品や知的製品を主に生産する企業は、従業員に固定的な仕事場での勤務を求めず、その技術手段を利用して遠隔地における勤務を許している。

2．新しい技術手段。インターネット技術によるプラットフォームの雇用形態は伝統的業務以外に新しい雇用の手段を生み出した。新しい技術の応用は労働者の求人コストを低下させ、さらに容易に仕事を見つけることができるようになった。同時に企業も自分たちの企業に適した人材をさらに的確に探せるようになっている。

3．新しい組織。新雇用形態とインターネットプラットフォーム組織は、現行の法的関係において定義できない。一方で新しい雇用形態は自分の勤務時間、自分の勤務日程の予定、その収入の出所となるプラットフォームとのシェアの割合を自由に決めることができる。さらにインターネットプラットフォーム組織は新雇用形態の被用者に対し、ある一定のコントロールおよび拘束力を持っている。新雇用形態の被用者とインターネットプラットフォーム組織は相互に依存し、相互に制約しあう関係でもある。

2．新雇用形態から現行社会保険制度への課題

伝統的プランは新雇用形態の勃興により、現在の社会保障制度は新たな課題

に直面している。中国の人的資源・社会保障部の担当者は、もともと適合していた伝統的雇用方法と労使関係および社会保険制度を調整し、また新しい空間を切り開いて新しい特徴を備えた雇用と社会保険制度を完全に適応させなければいけないと指摘した[4]。だが、政府が新雇用形態の全体的状況を把握しがたいことは、突如新たに出現した形態であるネットワーク雇用、モバイルプラットフォーム雇用などに直面しつつも、まだ国家統計基準とそれに合った規格の統計がないことと関係している。それだけでなく、もともとの社会保障政策と管理方式は実体経済と正規雇用に対応しており、多くの面で新雇用形態の特徴には適合せず、新政策の実施は常に遅延している。

(1) 養老保険の課題

1. 個人の支払い負担が重く、保険の中断、キャンセルに直面。現行の養老保険制度では、企業従業員では主に企業の雇用主から20％前後、個人から8％が支払われている。それに対し新雇用形態では多くが柔軟な被用従業員に属するために、自分自身で20％を支払うこととなっている。

例えば、2015年度の北京市の従業員の年平均給与が8万5038元であり、月平均の給与は7086元である。北京市の社会保険に関する規定によると、個人就職資料を持つ柔軟な雇用従業員は、雇用基本養老保険、失業保険、基本医療保険を月ごとの金額として納めている[5]。

(1) 従業員基本養老保険、失業保険

支払いベース等級	基本養老保険費	失業保険費
本市前半期従業員月平均給与	1417.2元	85.03元
本市前半期従業員月平均給与の60％	850.4元	51.02元
本市前半期従業員月平均給与の40％	566.8元	34.01元
社会保険補助金を受けられる被用者	170.04元	5.67元

(2) 医療保険

医療保険補助金を受けられない従業員は、個人で月に347.2元を支払い、医療保険補助金を受けられる従業員は月に個人で49.6元を支払っている。新雇用形態の従業員が現在の柔軟な雇用規定で養老・医療・失業保険を支払うには毎月1800元あまりを納めないといけないことになる。これは明らかに

負担が重く、また支払わなければ、納付が中断し、被保険者から外れることを意味している。

2．新雇用形態従業員収入の上限。例えばテイクアウトデリバリーの領域では、美団外売、百度外売、餓了麼が鼎立し、現在これら三社のプラットフォームが専門的にデリバリーサービスを推し進めている。

美団外売の通常の最低賃金は1500～1800元であり、一件につき5～6元の歩合給がつく。さらに皆勤手当などが加えられる奨励制度もあり、フードデリバリー従業員は一か月に600件を配達し、あわせて給与は3500元～4000元になる。

餓了麼は最低賃金が2100元であり、最低でも400件の配達をしないければならない。400件以下で、一件につき5元の歩合給があり、それ以上では6元の歩合給がつく。餓了麼の一部の加盟店はデリバリースタッフに「五険一金」（養老・医療・失業・労働災害・妊娠保険と住宅資金）を給付している。もしこの「五険一金」を給付しない場合は、最低賃金である2100元に600～800元の上乗せをする。加盟店は電動バイクを提供しないので、デリバリースタッフは自前で電動バイクを用意しなければならないが、ユニフォームと配達ボックスは用意される。

百度外売の給与の最低賃金は2300元であり、600件以下では一件5元、600件以上では一件6～7元の歩合給がつく。冬季は毎月300元の手当がある。通常、一か月に600件配達して、給与は4100元前後である[6]。

新雇用形態従業員は基本的に柔軟な被用者である。そのため経済的な圧力により、その多くの人が不払い、あるいは保険納付の中断やキャンセルを選択してしまう。これはすべての人が基本的保障を享受するという目標と相反するものである。

3．新雇用形態従業員が加入する城郷居民養老保険の待遇の低さ。新雇用形態の従業員の多くは城郷居民養老保険などに加入している。こうした制度の支払額は少なくて済むが、得られる養老年金も少ない。例えば、現在の城郷居民養老保険の支払い額の規定では、毎年の支払いが100～2000元の中で、100元、200元、300元、400元、500元、600元、700元、800元、900元、1000元、1500元、2000元の12段階に分かれている。しかし、受け取る養老年金も少な

く、2016年の全国の城郷居民養老保険の年金の平均受取額はわずか100元あまりである。そして地域格差も大きい。政府の財政では一人毎月70元の基礎養老年金しか支出されておらず、残りは各地方政府の財政補助より支出されている。例えば、2017年の城郷居民養老保険年金は、北京で510元、河北省で90元、杭州市で190元、済南市で110元である。そしてこれらを受け取る人々は、一般的に企業年金、職業年金などの補完的な保険には加入していない。そのため老後の収入はきわめて低く、基本的生活を保証することができないでいる。

　(2) 医療保険の課題

　新雇用形態は被用者の更なる大規模な流動を促進した。これにより現在の医療保険の属地原則および保険を移動させることができないことが課題となった。異なる地域や省をまたがる移動や農民身分の「新型農村合作医療」は都市部では認められず、診察治療は自己負担しなければならなかった。これは医療保険とはいうものの、事実上何もないということである。

　(3) 失業保険の課題

　新雇用形態の被用者の多くは正式な雇用プロセスもなく、雇用主もなく、個人で費用負担をしたこともなく、現行制度における失業保険は彼らをカバーしていない。

　(4) 労働災害保険の課題

　新雇用形態の職業はきわめてリスクが高い。しかし雇用主がいないため、現行制度下の労働災害保険も被用者をカバーしていない。例えばデリバリースタッフが苦労して配達をする際、百度外売であろうと美団外売であろうと、時間の正確性が五段階で評価されるなど、デリバリースタッフに対して一定の業績審査が求められている。そのため、デリバリースタッフはある程度のハイリスク業種となり、こうした比較的高い業績審査の重圧のもと、配達中に信号無視をして、交通事故に遭うなどの状況が起きている。

3．改革への提案

（1）新雇用形態に適合した保障システム構築を目指す

例えば、ネットワーク雇用保証金については、第三者の専門機関の導入により、オンライン保証サービスを提供するプラットフォームが加わったことで、徐々にプラットフォームにおける被用者の保険参加の意識が高まってきた。

中国の社会保障システムは現在のところ、すでに正規雇用、非正規雇用の間の障壁を打ち破っているが、制度設計上「雇用者のいない個人事業主、雇用主が養老保険に加入していないパートタイム従業員および柔軟な使用者」等の非正規雇用の労働者の権利は十分に保護されていない。

基本養老年金と基本医療保険の制度設計上、これらの非正規雇用の労働者はどの段階での支払いベースで保険費用を納入しても、彼らが負担する納付費用の比率はすべて高く、事実上雇用主と個人の両者の納付責任を負っている。

シェア経済の中でますます多くの労働者が雇用組織を離脱し、非正規雇用の労働に従事している。現在の雇用組織と個人を支払い対象とする社会保険制度の設計は、一定程度においてこれら非正規雇用の労働者の保険加入意識を低下させるであろう。非正規雇用の労働者の保険加入意識を高めるためには、以下のようにして社会保障システムをさらに改善できる。

（2）社会保険を改善するための具体的な提案

1．養老保険の課題は、政府が第三の柱である個人貯蓄養老保険の実施を早急に推進することである。

これは以前の純粋な商業保険とは異なり、政府が税制上の優遇方法を採用するように求めるものである。現在のデリバリースタッフなどの給与が4000元前後であることを考慮して、現行の規定で3500元以上は所得税を徴収している。しかし人々に利益をもたらすのにこしたことはないので、積極的に養老保険の第三の柱を推進し、おおむね商業年金保険を納めさせ、例えば毎月の給与収入の4～5％といった一定の比率での税制の優遇を与えることが重要である。

このようにすれば、新雇用形態の被用者にとって城郷居民養老保険以外に商業保険もあるので、老後の収入も増やすことができる。また被用者自身も負担が可能であり、同時に第三の柱も支えることができ、重層化した中国の養老保険を実際に支えることができる。

　2．医療保険の課題は、速やかに医療保険改革を進め、コンピュータプラットフォームを使い、雇用者がどこに移動しようが、診察の決済ができ、カードで医療が受けられ、リアルタイムで支払いができるよう努力しなければならない。そして新雇用形態の労働者が広く基本的医療保険を受けられるようにし、異なった地域での診察の決済に際する困難を解消しなければならない。

　3．失業保険の課題は、失業保険がさらに雇用促進の機能を展開するように検討すべきである。そのために、技能訓練や職業のプラットフォーム上での紹介などの機能を展開させるようにすべきである。

　4．労働災害保険の課題については、新雇用形態の労働者の事故によるけがのための保険の確立を提案したい。これは雇用プラットフォームを通じて、加入者のために政府による優遇のある労働災害保険を購入させることでもある。保険会社と提携して積極的に関連する商品開発の研究を進め、新雇用形態で労働する被用者に新しい保障を提供すべきである。

(3) 社会保険管理能力の強化と新雇用形態企業の社会保険管理方法の刷新

　1．政府は新雇用形態雇用者の雇用関係、勤務時間、勤務場所および不安定な収入などの特徴について的確に対応し、社会保険管理方法の改善と個人申告登録、個人納付、資格審査について、それ相応の方法を定めるべきである。そしてすみやかに全国で統一された保険情報のプラットフォームをつくり上げ、全国規模での社会保障についての個人口座プロジェクトを始動させ、新雇用形態の被用者のインターネットから社会保険費の納付についての便宜をはからせることが重要である。

　2．新雇用形態企業における社会保険管理法の刷新。過去の従業員社会保険は企業内の従業員にのみに適用されていたが、それを新雇用形態の企業まで拡大し、すべての新雇用形態の企業と労働契約を交わした被用者について、法に基づき従業員社会保険に加入させるべきである。同時に条件に適合する新雇用

形態企業は、企業雇用補助金も同じく受けることができるようにすべきである。

3．インターネット上において、社会保険、養老保険、医療保険の他地域への移動を接続するプラットフォームをすみやかにつくり上げ、地域をまたいだ保険の加入、移動にともなう雇用や社会保険などのさまざまなサービスについて、より簡便な条件を提供しなければいけない。

おわりに

多くの伝統的な意味での非正規雇用者とフリーランサーは新雇用形態の状況に突入してから、インターネットプラットフォーム型の企業が新技術を提供することによって、労働需給のさらに効率的なマッチングを実現し、社会全体の福祉水準を上昇させた。しかし新雇用形態の出現が大規模機械産業時代に適合した社会保障などの政策システムへの衝撃がかなり大きいことは否定できない。政府は現行の社会保障システムをすみやかに改善し、新雇用形態の被用者の個人の利益を保護し、新雇用形態の被用者と正規の被用者が同等の待遇を受けられるようにし、良好かつ革新的な起業環境を絶えずつくり出さなければならない。そして古い考え方を転換し、思考そのものを転換し、政府は社会保障制度設計のさらなる刷新をはかる必要がある。

参考文献

郭錦輝「新業態が多くの新しい雇用機会を生み、新しい経済支援は下半期に「強化」」、『中国経済時報』、2016年8月16日。

『2016モバイル旅行とドライバー雇用報告』、2016年9月22日。

「なりわいについての予測：2020年以降の未来における雇用発展の三大傾向」、『中公教育』、2016年7月8日。

「人社部：新雇用形態の特徴を備える雇用と社会制度への完全なる適応」、『中新網』、2017年4月7日。

「北京市における2016年度の各種社会保険支払い給与基本ベースと支払い金額を統一することについての通知」、『労資顧問網』、2016年6月16日。

「美団、百度、餓了麼の三社におけるデリバリースタッフ基本給大調査」、『致富網』、2016年11月4日 http://www.zhifuwang.cn/news/chuangyezhifu/151309.html

張成剛、「雇用の発展についての今後の動向、新雇用形態の概念および影響の分析」『中国人力資源開発』、2016 年、19 期、86-91 頁。

注 ─────────────

1) 郭錦輝「新業態が多くの新しい雇用機会を生み、新しい経済支援は下半期に「強化」」、『中国経済時報』、2016 年 8 月 16 日。
2) 『2016 モバイル旅行とドライバー雇用報告』、2016 年 9 月 22 日。
3) 「なりわいについての予測：2020 年以降の未来における雇用発展の三大傾向」、『中公教育』、2016 年 7 月 8 日。
4) 「人社部：新雇用形態の特徴を備える雇用と社会制度への完全なる適応」、『中新網』、2017 年 4 月 7 日。
5) 「北京市における 2016 年度の各種社会保険支払い給与基本ベースと支払い金額を統一することについての通知」、『労資顧問網』、2016 年 6 月 16 日。
6) 「美団、百度、餓了麽の三社におけるデリバリースタッフ基本給大調査」、『致富網』、2016 年 11 月 4 日 http://www.zhifuwang.cn/news/chuangyezhifu/151309.html

第13章　非正規労働者の心理的志向性に関する　モデルケース

曹霞・崔勲・瞿皎皎
（本田親史訳）

はじめに

　経済、社会、技術環境の急速な変遷に伴い、企業内外の環境における不確実性や複雑性も急速に増大しており、企業の経営モデルにおいてもドラスティックな変革が生じている。こうした中においては、柔軟な雇用システムが環境の動的な変化に対応する中心的な雇用戦略である。こうした点から、これまでの伝統的な、一貫した安定雇用モデルは徹底して打破されるところとなっており、より弾力的な非正規雇用が隆盛を迎えており、結果として非正規雇用者の規模も急速に拡大している。ただし柔軟な雇用モデルが企業の従業員雇用のフレキシビリティを向上させ、コストを下げていると同時に、非正規雇用者における公平感の欠如、不安定感の増大、多重承諾など消極的な反応をも誘発し、組織管理上多くの困難な問題をももたらしており、組織管理研究の分野でホットなイシューにもなっているのである。
　組織における特殊な集団として、非正規従業員は自らの置かれた状況に応じて、独特のアイデンティティ状態に関する感受性を形成するものであるが、先行研究はこうした感受性が勤務中の態度や行為に重要な影響を及ぼしうるものであることを証明している。従業員にとっては、一方では、雇用関係の短期化は、その時間期限上で受ける拘束がより少なくなり、雇用種及び仕事の選択の上でより柔軟なフレキシビリティを享受することができるようになることを意味する。が同時にまたそれは雇用関係の継続という点においてきわめて大きな

不確実性がもたらされることをも意味するのである。またさらに、雇用スタイルの多元化は、人的資源の異質性（多様化）を促し、従業員にとっては異なる視点、観点に触れ、さまざまな経験を獲得することを可能にし、その結果として、視野はより広く、知識構造はより豊かなものとなり、業務における活力をも触発するようになるのである。だが同時に、この雇用スタイルの多元化は（従業員間における）差異の問題をもたらすものであって、立場上の違い、待遇方式の違いは従業員の仕事の結果に対して直接的な影響をもたらしうるものである。実際の事例が証明するように、非正規従業員がそれぞれの雇用スタイルに対し抱いている心理的感受性は人によりきわめて大きな差があり、この差によって、非正規従業員の心理的感受性がその行為に影響するのは必ずしも必然ではない。したがってそのうちにある差異を探求することで、さまざまなタイプの非正規労働者の心理的志向性や感受性の形成メカニズムについてよりいっそう理解できるのである。この点に基づき、本稿は、非正規従業員の知識・技能、意欲の二つの観点から分類を行い、まず非正規従業員の勤務中の心理的志向性の違いについて分類し、次に心理的感受性の違いについて踏み込んだ分析を行った上で、組織管理に必要なデータを提供する。

1．非正規従業員の定義とその特性

（1）非正規従業員の定義

非正規雇用は「正規雇用」に対する概念で、その実践における起源は北米、欧州の先進国と日本に求められる。伝統的な雇用関係には以下の三つの基本的要素を必要とする。第一に雇用関係の確立には、監督・識見を持つ雇用主、服従の義務のある個人間の双方の関係が必要とされること。第二にフルタイムであること（full-time）、第三に双方が進んでは終わらせないという前提のもと、雇用関係が無期限もしくは長期間存続する可能性があること。特に、フルタイムと持続性が雇用関係の最も重要な特性であることが分かる[1]。ゆえに、この二つの特徴を備えていない雇用関係は全て非正規雇用形態に帰することができる。

非正規雇用は伝統的雇用とは異なる、新たな雇用のスタイルであり、研究の

視点と重点の置き方の違いにより、論者によってこの雇用形態を指すタームと内実には比較的大きな差がある。例えばフレキシブル・スタッフ・アレンジメント（flexible staffing arrangements）、派遣労働（contingent work）、非正規もしくは不規則雇用（non-standard or atypical employee）、労働力の外部化（externalization）などである。現在学界でもっとも広く用いられている定義としては、非正規雇用のスタイルは伝統的な長期雇用とは異なる新たな雇用のスタイルで（new employment）、主にパートタイム労働（part-time work）、一時雇用（temporary employment）、固定期間契約労働（contract work/fixed contract work）、派遣労働（Temporary Agency Work、略称 TAW/Labor Leasing）などがあり、これらは労働時間や場所、契約のタイプなどにより、同じ非正規雇用の中でも明確な違いがある[2]。概念の点でいうと、非正規雇用は非正規就業（informal employment）、非固定就業（non-regular employment）、フレキシブル就業（flexible employment）、非標準雇用（nonstandard employment）などとは異なり、組織的な側面から使われるもので、さまざまな主体による雇用スタイルの選択についての問題を分析する場合によりふさわしい概念である。現在の国内における言語状況に基づくと、本稿では長期的な正規雇用スタイルで働いている従業員を正規従業員とし、それ以外の非正規型のスタイルで働いている従業員を非正規従業員とする。ここから、本稿においては非正規従業員（non-traditional/standard employee）は、同一雇用主に雇われながらあるいは同一企業の従業員でありながらフルタイムもしくは長期雇用されていない従業員で、労働時間・場所・業務内容について一定の不確実性を抱える従業員を指す。

　雇用形態という点からいうと、非正規の雇用形態は、企業が自ら雇用している臨時従業員と第三者機関を経由して暫定的に雇用されている従業員とに分かれる。そのうち企業が自ら雇用している臨時従業員の雇用スタイルは短期労働者、臨時労働者、パートタイム労働者、一部の時間労働者、自営労働者に分かれるが、いずれにしても第三者から雇用された一時被用者の主流は派遣労働者である。これ以外に研究者によっては、外部委託（下請け）や部分委託をも非正規雇用に分類する見方もある。事実上、この二つのスタイルは組織の中の一部の仕事を外部組織や機関に委託して完成させるものであるが、外部委託と部分委託の区別は、外部従業員は委託された組織の中で仕事を行うのに対し、部

分委託従業員は委託してきた組織の中で仕事をするということである。派遣従業員と異なるのは、外部委託従業員と部分委託従業員は労働において外部委託組織あるいは部分的に委託された組織の監督と指揮を受けることで、派遣先の企業の管理は受けないという点であり、このため、この種の従業員は本稿の検討の範疇には含まれない。

(2) 非正規従業員の特徴

1) 雇用の外部化:雇用スタイルの視点に基づいた分析

Kalleberg (2003) は、さまざまなタイプの非正規雇用のスタイルと正規雇用のスタイルについて、法で定められた雇用主、雇用の持続性、組織内の業務の頻度、組織から受ける管理の程度、組織内労働時間——の五つの指標から比較を行い、そこから得られた差異を通じて雇用スタイルの外部化の程度について分析し説明している。同研究が提起した比較から、外部化の程度を低い順から並べると以下のようになる。正規雇用、パートタイム労働、短期契約、派遣労働、セルフ雇用、外部委託および部分委託の順である。Kallebergは、この五つの指標特性が弱まっていくにつれ、従業員と組織の間の相互作用関係が弱まり、双方の間では徐々に外部市場化に向けての協力関係に向かっていく傾向があるとした。つまり、非正規雇用のスタイルは実質的に、伝統的な雇用スタイルにおいて組織の内部で完成していた取引を再び市場へと移転するものであり[3]、したがって同研究はそのプロセスを雇用外部化のプロセスとして捉えているのである。雇用の外部化により、雇用のスタイルそのものが労働時間、場所、隷属関係という基本的な三点において、従業員と組織の間の関係性を弱体化させるものであり[4]、従業員の組織に対する依存を減退させてしまうため[5]、両者の間には一定の距離感が生まれることになるのである。加えて、正規従業員と非正規従業員が一緒に働く場合には、双方の間に、仕事の負荷や割り振りだけでなく、立場や経済的な待遇の違いにより不公平感が引き起こされる可能性がきわめて高い[6]。このため、非正規雇用の外部化の特性は間違いなく、従業員と組織の間の関係の緊密性の程度に影響をあたえることになるのである。

2）待遇の差別化、管理方式に基づく視点の分析

Pfeffer and Baron（1988）は、組織においては、雇用スタイルが従業員の労働時間と場所、管理統制スタイルをも決定づけるものであり、こうしたファクターは従業員の組織におけるチャンス、キャリア、生産に影響するだけでなく、彼らが受け取る報酬の程度まで大きく決定づけていくと指摘している[7]。正規雇用に比べ、非正規雇用のスタイルは常に比較的劣位の業務に関連付けられており、加えて大多数の非正規労働者は質が低く、持続性の乏しい仕事しか得られないため、彼らは仕事の不安定性、給与水準の低さ、福利厚生の制限など一連の不利な条件を甘受せざるを得ないのである[8]。

これまでの記述をまとめると、雇用スタイルには雇用管理と組織管理の両面からみて一定の差異が存在しており、この二つの差異は非正規重労働者と組織の相互関係において、1、雇用関係の短期性と不安定性とともに、2、労働の時間空間配分上の多元性と融通性という特徴を決定づけている。

2．非正規従業員の心理的志向性に影響する個人特性分析

これまでの研究では、非正規従業員の能力と意欲が、その心理的感受性の状態を決定づける二つの要素であるということが、提起されている。具体的にいうと、非正規従業員の持つ能力水準がその雇用関係における自主性を決定づけるとともに、その心理的感受性状態にも影響している。高い知識と技能を持つ非正規従業員は、より各種のリソースを獲得しやすく、比較的高い自己達成感をもっており、それゆえに安全感や安定性に対する欲求は比較的少ない。これに対し、技能の低い非正規従業員の方は労働力市場において劣勢の集団であり、通常安全感や仕事への自信も欠いているため、より安定した仕事を求める。個人が非正規雇用という立場を受け入れる意欲も、その心理的感受性状態を形成するのに鍵となる役割を担っている。Cuyper and Witte（2008）は、（非正規従業員の）意欲は非正規従業員間の労働態度と行為上の差異をより詳細に解釈できる材料であると指摘している。個人の雇用スタイルに対する選択において自らの意欲に従うかどうかは、仕事にどう向き合うかという態度に直接影響し、その結果としてその仕事における全ての認識や行為に影響するのである[9]。こ

の点に基づき、本論考では、個人の能力と意欲という二つの特性により、非正規従業員の心理的志向性に対する分類を行い、その上で非正規従業員の心理的感受性の特徴についてタイプ別に分析を行い、そのベースの上に各種の非正規従業員の心理的感受性の特徴を明らかにする。

(1) 個人の能力が心理的志向性に与える影響

多元的雇用スタイルの研究という視点のもと、これまでの先行研究では通常、従業員の組織における重要性の程度に基づいてタイプ分類を行い、その結果、従業員のタイプにより様々な雇用スタイルが採られており、従業員のタイプ別に差別化された様々な管理方法が採用されていることを指摘している。こうした研究では一般的に、ある枠組みを通じて検討を行ってきたが、その基本的な考え方は、従業員自身の知識・技能と、その組織における価値という二つのファクターの相互作用により、従業員の雇用スタイルが決定される、という考え方に概括される。すなわち、この視点のもとでの非正規従業員に対する分類基準は、第一に従業員自身の知識・技能、第二にその組織における戦略的な価値の二点ということになる。こうした研究の中でも比較的代表的なものは、Atkinson (1984) の中心——周辺 (core-periphery) モデルに関する研究、Handy (1990) の三つ葉組織 (Shamrock Organization) に関する研究、Leapk and Snell (1999、2002) の、戦略的人的資源という視点に基づいてのタイプ別研究などがある。従業員という観点から見て、これらのいくつかの非正規従業員に対する分類方法は、技能知識の工程を基準として非正規従業員を、低技能の非正規従業員と高知識・技能を持つ非正規従業員の二つに大別するものである。

Kunda (2002) の非正規従業員に関する研究は二つの視点から展開されている。それは雇用関係と (Employment Relations) と自由契約者 (Free Agent) という視点である。Kunda はこの二つの視点が注目する集団は異なると考えている。雇用関係という視点が主に注目するのは低技能労働者であり、自由契約者という視点が注目するのは高い水準にある労働者である。雇用関係の視点は低技能の非正規従業員に注目しているが、この見方を取る研究者は、非正規雇用のスタイルが普及していくにつれ、大多数の労働者は仕事の質の低さ、また持続性や安定性の欠如、低収入、キャリアの今後の発展見通しの不確かさなど

一連の問題に直面せざるを得ない、とみている。それゆえ、短期雇用がもたらす雇用関係の不安定性と待遇の不公平性により、非正規従業員の組織への忠誠度はおしなべて低いのである（Osterman 1996; Cappelli 1999; Tsui 1997）。これに対し自由契約者の視点は主に組織において高い技能と知識を持つ従業員に向けられており、この視点による研究では、非正規従業員が、非正規雇用というスタイルを選択することにより、より高い収入、技能そしてより良い今後のキャリア発展への将来性など自由な労働環境を獲得していることを提起している。この雇用スタイルでの従業員の労働時間とやり方はよりフレキシビリティに富んだものであるため、非正規従業員はより高い労働への満足度と幸福感を稼得できるとしている（Darby, 1997）。以上のように、この二つのタイプの従業員の労働への力点や欲求は異なっているため、非正規雇用という状態における心理的感受性や行為にも比較的大きな差異として表れてくるのである。高い知識と技能を持つ非正規従業員の人的資源上の独自性はより高まり、組織にとっての価値はより大きくなり、安全感、安定性への需要は比較的低い。それに対し、低技能の非正規従業員は、労働市場において劣勢の集団であり、給与水準、労働条件なども比較的劣位にあるために、それは安全感や仕事への自信の欠如へとつながっていくために、より安定した仕事を求めるようになるのである。

（2）個人の意欲が心理的志向性に与える影響

心理学の研究において「意欲」とは個人が自らの選択した意欲を感知していることを意味するが、七〇年代の雇用関係を領域とする研究者は、この「意欲」（volition）が非正規従業員の態度と行為に与える影響に注目するようになった。「意欲」は個人が受け止める雇用スタイルと自らの意欲との合致の程度を反映しうるもので、個人が自らの意欲で非正規雇用を選んだのか、それとも他の圧力（選択の機会が限られるなど）によって非正規雇用を選ばざるを得なかったのかを物語るものである。非正規雇用という状態のもとでは、意欲のある従業員は自らの欲求と実際の仕事との間の矛盾が少なく[10]、その結果労働における剥奪感というものも比較的低いものになりやすい[11]。

先行研究によれば、個人が非正規雇用というスタイルを受け入れる原因はきわめて複雑なものではあるが、大別すれば自らの意欲による選択か、それとも

自発的ではない選択を迫られたものであるかの二つに大別できる[12]。自らの意欲で非正規雇用を選んだ労働者にとってその選択の動機は技能の向上[13]、臨時収入獲得の機会、正社員への転属への望みなどさまざまである[14]。この点について Cuyper and Witte（2008）は自己決定理論に基づき、従業員が非正規雇用のスタイルを受け入れる動機について、より細かく分析している。その内訳としては自らの意欲による選択、迫られた選択、それに便宜的選択がある。この便宜的選択は、技能の向上、収入の増加、正社員としてのアイデンティティ獲得の三種類を含むものであり、いわばこれも自らの意欲による選択の一つとみなすことができる。このため、大多数の研究が今なお、非正規雇用を受け入れる意欲を自発的あるいは非自発的の二種類に分けることを習慣化している。

　Cuyper and Witte（2008）はその論考の中で、雇用スタイルそのものよりも、意欲のほうが非正規従業員の労働態度や行為に対し、より先験的な役割をはたすものであると指摘している。同じ非正規従業員とはいえども、その態度と行為にはきわめて大きな差異が存在しているものである[15]。これは、自らの意欲に合致した仕事が個人に対しより高い満足度と内在的な充実感を与えるからである[16]。こうした点から、複数の研究者は、意欲というものが、非正規従業員内部にある労働態度・行為上の差異をよりよく説明するものであるとみている[17]。さらに多くの研究は、非正規従業員が非正規雇用を受け入れる時の差異が行為に与える影響のほうがはるかに、正規従業員と非正規従業員の間の差異が行為に与える影響を上回るとしており[18]、したがって意欲のほうが契約のタイプよりも従業員の労働におけるパフォーマンスをより説明できる[19]。

3．非正規従業員の心理的志向性に関する分類

　これまで述べてきた分析によれば、非正規従業員自らが持つ知識と技能が、仕事の選択上の自主性の程度を決定づけるとともに、組織の非正規従業員に対する態度をも決定する。同時に非正規従業員が非正規という雇用スタイルを受け入れる意思・意欲もその仕事における感受性に影響する。具体的にいうと、従業員自身の特質には一定の差異があり、それゆえにその組織と業務に対する期待もそれぞれ異なっている。それは従業員の心理的志向性が組織と労働環境に

対しどのような心理的感受性をもたらすのかをも決定づけるのであり、こうした心理的感受性が従業員の仕事における態度や行為に直接影響するのである。

(1) 心理的志向性の類型

それぞれの個人は能力の違いにより業務に対する期待にもきわめて大きな差異が生じる。高い知識と技能水準を持つ非正規従業員は通常、仕事における成長の機会や組織における認知や尊重、公平な待遇を求めており、自身の能力に自信があるがために仕事において自由や自主性を求める者さえいる。一方、能力の限られた非正規従業員は、現行の仕事にしがみつき将来のキャリアについて深く憂慮しており、こうした点からみて、非正規従業員の能力の差は仕事における心理的志向性の差異に転じやすい。本論考では「人的資源」を個人の知識と技能水準を反映する変量として用いる。

別な観点から見ると、価値観と動機などの分野における差異により、個人が非正規という雇用スタイルを受け入れる意欲にも比較的大きな差がある。労働者は自発的かつ自由な労働状態という点に惹かれて非正規雇用を選ぶ場合がある。この場合は自らの能力向上、キャリア発展や人脈の構築のためにこのスタイルを取るということになる。またあるいは非正規雇用のほうが収入面でもより多くが見込めるという場合もあり、こうした要因によりあえて自らの意欲で非正規従業員を選ぶ場合もある。このような、労働者が非正規雇用というスタイルを取った当初の意欲や理由はその後働いていく中での心理的志向性へと跳ね返っていく。しかし一方、（自分の能力や機会の制限のために）選択肢がなく、やむなく受動的に非正規雇用を選んだ場合には、その仕事における心理的志向性も、正規従業員になりたいもしくは同等に組織からの認知と尊重を受け、同様の権益と機会を享受したいといった方向に変わりうる。これらを総合すると、非正規雇用のスタイルを選んだ従業員の意欲はその仕事における心理的志向性へと影響しうる。

この点に基づき、本論考では非正規従業員の心理的志向性に影響しうる二つのキーとなる個人的ファクター、すなわち人的資源と意欲の二つの点からタイプ分類を行い、非正規従業員の仕事における心理的志向性に照らして自由志向型、公平志向型、安定志向型、物質志向型の四つに分類した（図）。

図　非正規従業員の心理的志向性に関するモデル

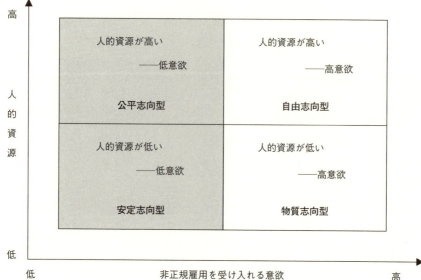

（2）タイプ別非正規従業員の心理的志向性の特徴に関する分析

1）自由志向型

　このタイプの非正規従業員は通常、きわめて高い知識と技能水準を持ち、組織にとってはきわめて高い価値を持っている。このため、雇用関係においては常に能動的かつ優位な形で処遇され、自主的に仕事のチャンスを選ぶことができる上、高い社会的地位と優遇された労働環境を享受できる。このタイプの従業員が仕事にいて追求しているのは内在的な原動力、すなわち仕事そのものがもたらす刺激感である。このため、このタイプの労働者が主体的に非正規雇用というスタイルを選ぶ根本的な原動力は、雇用のフレキシビリティ、束縛の少なさ、自主自由を求める心理的志向性にある。自由志向の非正規雇用者は常に、たとえばセルフ雇用や、時に複数の企業との協力などフレキシビリティのきわめて高い雇用スタイルを選ぶものである。

2）公平志向型

　このタイプの非正規従業員は比較的高い知識と技能水準を持っているが、しかしその知識と技能は汎用的かつ事務的であり、そのことによってこのタイプの人達は組織の中において一定の代替性を持つことになり、労働力市場における競争でもさほどの優位性は持たない。したがって、このタイプの非正規従業員は自らが望まない状況下において退くことを迫られ、次善の選択肢として非正規雇用を選ぶ傾向にある。しかし、こうした従業員が持つ知識や技能は比較的強い普遍性を持つため、彼らは雇用主を変えることにさほどの困難は覚えない。このほか、このタイプの従業員は比較的強い内在的な欲求があり、仕事や組織に対し、一定の内在的欲求があるため、労働環境が自分を満足させるものであるかどうかを仕事の中で最も気にするのである。例えばそれは、組織の中での承認や尊重を得られているか、あるいは正規従業員と同じような待遇を受けているかどうかなどである。公平志向型の従業員の仕事における最も重要な心理的関心事は組織から関心を持たれているか、承認されているか、例えばパートタイマーや派遣社員などは、差別のないよう待遇されているかどうかである。

3）安定志向型

　このタイプの非正規従業員は通常知識や技能水準が高くはなく、安定した仕事を得るチャンスのない人たちである。これにより彼らは質が低く、持続性や安定性に乏しく、給与の低い仕事に直面せざるを得ず、キャリアの発展が見込めないなどの問題に直面せざるを得なくなっている。このタイプの労働者は能力に限りがあり、仕事や雇用主を換えるチャンスはきわめて限られている。このため、非正規雇用というスタイルでは収入面での立ち直りは見込めず、仕事の性質を変えることもできず、単に仕事における安定感や将来性の欠如に戸惑っているだけである。このため、このタイプの非正規労働者の仕事の安定性に対する渇望はかなり強いものがあり、安定こそがその第一の志向性となっている。彼らが望むのは正規従業員の立場であり、組織に依存して生きていくことであり、例えば一部のパートタイマーや臨時労働者などがそれに当たる。

4）物質志向型

このタイプの非正規従業員は知識や技能水準は低いにもかかわらず、長期的に一つの組織に留まることを望まない。このため主体的に非正規雇用というスタイルを選択し、さらに取引型の雇用関係を受け入れる傾向にあり、仕事における保障的な要素や将来のキャリア設計にはあまり注目していない。むしろ目の前の物質的利益の方を重視し、物質的な欲求が仕事を選ぶ際の第一の動機となっている。例えば派遣社員や臨時雇用者などがそういった人たちである。

以上のように、自発的に非正規雇用のスタイルを受け入れる意欲の高い非正規従業員（第一、第四象限）は、それぞれの持つ人的資源の高い低いにかかわらず、非正規というスタイルがもたらす積極的な効果を享受できているがゆえに仕事においても良好な心理状態を保っており、それが良質な仕事へとつながっており、このプロセスにおいて労働者は通常組織との間の相互作用関係には気を払っていない。これに対し自発的ではない形で非正規雇用というスタイルを受け入れざるを得ない、意欲の低い従業員は（第二、三象限）の方は、人的資源の高い低いを問わず、この雇用スタイルがもたらす消極的な面の方に悩まされてしまうがゆえにあまり穏当ではない心理状態が誘発されやすい状況にあり、それが組織との相互作用関係を通じて改善されることを望んでいる。この点からも分かるように、組織というファクターは、意欲の低い非正規従業員の行為に影響するメカニズムとしての役割が目立っている。

4．結論および今後への展望

以上のように本研究では、非正規従業員が非正規雇用というスタイルを受け入れる場合の意欲と人的資源という二つの角度からその心理的志向性に対する分類を行った。検討の結果、非正規従業員の心理的志向性にはタイプ別にきわめて大きな差異をはらんでいることが分かった。タイプ別にみると、能力・意欲ともに高い非正規従業員は自由を追求し、能力は高いが意欲の低いタイプは公平性を、能力は低いが意欲の高いタイプは物質的満足を、能力・意欲ともに低いタイプは安定を志向することが明らかになった。ゆえに、同一の労働環境

下にあっても非正規従業員はその心理的志向性の違いにより様々な心理的感受性を示すことになることも分かったが、この知見は、非正規従業員の労働行為に本当の意味で影響するものが何かを探求する場合の一助になろう。このベースの上に、後続の研究は、タイプ別に異なる非正規従業員の行為が生成するメカニズムについてさらに検討を行い、その差異について弁別することになった。今後は以下の点に基づいて研究が進められることになる。

（1）タイプ別従業員の比較研究の展開

現在、雇用関係分野における非正規従業員に関する研究では主に、この雇用状態での従業員の主観的感受性とその影響について焦点を当てており、かなりの成果を上げているが、研究の結論としては多元化する趨勢にある。今後の研究では、視角を前方に移動して、非正規従業員の主観的感受性が形成するファクターのタイプ別分類を行うという前提のもとに、タイプ別の比較研究を行い、それぞれに異なる心理的志向性を持つ従業員が非正規雇用という状態のもと、どのような感受性を培い、行為を生成し、ロジックに影響するのか注目したい。

（2）多重中間メカニズムに対する考察

本研究はタイプ別に非正規従業員の心理的感受性の特徴について検討し、この非正規雇用というスタイルにおいて従業員の感受性として必ずしも全面的に消極的であるとは限らず、積極的な面もあることが判明した。これを受け一部の研究者は非正規雇用に関する研究において多くの点からその積極性について検討すべきであることを提唱し始めている。その統計方法が静態的分析、動態的進化分析を通じて多重化された複雑なモデルの分析と検証が可能になる状態にまで発展してきた現時点までの成果に基づき、今後の研究ではこうしたツールの助けを借りて、競争的仲介、チェーン式仲介、潜在的成長などに関する多重効果分析を行いたい。

（3）非正規雇用スタイルとその影響に関する追跡研究

非正規雇用方式の誕生と発展の歴史から見て、コストの節約と柔軟性の向上が非正規雇用導入の主な理由である。この雇用スタイルは伝統的な雇用関係モ

デルを覆したのみならず、従業員に対してもきわめて大きな影響を与えた。社会や市場環境の変遷と個人の価値観の変化に伴い、労働者の非正規雇用に対する態度は常に変化し続けているため、そのプロセスにおいて非正規雇用によりもたらされた影響も徐々に消極的なものから積極的なものに変わってきている。今後はこの転換プロセスに関し、非正規雇用が今後の社会、文化、経済の変遷に伴いどのように変容していくのか追跡研究を行いたい。この研究の価値は、非正規雇用とその影響の関係についての変化を提示できることだけでなく、より重要な点としてマクロ環境を状況的要素として個人のミクロなメカニズムに当てはめていくことを通じ、これによりマクロ環境がミクロなメカニズムの形成・構築に対する役割を提示し、その変遷のロジックを探ることができるという点にある。

注

1) 鄭津津「美国派遣法制之研究 [C]」(『労動派遣研討会論文集』1998年、78-92頁)。
2) Kim, N., "Organizational Interventions Influencing Employee Career Development Career Development Preferred by Different Career Success Orientations [J]", *International Journal of Training and Development*, 2005, 9 (1): 47-61.
3) 王興化、張立富「企業多元雇傭的新制度環境分析 [J]」(『北方論叢』2010年（四）、131-135頁）。
4) Feldman Y, Teichman D. Are All 'Legal Dollars' Created Equal? [J]. *Ssrn Electronic Journal*, 2007, 102 (1).
5) 斯科特、「戴維斯組織理論：理性、自然與開放系統的視角 [M]」中国人民大学出版社、2011年。
6) Feldman Y, Teichman D., "Are All 'Legal Dollars' Created Equal? [J]". *Ssrn Electronic Journal*, 2007, 102 (1).
7) Kalleberg A L, Hudson K., "Bad Jobs in America: Standard and Nonstandard Employment Relations and Job Quality in the United States [J].", *American Sociological Review*, 2000, 65 (2): 256-278.
8) Findlay, P., Kalleberg, A. L., Warhurst, C., "The Challenge of Job Quality [J].", *Human Relations*, 2013, 66 (4): 441-451.
9) De Cuyper, N., De Witte, H. Gepercipieerde Kans Op Een Baan versus Een Betere Baan: Relaties Met Arbeidstevredenheid En Welzijn [J]. *Gedrag En Organisatie*,

2008, 21: 475-492.
10) Holtom, B. C., "Organizational Attachment among Core and Contingent Workers [J]",. *Dissertation Abstracts International*, 2000, 60 (8-a).
11) Feldman, D. C., Turnley, W. H., "Contingent Employment in Academic Careers: Relative Deprivation among Adjunct Faculty [J].", *Journal of Vocational Behavior*, 2004, 64 (2): 284-307.
12) Tan, H. H., Tan, C. P., "Temporary Employees in Singapore: What Drives Them? [J].", *Journal of Psychology Interdisciplinary & Applied*, 2002, 136 (1): 83-102.
13) Marler, J. H., Barringer, M. W., Milkovich, G. T., "Boundaryless and Traditional Contingent Employees: Worlds Apart [J].", *Journal of Organizational Behavior*, 2002, 23 (4): 425-453.
14) Hardy, D. J., Walker, R. J., "Temporary but Seeking Permanence: A Study of New Zealand Temps [J].", *Leadership & Organization Development Journal*, 2003, 24 (3): 141-152.
15) De Cuyper, N., De Witte, H., Gepercipieerde Kans Op Een Baan versus Een Betere Baan: Relaties Met Arbeidstevredenheid En Welzijn [J]. *Gedrag En Organisatie*, 2008, 21: 475-492.
16) Doerpinghaus, H. I., Turnley, W. H., "Employee Reactions To Temporary Jobs [J]". *Journal of Managerial Issues*, 1995, 7 (2): 127-141.
17) Connelly, C. E., Gallagher, D. G., "Emerging Trends in Contingent Work Research [J]". Journal of Management, 2004, 30 (6): 959-983.
18) De Cuyper, N., De Witte, H., Gepercipieerde Kans Op Een Baan versus Een Betere Baan: "Relaties Met Arbeidstevredenheid En Welzijn [J]". *Gedrag En Organisatie*, 2008, 21: 475-492.
19) Isaksson, K. S., Bellagh, K., Health Problems and Quitting among Female "Temps" [J]. *European Journal of Work & Organizational Psychology*, 2002, 11 (1): 27-45.

第14章 「法治」(rule by law)が引き起こす中国の労働問題
――「城中村」の再開発と「低端人口」強制排除の事例から――

阿古智子

はじめに

　北京市南部の大興区西紅門で、2017年11月19日、19人が死亡する大きな火災が発生した。ここから北に7キロほどのところにある旧宮鎮南小街（以後、旧宮と省略）では、2011年4月25日にも死者17名を出す火災が発生しているのだが、この辺りは服装加工業など労働集約型の企業が密集し、かつて「浙江村」と呼ばれていたエリア（豊台区南苑郷）に近い。違法建築物が密集し、消防車が火元に近づけなかったため、火が大規模に広がってしまった[1]。

　2011年の旧宮の大火災の後、地元政府から「3日以内に転居せよ」といった命令が出され、住民たちは着の身着のままで引っ越しを迫られた。2017年の西紅門の大火災の後も、強制的な立ち退きが実行され、その後、火災のあった地域だけでなく、海淀区、朝陽区、通州区、豊州区などにまで、「違法建築が認められる建物から即刻退去せよ」といった貼り紙が多数貼り出された。一部地域では、「城管」（都市管理員）[2]や保安員のような暗い色の制服を着た人たちが、勝手に建物内に入り、鉄の棒で壁や家具などを壊し始めた。このようにして、強制的に排除される人たちは「低端人口」（低ランクの人間）のレッテルを貼られているとして批判が高まり、「低端人口」をパロディにした詩や商品などがネット空間にあふれたが、一週間も経たないうちに、「低端人口」に関わる発信は検閲の対象となり、一斉に削除された。「低端人口」という言葉は、海淀区や石景山区の政策文書に使われており、最も早い文書は2004年に出さ

れていたという[3]。

　排除の対象とされた人たちの多くは、「城中村」と呼ばれる地区に居住している。「城中村」は文字通り翻訳すると、「都市の中の農村」という意味であり、なんとも矛盾に満ちた言葉である。急速な都市化の進展に伴い、すべて、あるいは部分的に耕地が収用された結果、市街地に囲まれる形で取り残されたかつての農村地域や都市の再開発事業から取り残された「市民」ではない外来人口（当該居住地の戸籍を持たない人）が集住する地域である。城中村は「中国特有のスラム」と呼ばれることもあるのだが、その一方で、「中国の都市には、ブラジルやインドのような大規模なスラムは存在しない」という言説も流布している[4]。

　本稿は、城中村という空間がどのような特徴を持つのか、そして、度重なる城中村における強制立ち退きがどのような背景の下に行われているのかを明らかにする。城中村をめぐる問題に焦点を当てるのは、それが「法治」（rule by law）の要素が色濃く反映されている中国社会に特有の労働問題の一端を解明することにつながると考えるからである。

1.「城中村」という空間

（1）中国特有の戸籍制度

　本稿のメインテーマである「城中村」（都市の中の農村）について理解するためには、「都市」と「農村」を区分する中国特有の戸籍制度について、先に説明しなければならないだろう。戸籍制度は1958年、農産物価格を抑え、都市住民の福利厚生を優遇することによって、重工業分野での資本蓄積を加速しようと導入された。この制度によって、毛沢東時代、農村から都市への人口移動は厳しく規制されていたが、各地で人民公社が解体し、都市部における労働力の需要が高まるにつれ、移動の制限は事実上なくなった。しかし、都市戸籍（非農業戸籍）と農村戸籍（農業戸籍）の枠組は依然残っており、戸籍制度を完全に撤廃することはできない。その主要な要因は、都市と農村で土地の所有形態や登記方法が異なること、社会保障の地域格差が大きいことにある。

中国は社会主義の建前上、土地の公有制を崩していない。『土地管理法』(1986年制定)によると、都市部では土地の所有権は国が持つものの、使用権は市場で流通し、地権者はそれらを自由に売買できる。使用権とは有期(住宅地は70年など)で契約する日本の定期借地権のようなもので、契約更新によって継続できる。つまり、都市部の土地・不動産は使用権を自由に取引できるという意味で実質的に私有化している。一方、農村部は村などの集団(中国語では「集体」という)が土地を所有しており、農民は土地経営請負権を持つが、それを自らの意思で売却したり、抵当に入れたりはできず、農地の転用も厳しく規制されている。ただし、「公共の目的」があれば政府が収用し、集団所有から国有にする手続きを取った上で、非農業用地として開発できるのだが、「公共の目的」の定義が曖昧であるため、多くの地域で乱開発が進んだ[5]。

戸籍は社会保障ともつながっている。戸籍は親から子に引き継がれ、国民がどの地域の、どの種類の社会保障を受けるかは、生まれながらにして決まっているのだ。社会保障の条件のよい地域と悪い地域の格差は大きく、例えば、上海市では2017年、所有する財産(現金や預貯金)が3人家族なら1人当たり3万元以下、2人以下の家族なら3万3000元以下で、居住する住宅以外の不動産や車を所有せず[6]、家族1人当たりの月収が同市の同時期の最低生活保障水準より低ければ、同水準である970元を受給できる。一方、筆者が2016年に訪れた湖南省の農村で話を聞いた元炭鉱労働者たちは、塵肺病で苦しんでいたが、炭鉱を運営する会社から数千元の見舞金が支給されただけで、政府からの生活保護は1ヶ月たったの90元だった。

戸籍の転出入の手続きは、就職した企業などを通してできるが、多くの都市が学歴、社会保険への加入状況、社会貢献、住宅の所有、投資、納税などの指標に基づくポイント制を導入し、戸籍人口の増加を抑制している。大都市への転入は高学歴のエリートでも難しい状況だ。

基本年金保険制度や医療保険についても、農村と都市では条件や内容が大きく異なる。農村戸籍保持者は農村社会養老保険に加入できるが、都市の年金とは比べ物にならないほど少ない金額しかもらえないし、農村部で導入されている新型農村合作医療制度は、保険がカバーする範囲が狭く、大きな病気をした時の医療費の大半は自己負担せざるを得ない。

また、社会保障制度は全国で統一されておらず、ポータビリティ（移動可能性）がない。例えば、A市からB市に移住し、B市の社会保障に加入すると、A市での加入分の大部分が消失してしまう。都市で出稼ぎ労働に従事する農村戸籍保持者は「農民工」（「工」は「工人」（労働者）、すなわち「農民労働者」）と呼ばれるが、生活保護も、年金や医療保険も、自らの戸籍所在地で加入している人が大半であり、彼らは出稼ぎ先の都市では多くの社会サービスを受けることができない。子どもの教育（公立校への入学、大学受験資格）にも多くの制限がかかっている。

社会保障制度のポータビリティの欠如は、勤務地・居住地の戸籍を保持しない高学歴エリートをも悩ませている。彼らは肉体労働者ではなく、自らを「農民工」とは認識してはいないだろうが、戸籍を移せないことによる不利益をさまざまな場面で経験している[7]。

（2）さまざまな城中村

城中村について、もう少し詳しく見ていこう。以下のタイプ別の城中村の特徴を見ればわかるように、再開発の途上にあるが故の、農村と都市のどちらでもない、中途半端な状況に置かれており、人口や土地の管理、行政区画の設定、社会保障の調整などにおいて、混乱した状況が見られる。

城中村には、衛生状態が悪く、居住スペースが狭いなど、劣悪な居住環境が広がっている。公有地や他人の土地が無断で占拠されていたり、都市計画や建築関連法規に違反する形で宅地や建物が建設されたり、増改築されていたりするなど、「無法地帯」になっているところも少なくない。

【城中村のタイプ】[8]

1）「撤村建居」（村を廃止・居民委員会設置）を完了した城中村：土地は国が全て収用し、集団所有から国有に転換。村民委員会は廃止され、居民委員会が設置されている（注：中国の農村には村民委員会が、都市には居民委員会が設置されている）。他の都市の再開発地域と同様に管理されており、居住者の戸籍は全て都市戸籍に転換されているが、古くから同市の都市戸籍を持つ人たちと同レベルの社会保障を受けられるとは限らない。伝統的

な農村の生活習慣を維持している人が多い。

2）「撤村建居」の最中の城中村：大部分の土地は収用され、一部は国家所有になっているが、一部は集団所有のままになっている。また、一部の村民委員会は居民委員会に変わり、人々の戸籍も農村から都市に変わっているが、「宅基地」（農民に分配されている宅地。集団所有）は国有化されず、集団所有のままである。このような地域が再開発事業の対象となる場合、立ち退きに伴う補償額が低く設定され、トラブルが発生するケースが多発している。民間の業者が商業用地として開発する予定であるにもかかわらず、「公共の利益」のためだとして地元の人々を強制的に立ち退かせ、開発後の地価の上昇に伴う利益の大半を手に入れることもある。戸籍転換後の社会保障や雇用対策も急務となっている。

3）「撤村建居」を開始していない城中村：土地の一部は国有化されたが、宅基地の大半は集団所有で「村」はまだ存在しており、村営企業などもある。居住者の多くが非農業収入を得ており、不動産の賃貸や企業経営で近隣の都市住民よりもよい暮らしをしている者もいる。このタイプの城中村は、土地は収用するのが難しく、先に紹介した2タイプの城中村よりも再開発が困難だと言われている。土地の所有形態を変えず、集団所有の土地を株式化したり、レンタルしたりしている地域もある。ちなみに、集団所有の土地にマンションなどを開発するのは違法であるが、こうした違法行為が処罰される前に多くの地域で常態化してしまい、取り締まりが難しくなっている（このような財産権が曖昧な不動産は「小産権」と呼ばれている）。

　政府としては、このような中途半端な状態にある「城中村」を一刻も早く解消したいところだろうが、土地や不動産の権利関係が複雑化しており、社会保障、雇用対策、環境整備、治安対策の資金も必要であることから、そう容易には進んでいない。なお、城中村には、古くから居住していた地元の戸籍を持つ人々（農村戸籍のままの人、都市戸籍に変わっている人）の他に、多くの移住者が住んでおり、その大半が低所得者である。戸籍が別の地域にある移住者たちは、城中村で「暫定居住者」として登録するか、あるいは居住登録をしないまま生活している。地元の戸籍を持つ人たちの多くは不動産を貸し出して他の

城中村の特徴（まとめ）

1）村民（農村戸籍保持者）、市民（都市戸籍保持者）、流動人口（暫定居住者）が混在
2）犯罪率が高く、治安が悪い
3）宅基地、工業用地、商業用地、農地が混在
4）土地や不動産の不法占拠、不法賃貸、違法に不動産物件を融資の抵当に入れたり、許可を得ず不動産を開発したりする行為が広く見られる。物件をまた貸しする人も多い
5）人口密度が高く、違法に増改築した建築物や採光や通風の条件が悪い集合住宅が多い
6）インフラ整備が不完全で、勝手に引かれた電線などが複雑に絡まっている。汚物や水の排出状況が悪く、ゴミが集積するなど、衛生状態が悪い。道が狭い

地域に住んでおり、居住者の大半が移住者という城中村も少なくない。

2．北京市の城中村

（1）大きなイベント前に整備・再開発

　1990年代後半から2000年代前半にかけて、北京市の城中村は、「新疆村」「浙江村」「河南村」など、地縁や血縁を頼って出稼ぎに出てきた同郷の労働者が集住する地域に注目が集まっていた。このような村では、多くの人が同じ職業に就く傾向も見られた。例えば、新疆村は飲食業、浙江村は衣料品の生産や販売、河南村は廃品回収業に就く人が多いとして知られていた[9]。その他、全国

北京市内60の重点再開発地区（2014年に公表）

【朝陽区】	小武基村、西直河村、横街子村、老君堂村、平房村、北京各庄村、奶西村、草場地村、黒橋村、東辛店村、大黄庄社区、東八間房村、北石家村
【海淀区】	双泉堡社区、肖家河社区、朱房社区、正白旗社区、一畝園社区、宝山社区、西冉村、西山村、円明園東里、韓家川村、永豊屯社区
【豊台区】	小井村、新発地村、看丹村、南苑村、分鐘寺村
【昌平区】	北小営村、東三旗村、東沙各庄、平西府村、燕丹村、松蘭堡村、于辛庄村、西沙屯田村、三合庄村、大東流村
【大興区】	金星庄、建新庄、四村、霍村、邢各庄、桂村、南街一村、南街二村、南街三村、南街四村、狼垡一村、狼垡二村、後辛庄村、隆盛庄
【通州区】	董村、小堡村、小周易村
【房山区】	長営社区、紙房
【順義】	鉄匠営村、南半壁店

出典：「北京60個"城中村"上重点名単年底前整治完」『新京報』2014年9月10日

各地から北京に陳情に来る人たちが集まって暮らしていた北京南駅周辺の「上訪村」（陳情村）も、典型的な城中村だった[10]。

2005年に69カ所あったという北京市の城中村は、2006～2010年には171カ所に増えていたが、2008年のオリンピックという一大イベントを前に、こうした城中村の多くが再開発の対象となり、住人の大半が立ち退かされたという[11]。2014年には、アジア太平洋経済協力会議（APEC）首脳会議開催前に、重点的に整備し直す60か所のリストが公表されている。

（2）城中村の様子

次に、北京市のいくつかの城中村の様子を具体的に見ていきたい。筆者はどの村にも訪れたことがあるが、近年何度も訪れた安家楼のみ、筆者の見聞きしたことを中心とし、他は新聞報道などを参考にする[12]。

①朝陽区・CBD（Central Business District）エリアの関東店北街区・化石営村

関東店北街区・化石営村は、地下鉄の呼家楼駅から東大橋駅の間にある、朝外大街、東三環北路、朝陽北路に囲まれた三角地である。CBDの高層ビルに囲まれた孤島のようになっている。CBDといえば、日本でいうと六本木のようなところと言えるだろうか。高給取りで、おしゃれなビジネスマン・ビジネスウーマンが働く場所、というようなイメージがある。周りに建つマンションの家賃やホテルの宿泊料は、北京で最も高いレベルである。

しかし、そのような黄金地帯にポツンと残された化石営村の物価は、散髪代4元、数平米の部屋を1ヶ月借りるのに100～200元、テイクアウトのお弁当は4-5元と、とても安い。ゴミがあちらこちらに散らばり、どう見てもきれいには見えない雑貨店や飲食店、精肉、活魚、野菜やフルーツを売る市場が軒を連ねる。『北京晩報』の記事によると、この村に住む廃品回収業者は、廃品を保管する倉庫と生活の場を兼ねる小さな家を600元ほどで借り、毎月5000元の収入を得ているのだという[13]。

②朝陽区・太陽宮村

朝陽区の太陽宮村にも多くの北京戸籍を持たない外来人口が暮らしている。

ここは「朝食村」としても有名で、おかゆ、油条（揚げパン）、焼餅（シャオピン）、饅頭（蒸しパン）、豆乳など、定番の朝食を売る屋台が軒を連ねているが、辺り一帯には汚水が垂れ流され、異臭が漂っている。周辺で京承高速道路、愛琴海購物センターなどの建設が進められるなか、2016年頃から、ここに住む人々は徐々に転居し始めた。2017年2月9日、ついに家屋の拡張工事や工商業登記手続きの停止を命令する文書が公示された。『北京晩報』は、この村に建物を所有する人たちは立ち退きを見据えて、自分たちの建物の増改築（多くが違法）を進めていると伝えている[14]。立ち退きに伴う補償金は、建物の面積に応じて支払われるため、増改築しておいた方が有利であるからだ。

③朝陽区・大望京村

朝陽区の東北部に位置する大望京は、劣悪な環境から先進的な都市空間に変貌し、城中村再開発の成功例だとしてしばしば取り上げられている[15]。再開発前、五環路の建設などで農地を収用された地元の人たちは家賃収入で生活しようと建物を増改築したため、道路側に大きく建物がせり出していた。ゴミが大量にたまり、双方向通れるはずの道は一方通行になっていた。2998人の戸籍人口に対し、外から流入した人口が5万人と、1ヘクタールに400人以上が生活するという過密状態だったという。

2009年、大望京村は村の集団所有の土地を国有の建設用地に転換し、土地を担保に43億元に上るファンドを設立、村人の社会保険や雇用、定住促進のための費用、立ち退きに伴う補償金を確保した。手厚い条件であったため、すべての家族がこの計画に同意し、28日という短期間で立ち退きが完了したという。

『新京報』の取材を受けた王嘉生さんは、立ち退きの補償として不動産物件を請求することにした。現金なら約400万元だが、不動産なら1人当たりの上限面積が50㎡（4500元/㎡）で、8人家族の王さん一家は5つの物件を手に入れられる。2人の娘家族と自分がそれぞれ物件を居住用として確保し、残り2つの78㎡の物件は貸し出し、月に5000～6000元の家賃収入を得るようになった。王さん一家にはその他、百万元近い補償金と、立ち退きの前後に必要となる諸費用も支給されたという。5万㎡の大望京ビジネスエリアの株式も村の財

産であり、村の人たちはその配当も得ることができる。高齢者への年金は毎月1100元、就職活動中の人には1000元あまりの補助金が支給される（これらの金額は2012年時点のもの）。この辺りの不動産価値は年々上昇しており、王さんのような村に資産を持つ人たちは巨額の富を築いている。

　王さんは再開発前、16部屋ある300㎡の自宅のうち、6部屋を貸し出し、1部屋あたり、月300元の家賃収入を得ていた。再開発後の物件は、その20倍の、5000-6000元で貸し出している。外から流入してきた5万人の多くは、大望京村に住むことをあきらめるしかないだろう。所得が低い人たちは、家賃が安い他の城中村に移り住むか、故郷に戻るか、他の選択肢を模索するしかない。

④昌平区・回龍観北四村

　昌平線生命科学園駅を下車、永旺商城の西側の小道を北に100メートルほど進むと北四村が見えてくる。京蔵高速道路の西側にある史各庄、定福黄庄、東半壁店、西半壁店の4つの村が一体化して大型の城中村を形成している。他の多くの城中村のように、地元の人たちは自宅を建て増し、外地の人たちに部屋を貸し出している。『北京晩報』によると、家主の中には年間100万元稼ぐ者もいるという[16]。2009年、海淀区の『蟻族』[17]で有名になった唐家嶺が再開発を開始すると、付近の沙河大学タウンや回龍観村で立ち退きにあった人たちが転居し、北四村の人口が急増した。外来人口のほとんどが中関村や上地周辺で働く若者だという。

　2014年7月28日に北四村を取り上げた中央テレビの報道番組『新聞1＋1』によると、北四村の人口は約9万6000人で、地元出身者は6000人だが、外来人口はその15倍の約9万人だという[18]。多くの貸し部屋があり、窓のない部屋は260元と格安だ。取材を受けた青年らは、家賃500元の部屋を3人で、700元の部屋を4人で借りて住んでいた。地下鉄の生命科学園駅に近く便利なのだが、市中心部に勤務先がある人は、地下鉄とバスを乗り継いで片道1時間も2時間もかけて通勤しなければならない。生命科学駅には、毎朝乗車待ちの人の列が2キロも続き、地下鉄に乗るまでに30分もかかるのだという。

⑤豊台区・馬家堡地区

『上海証券報』によると、豊台区・馬家堡地区の笑祖塔村は、オリンピック前に再開発エリアに指定されたが、豊台区の提示した補償の条件は1㎡あたり4050元/㎡、1㎡あたり約5500元/㎡の低価格の商品住宅を提供するというもので、村の人たちが抵抗したため、再開発事業は進んでいないという（2013年時点）[19]。都市部に存在する城中村は商品価値は低いが、周辺一帯を統一した都市計画によって再開発するためには、どうしても立ち退きを進めなければならない。しかし、補償の内容に満足しない住民たちの反発を受け、頓挫するケースが少なくないのだ。笑祖塔村には、国有企業の職員宿舎や解放軍関係の企業、北京市の付属単位などの不動産が多いため、状況がより複雑になっているのだという。

⑥朝陽区将台地区・安家楼

燕沙友誼商城やケンピンスキーホテル（地下鉄の亮馬橋駅からすぐ）から東に1キロほど行ったところに、安家楼がある。日本大使館から歩いて15分ほどの距離だ。ここには、廃品回収業に従事する人たちが集まっており、積み上げられた廃品の山があちらこちらにあり、金属、プラスチック、紙、ガラス、鉄くずなど、廃品をせっせと分類する人たちが見える。中国では、日本のように行政によるリサイクル事業は広くは行われていないが、廃品を拾って分類し、それを販売する人たちがいたるところに存在する。

このような状況をもって、安価で自然発生的なリサイクルシステムが成り立っていると考えられなくもないが、この安家楼は、北京でも有数の不動産価格の高いエリアにあり、地代を考えれば、明らかにコスト高であろう。廃品には有毒物質が含まれていることもあり、分類作業にかかわる人たちの健康管理も懸念される。しかし、大望京村の事例が示しているように、再開発には莫大な費用がかかる。地価の高いこの辺りの再開発は、そう容易ではないのだろうか。低所得者層による廃品回収ビジネスを黙認しているのは、ゴミ処理場の建設が地元住民の反対に遭うなど、行政による政策が順調に進んでいないからかもしれない。

ゴミの山の間にバラックのような建物が並び、衣服が干してある。統一した

スタイルの小さな簡易住宅もあるし、崩れかけた家の中にも人影が見える。オートバイタクシーや、食べ物を売る屋台で生計を立てている人もいるのか、オートバイやリヤカーがたくさん停めてある。公衆トイレが所々にあるのは、家にトイレがない家庭が多いことを表している。トイレの横のごみ置場から異臭が漂っている。城中村には、北京市の戸籍がない人が主に暮らしているため、ごみや汚水の処理が十分になされていないのだ。

　安家楼の空き地には乗用車が多数停まっている。持ち主はいったい誰なのかと考えていたら、「院内に停車すると一日あたり十元」という看板にぶつかった。空き地を駐車スペースとして貸し出しているのだ。安家楼の先には、オフィスや高級マンション、高級ホテルなどの高層ビルが並んでいる。高層ビルの駐車代はここの何倍もするだろう。このような、富裕層と貧困者が不思議な形で手を結ぶ光景が、この城中村には広がっているのである。

　先述の通り、安家楼は日本大使館のすぐ近くにあるが、筆者が付き合いのある大使館員は、誰一人として安家楼を知らなかった。大使館から安家楼に行くには、大通りから一本細い道に入らなければならないのだが、それでもこれほど近くにあり、昼食を食べに外出する時などにこの付近を歩くこともあるだろうから、気づいてもよいはずである。しかし、気づいていないというのは、安家楼の周囲は高い塀で囲われており、外からは見えないようになっているからだ。村の何箇所かの入口には鉄の門が設置してあり、門は大抵開いているが、特に用事がなければ、門の中に入ろうとは思わないだろう。それに、高い塀の向こうにゴミ山が連なる風景が広がっているなんて、誰が想像するだろうか。

　それにしても、安家楼を高い塀で囲っているのは、治安管理や景観のためなのだろうか。この辺の物価はとても安い。鶏肉の鍋のセットが48元だが、筆者がこの近くの喫茶店で頼んだコーヒーは45元だった。歩いていると、「長い髪の毛を高額で買い取ります」という貼り紙が目に入った。筆者は、農村で調査中に、このような貼り紙を頻繁に見かけたが、北京では初めてだった。生活費の足しにするために髪を伸ばして売ろうというような人は、都市部にはそうそういない。低所得者が集まっているから、このような貼り紙が貼ってあるのだろう。

　安家楼から亮馬河を隔てた向こう岸には、高層ビルが立ち並んでおり、こち

らに向かってどんどん迫っているような感じさえする。安家楼もいつまで残っているかわからないが、巨大都市・北京にとって、ゴミ処理機能の一端を担っている城中村は、必要不可欠の存在ではないか。香港にベースを置くネットメディアの『端』（The Initium）の報道によると、北京には10数カ所の大型廃品回収処理場があるが、営業許可などの手続きを取っているところはほとんどなく、劣悪な環境で、ゴミの分類が行われているという。こうした場所で廃品回収に関わる人たちは十数万人に上るが、これによって、行政はゴミ処理の費用を、年間数億元節約しているとの試算もある[20]。

　以上、見てきた6つの地区の状況について、簡単にまとめてみたい。まず、①のCBDエリアや⑥の安家楼のように、都市中心部にある城中村では、オフィスビルやマンションから出るゴミ処理の需要もあり、その周辺で廃品回収業が発達している。行政のゴミ収集能力が低く、リサイクルが行われていないことも原因であろう。高級オフィスビルや高級マンションの立ち並ぶエリアに、こうした地区が高い塀で囲い込まれるようにして残っているのは、地価の上昇もあり、立ち退きの補償金の条件などで折り合いがなかなかつかないという事情もあるだろう。⑤も補償の内容に満足しない住民たちの反発を受け、再開発事業が頓挫したケースだ。
　一方、③の大望京のように、ファンド設立などによって比較的スムーズに立ち退き、移住先の手配、補償金の支払いが行われたケースもある。多額の資金を動かさなければならないこのやり方は、どこの地区でも適用可能とは言えないだろう。また、建築面積に応じて支払われる補償金を目当てにして、不自然な形での建物の増改築が繰り返されたり、屋台や商店を出すために、不法に道路を占拠し、電線を引っ張ったりするなど、法に触れる行為も横行している。城中村の不動産物件の権利所有者は北京戸籍を持つ人たちでも、居住者・労働者の大半は外来人口であり、北京の戸籍を持っていない。
　城中村で暮らす外地戸籍の人たちは、廃品回収や屋台での販売などに携わる肉体労働者が多いが、④のような地区には、高学歴のホワイトカラーも数多く暮らしている。

3．「低端人口」の強制排除

（1）大火災で火がついた城中村の再開発

　2017年11月の西紅門での大火災の後、北京の城中村に住む多くの人たちは強制的に立ち退きを迫られた。それも、黒ずくめの服装の人たちが大きな金槌や棒のような鈍器を持って建物の中に入り込み、窓ガラスや家具などを壊し、そこに暮らす人たちを着の身着のままで寒空の下に追い出すというようなやり方でだ。こうした様子を目撃したネットユーザーたちは、黒ずくめの服装の人たちの写真を、1938年11月9-10日にドイツ各地で行われた「水晶の夜」（クリスタル・ナハト）[21]と呼ばれる反ユダヤ主義暴動の主力となった突撃隊の写真と併置して発信した。この事件は、ドイツにおけるユダヤ人の立場を悪化させ、後に起こるホロコーストを促すきっかけとなったと言われている。ネットユーザーたちは、強制排除の対象となった人たちは「低端人口」とみなされていると指摘し、彼らをナチスの標的になったユダヤ人と重ね合わせた。

　大火災の火元となった聚福縁公寓は、「三合一」（生産、倉庫、居住スペースが一体化した物件）の「非法群租房」（違法に賃貸している物件。「群租」とは一家族が居住するようなスペースに十人、二十人と集団で入居させているような状況を表す）だった。住民の退去手続きととり壊しの計画は遅延しており、11月20日から始める予定だったという。さらに、西紅門の大火災の9日前の11月10日、ちょうど、北京で習近平国家主席とトランプ米大統領が会談を終え、ベトナムで行われるアジア太平洋経済協力会議（APEC）首脳会談に向けて飛行機で飛びたとうという頃に、首都国際空港からほど近い順義区李橋鎮で倉庫の火災が発生したことも、北京市の治安関係部門の責任者を焦らせた。米中の指導者は空港で火災の煙が上がるのを見てしまったかもしれない。幸い死者も負傷者も出なかったが、この火災は中国にとって重要な外交舞台の片隅を汚してしまった。同時期に発生した2つの火災がきっかけとなり、北京市では、安全に関わる事故の再発を防ぐべしという指令が出され、大規模で徹底的な一斉検査が行われることになった[22]。

海淀、朝陽、通州、昌平、順義、豊台、大興などに及ぶ広い範囲で、賃貸マンション、アパート、地下室、工業エリア、物流センターなど、外来人口が集住する城中村が検査の対象となった。その中で、「"低端人口"（低ランクの人たち）を北京から追い出そう」、「"低端業態"（低ランクの業界）を徐々に減らしていこう」というような呼びかけもなされたのだという。建築労働者、配達員、清掃員、店員、地下鉄の安全検査員、保安員、家政婦、保母、ゴミ処理労働者ら城中村で暮らす人たちは、商店や住宅の水、電気、ガス燃料、暖房を止められ、先に述べたように、ひどい場合には、いきなり入ってきた人たちに家屋や家具を壊され、強制的に外に追い出された。抵抗し、拘留された者もいるという[23]。

インターネット上には、豊台区共産党委員会の汪先永書記が会議で、「"三合一"の建物を"実招、狼招、快招"する」と気勢を上げる場面を映した動画が出回った[24]。それによると、「実招」は「すべての役人が第一線に行き一斉に調べ、整理する」、「狼招」は「公安」、「城管」（都市管理員）、政府の法執行部門、検察院、党の宣伝部門などと協力し、公共の安全に危害を及ぼすものを厳しく確実に取り締まる」、「快招」は「文書の発布や会議の実施を待たず、即座に執行する」という意味だという。このような荒っぽいやり方によって、11月下旬に十万人以上が身を寄せる場を失ったと言われている[25]。

（2）非首都核心機能の分散と調整

北京市の強硬策は突如行われたように見えるが、実際には、一連の「首都核心機能」を強化する政策の延長線上にある。2014年、習近平国家主席は北京市を視察した際、政治、文化、国際交流、科学技術・イノベーションの中心として首都の核心的機能を強化し、それ以外の機能は他に分散させるように指示している。2015年2月10日、習近平国家主席が主催した中央財経領導小組（中央財政経済指導小グループ）第9回会議では、各担当者が新型都市化、食糧安全保障、水問題、エネルギー問題、イノベーション発展戦略、AIIB（アジア基礎インフラ投資銀行）シルクロード基金などの実施状況を報告し、その中で、「京津冀一体化協同発展計画」（北京市、天津市、河北省一体化共同発展計画）について協議された。これは、三つの地域で産業、経済、都市化の連携と調整

を行い、同時に地域格差や環境問題の解消も図るというプランだが、そこで、「調整疏解非都市核心効能」（非首都核心機能の分散と調整）が掲げられ、過度な人口集中、治安の悪化、低収益産業の集積など、首都に相応しくない状況の改善を急務と捉えている[26]。河北省に設置された雄安新区も、「京津冀一体化協同発展計画」の一環ととらえられる。

　「非首都核心機能の分散と調整」のため、北京市は2017年に入り、強力な舵取りを開始した。悠長に構えていては目標を達成することはできないため、「開墻打洞」（壁を取っ払い、穴を掘る）といったスローガンが掲げられ、違法建築物などの強制撤去やそこに住む人たちの強制退去を断行したのである。2017年6月9日付の『人民日報』によると、北京市は同年4月末までに12万255か所（1640.9万平米、2016年同期の3.8倍）で「開墻打洞」を実施し、今年度の計画の76.1％を完成させたのだという[27]。先に城中村の事例として紹介したCBDエリアでも、集中的に「開墻打洞」が行われた。この辺りの高層マンションの低層階は販売しにくいため、住居用物件にもかかわらず、店舗に改造されることが多かったのだが、そうした店舗が強制的に撤退させられたようだ。50日ほどで任務を完成したという[28]。

　「棚戸区改造（棚改）」（スクウォッター地区の再開発）も本格化しているようだ。先の『人民日報』は、2017年3月8日までに延べ人数で9960人の法律相談を受け付け、439件のトラブルの解消と調整を行ったと報じている[29]。北京の情報を伝える『千龍網』によると、東城区望壇（南二環路永外地区、約46ヘクタール）は、1992年に再開発エリアに指定されていたが、伝統保護地区との関係や資金調達の困難などが原因で、再開発が進まなかった。そうしている間に、未登記の家屋や違法な増改築が増え、道は狭くなり、障害者のいる家庭（1259戸、22.6％）、病人がいる家庭（769戸、13.81％）、低所得家庭（237戸、4.25％）などが集まるエリアになった。4922戸（86％）が未登記の家屋で、一戸あたりの建築面積は22.19平米、平均の居住人数は3.61人、1人あたりの面積は6平米だという。当初、立ち退き・移転の交渉の時間を見込んで「100日以内」と目標を設定していたようだが、当該記事によると、このエリアには、北京市の戸籍を持つ家庭が6413戸（戸籍人口は2万人あまり）、賃貸契約などを通して居住する家庭が5700戸あったが、再開発によって5693戸が転居す

ることになり、75％以上の住民との契約がたった8日で完了できたのだという[30]。

　このように政府系メディアは、短期間のうちに、長年懸案となっていた建物の撤去や住民の移転を完成させたと報じているが、情報統制が厳しくなる状況において、こうした前向きな報道を鵜呑みにすることは危険であろう。実際に、大火災の後の強制的な撤去や移転のプロセスにおいては、さまざまな人権侵害やトラブルが発生している。中国政府は法律や政策を巧みに使い分けている。例えば、非首都機能の分散を強化する政策を推進する一方で、『行政強制法』などを軽視している。同法の第5条は、「非強制的な手段で行政管理目的が達成できる場合は、行政による強行はしてはならない」とし、第43条は「行政機関は住民が生活において必要とする水、電気、暖房、燃料などの提供を停止することによって、当該住民に関連する行政上の決定に従うよう迫ってはならない」と規定している。本来ならば、専門家による論証、各方面のリスク評価、法律面の確認作業、公聴会の実施など、一連のプロセスを経た上で、移転先の確保や移転者への補償の決定などが行われるべきだが、こうした手続きを省き、目標達成のためにさまざまな作業をスピードアップさせている可能性が高い。また、当然のことであるが、補償金の支払いや移転のための支援は不動産の権利を持つ人に行われるのであり、その大半が北京市の戸籍を持つ人たちである。突如仕事を奪われ、住処を追われた外地戸籍の人たちは、路頭に迷っている。

おわりに

　これまで見てきたように、「農村」から「都市」に変化する過程にある城中村には、古くからの住民（農村戸籍保持者、都市戸籍保持者）と他地域から流入してきた外来人口（暫定居住者）が暮らしているが、多くの地域で外来人口の比率が突出して高くなっている。つまり、居住地に戸籍を置いていない者、北京市の「市民」としての権利を行使できない者が大多数を占めている。例えば、多くの子どもたちが北京市の公立学校に通えず、出稼ぎ労働者がつくった学校で勉強している。ゴミ収集や汚水処理の頻度が低く、衛生状況は悪いし、工場や商店、住宅が密集し、車も容易に通れない状況で、一旦火災が起これば

深刻な被害が生じる。

　当然、このような劣悪な居住環境ができあがったのは、行政の責任だけではない。少なからぬ人々が土地や建物を不法に占拠・賃貸し、建築物を増改築している。電線や水道が勝手に引かれ、ゴミがあちらこちらに捨てられている。盗難や暴力事件が頻発し、治安が悪化している。売春や賭博、ドラッグの販売などの違法行為も、城中村が舞台になることが少なくない[31]。近年中国では、オンラインショッピングや食べ物や飲料のデリバリーサービスが急速に普及しているが、食品デリバリーの16店が城中村の同じ住所を共有し、消費期限の切れた食材を使用していたというニュースも流れている[32]。また、冬になると城中村では、コストの安い石炭燃料で暖をとる家庭が多いが、これが深刻な大気汚染の要因の一つになっているという分析もある[33]。先に触れた「小産権」（小さい財産権）など、違法な不動産取引の多くも城中村に存在する。

　こうした城中村の実態を通して浮き彫りになるのは、北京に戸籍のない人々は「市民」と認められず、権利保障がなされないのだから、「市民」としての責任も果たさないという状況である。このような人々の多くは今の生活の質を高めることよりも、将来に向けて必死に働くことが重要だと考えているだろう。また、時には法を無視してでも、チャンスをものにするという者もいるだろう。なぜなら、彼らの置かれている立場は、「市民」と比べて非常に不利だからである。のし上がるためには、「正々堂々と競争する」などと言ってはいられないのだ。

　「市民」ではない彼らが、いかに抑圧された環境に置かれているかは、度々行われる強制排除の状況からよくわかる。大火災の後に強制排除に乗り出した黒ずくめの服装の人たちは、おそらく「城管」（都市管理員）だろう。城管は警察の下請け要員のような位置づけにあり、法的な権限がどこまで認められるのか明確ではない。暴力行為が横行し、城管のイメージが悪化したため、政府はイメージアップに躍起になっている。その一方で、人口増加のコントロールや、治安・衛生状況の悪化の阻止を優先するという判断もあり、政府は城中村における取り締まりを強行している。

　とはいえ、農民工たちは、生まれながらにして不利な条件下にあるにもかかわらず、並々ならぬ努力をして、金を稼ぎ、子どもを養い、親の面倒を見てい

るのである。法律を守っていないこともあるだろうが、急に退去させられるのは大きな痛手であり、人によっては、死を意味するほどの状況にまで陥ることになる。

　これまでに、城管の取り締まりにあった農民工が、城管を殺害するという事件が何件も発生している。その一つが崔英傑事件である。河北省の農村から北京に出てきて、三輪車の屋台で焼きソーセージを売って生活していた崔英傑は、2006年8月、無許可営業だとして城管に屋台を没収されそうになり、思わず手に持っていた小型ナイフで城管を刺した。城管は亡くなった。この頃、中国の世論は貧しい崔英傑に同情的だった。そして、そのような世論の後押しもあったからか、生活を支えていた屋台を突然奪われ、失意のどん底にあった崔英傑の情状を酌量すべきだという弁護側の主張がある程度認められ、崔英傑は死刑判決を受けたものの、2年間の執行猶予となった。中国では死刑に執行猶予を設けることができ、執行猶予期間に問題を起こさなければ、無期懲役に減刑される。崔英傑は現在も服役している。

　しかし、同様の事件で厳しい判決が下されたケースもある。2009年の夏俊峰事件がその一例である。夏俊峰は夫婦で串焼きの屋台を経営していたが、無許可営業だとして10人もの城管に突如取り囲まれて殴られ、屋台の設備を壊されて串焼きを地面に巻き散らかされた。城管に抵抗する中で、2人の城管を殺した夏俊峰は死刑の判決を受け、2013年9月に執行された。

　警察や城管が殺人の加害者であるケースもあるが、そのような場合、刑罰が軽いことが多い。例えば、2013年6月の貴州省関嶺県の警察官2名による銃殺は、被告に正当防衛が認められ懲役8年、2011年11月の遼寧省遼陽市の城管による殺人事件では、主犯に下された判決は懲役11年、2008年の湖北省天門市の城管による殺人事件では、被告に下された判決は懲役6年だった。

　特権を持つ者と持たない者、富める者と貧しい者の格差が拡大し続けている。「法を犯してでも豊かになってみせる」という人たちが後を絶たないのは、この格差が、努力だけでは容易に解消できないという現実があるからだ。中国社会の構造を成している格差問題がなくならない限り、「市民」不在の無法地帯＝城中村は、強制排除されても、また雨後の竹の子のように生まれてくる。

　経済や文化交流のグローバル化が進み、インターネットが言論空間を広げて

いる中、現在の中国を閉鎖された実態としてとらえるべきではないが、共産党一党執政の政治システムにおいては、共産党政権が正統とみなす政治イデオロギーに基づいて、社会秩序の基準が設定される傾向にあるとはいえるだろう。そして、司法の独立が実現していない中国の「法治」は、"rule of law"（法の支配）ではなく、"rule by law"（法による支配）の要素が濃いものである。つまり、共産党政権はその時々に設定する基準によって、法の適用や執行の仕方を変えている。法は権力を縛るものではなく、権力が統治のために利用する道具になりがちだ。

「法治」が統治者の都合で決められる状況下において、人々は自らの生存を第一に考え、公共の問題をあまり考えないようになる。統治者が絶大な力を持ち、この「法治」の構造が中国社会に根を張っている限り、民衆は正面から統治者に抵抗しても跳ね返されるだけである。北京市の城中村における強硬策に対しても、大きな反対運動がほとんど見られなかったのは、対抗すべき権力の甚大さを、農民工たちが身をもって理解しているからだ。しかし、政府が城中村を排除しても、また同じような城中村が形成されるのではないか。都市の人々も、城中村に暮らす人々の助けを必要としている。高齢化が進む都市部において、誰が高齢者の世話をするのか。誰が、働く親に代わって子どもの学校の送り迎えや食事を作るのか。疲れた体にマッサージを施してくれるのも、農民工たちである。屋台で食べる朝食も、果物やお菓子を買うのも彼らからだ。彼らがいなくなったら、北京市民はどうすればよいのか。北京市民がやりたがらない建設や工場での3Kの仕事をやってくれるのは彼らしかいない。では、こうした低所得層の労働者や自営業者の居住環境をよくする支援を、行政が行うだろうか。家賃の安い公共住宅や農民工の子どもたちが通える学校を北京市政府が建てるだろうか。答えはノーだ。そんなことをすれば、より多くの出稼ぎ労働者が他の地域から流入してくるだろう。

戸籍は親から引き継ぐものであり、条件のよい地域の戸籍を持つ者と、悪い地域の戸籍を持つ者では、その後の人生が大きく異なる。地域間の経済格差は広がり続け、不平等が解消されるめどは全く立たないままだ。本来ならば、農民や農民工にもっと多くの公的な援助がなされてもよいはずだが、彼らは安価な労働力として都合よく使われ、人口増加を抑えたり、景観や衛生状況を改善

したりしなければならない時には、強制的に排除されるというふうに、彼らを収奪する構造が定着している。

中国＝アジア的生産様式論について論じる福本勝清は、「中央政府に圧倒的な軍事力が集中する――（それを支えるべく主穀も王都に集中する）――大河・大平原に成立した専制国家においては、公共の福利のための大規模土木事業に関して、動員される側への説明責任など存在しない。なぜなら、公共の福利の事業は、まずもって公民への恩恵だからである。（中略）さらに重要なことは、下位もまた上位に絶対的に服従することにおいて、つねに受動的な立場にある。また、公民も諸官衙の命に、従わなければ罰せられるがゆえに、やむをえず受動的に従うべきのみである。そこで、「上に政策あれば、下に対策あり」と呼ばれる、命令には受動的に従う下位のものの無責任な対応が存在する理由がある」[34]と述べている。

福本は水利システムを（1）共同体のコントロールが可能な規模、（2）共同体のコントロールを超えた規模だが、専制主義を発生させない規模、（3）専制主義を発生させる規模に分け、それぞれの協働連関の可視性について、（1）は維持されるが、（2）は次第に失われ、（3）になると全く喪失してしまうと分析した上で、この結論を導いている。巨大な経済格差や民族文化の差異がある13億人以上が住む地域を、共産党一党が統治する現在の中国は、（3）の規模に相当すると言えるだろう。

経済のグローバル化が進み、情報の遮断や検閲が限定的にしかできない環境において、今の政権が、王都・王宮・王陵や万里の長城の建設に農民を過酷な動員に駆り出した始皇帝の時代のように、農民や農民工を動員することはできないだろう。とはいえ、社会保障や教育を受ける機会などにおいて、農民や農民工に差別的な扱いを続けている実態について、中国政府が正面から説明責任を果たすことはない。そのような構造が変わらない限り、城中村のような空間における、「法治」への意識的・無意識的な抵抗は続いていくだろう。城中村は、中国の断裂社会が生み出す矛盾に満ちた空間なのである。

参考文献

阿古智子（2016）、『超大国中国のゆくえ 5　勃興する民』東京大学出版会
田中奈美（2009）、『北京陳情村』小学館
福本勝清（2015）、「現代中国における封建論とアジア的生産様式」『現代中国のリベラリズム思潮：一九二〇年代から二〇一五年まで』
馬航、王耀武（2011）、『深圳城中村的空間演変与整合』知識産権出版社
邵任薇（2015）、『鑲嵌式自主的城中村改造研究：基于深圳 A 村的个案考察』人民出版社
張友庭（2014）、『社区秩序的生成——上海城中村社区 ŽÀʻH 的経済社会分析』上海社会科学院出版社
唐燦・馮小双（2000）、「"河南村"流動農民的分化」『社会学研究』第 4 期 pp.72-85
王漢生・劉世定・孫立平・項飈（1997）、「"浙江村"：中国農民進入城市的一種独特方式」『社会学研究』第 1 期 pp.56-67
王漢生・楊聖敏（2008）、「大城市中少数民族流動人口聚居区的形成与演変——北京新疆村調査之二」『西北民族研究』第 3 期 pp.6-16
楊聖敏・王漢生（2008）、「北京"新疆村"的変遷——北京"新疆村"調査之一」『西北民族研究』第 2 期 pp.1-9
その他、新聞記事やインターネットに掲載された文章（詳細は注を参照）

注

1) 張雄「再見、旧宮」『南方都市週刊』2011 年 5 月 9 日号を参照。
2) 治安維持や衛生管理を任務とする都市管理員「城管」は、警察の下請け要員のような位置づけにあり、法的な権限がどこまで認められるのか明確ではない。
3) 「低端人口」という言葉が話題になり始めてすぐ、ネットユーザーたちがこうした政策文書を発掘したのだという。黎岩「復盤北京"清退低端人口"始末」『Financial Times 中文網』、2017 年 12 月 12 日、http://www.ftchinese.com/story/001075421?archive（2018 年 5 月 30 日にアクセス）。
4) 李北方「中国没有貧民窟？」『四月網』http://www.m4.cn/opinion/2015-03/1268538.shtml（2018 年 5 月 30 日にアクセス）。
5) 企業や個人が収用された土地の権利を取得する場合、土地使用権譲渡金や各種税金を地方政府に支払うことになっている。中央と地方の税源配分を明確化した「分税制」の施行（1994 年）に従って、これらの大半が地方財政に組み入れられると、地方政府は大量の農業用地を非農業用地に転用した。
6) 住宅なら 1 物件だけか、2 物件でも、合計面積が同市住民の平均居住面積以下であれば所有できる。「2017 上海低保毎月多少銭」『中金網』http://www.cngold.com.cn/newtopic/20170113/2017sgdgdsfwq.html（2017 年 12 月 2 日に最終アクセス）を参照。
7) 知識水準は高いが、都市の戸籍を持たないという意味で「知識民工」と呼ばれるこ

ともある。詳しくは新保・阿古（2016）の第四章を参照。
8)「城中村的表現特徴」『找法網』2011 年 5 月 30 日、http://china.findlaw.cn/data/fcjf_5399/6/38017.html（2017 年 11 月 22 日に最終アクセス）を参照した。
9)「浙江村」については王・劉・孫・項（1997）、「河南村」については唐・馮（2000）、「新彊村」については王・楊（2008）、楊・王（2008）を参照。
10) 田中（2009）を参照。
11) 姜隅瓊「北京城中村調査」『上海証券報』2013 年 5 月 16 日。
12) 筆者はここに紹介する地域を含め、さまざまな城中村を訪れているが、特に許可を取って聞き取り調査を行ってはいない。警察が鋭い目を光らせて巡回しているため、聞き取り調査ではなく、村の中をじっくり歩いて見て回る程度である。
13)「聚焦北京三環城中村：住的是窮人　拆遷説了十余年」『北京晩報』2014 年 9 月 3 日、「関東店北街化石営村路辺乱擺攤垃圾扔一地」『北京日報』2017 年 8 月 10 日を参照。
14) 劉照輝「昔日"早餐村"将告別脏乱差」『北京晩報』2017 年 3 月 7 日。
15)「北京大望京村村民搬遷一夜暴富 28 天全村搬遷完字」『新京報』2012 年 6 月 8 日。
16) 葉曉彦「北京回龍観城中村成小白領聚集地　本地人不足一成」『北京晩報』2014 年 6 月 4 日。
17) 高学歴のワーキングプアで家賃節約のため狭い部屋で暮らすことから、このような呼び名がついた。
18)「青春、在擁擠中出発」中央電視台『新聞 1＋1』（2014 年 7 月 28 日、http://tv.cntv.cn/video/C10586/14119be0d3ff479f832641acf57fc7d3（2018 年 5 月 30 日にアクセス）。
19) 姜隅瓊「北京城中村調査」『上海証券報』2013 年 5 月 16 日。
20) 趙晗「北京拾荒 20 年：你的京城、我的廃都」『端』2016 年 9 月 14 日、https://theinitium.com/article/20160914-mainland-scanvengers/?utm_content=buffer9a397&utm_medium=social&utm_source=twitter.com&utm_campaign=buffer（最終アクセスは 2018 年 5 月 30 日）。
21)「水晶の夜」という名前は、破壊されたガラスが月明かりに照らされて水晶のように輝いていたことから付けられたという。
22) 黎岩、前掲記事を参照。
23)「北京「切除」：11 張図帯你看懂「低端人口」清退行動」『端伝媒』2017 年 12 月 1 日、https://theinitium.com/article/20171201-mainland-Beijing-uprooted/
24) 会議の動画は You Tube などで配信されている（例えば、https://www.youtube.com/watch?v=HIP4VbllokQ など。2018 年 5 月 30 日に最終アクセス）。中国国内では You Tube は規制対象となっているが、いわゆる「壁越え」（ネット規制を回避する手段を講じること）をすれば、見ることができる。
25) 黎岩、前掲記事を参照。
26) 2015 年、北京市は 2020 年の北京市の人口を 2300 万人以内に抑える計画を発表し、2017 年にも、厳格に都市の規模をコントロールする旨が明記された『北京城市総体

規画（2016-2035 年）』を提示している。2017 年の北京市の人口は約 2170 万人（前年比で 0.1％減）で、過去 20 年で初めて落ち込んだ（北京市統計局による統計データを参照、http://www.bjstats.gov.cn/tjsj/yjdsj/rk/2017/201801/t20180119_391224.html）。

27) 賀勇「北京動員社会参与"疏解整治促提昇"専項行動整治開墻打洞　拆除違法建築」2017 年 6 月 9 日『人民日報』。

28) 賀勇、前掲記事。

29) 賀勇、前掲記事。

30) 「【"人勤春来早" 系列報道】両万余望壇居民下月可簽約選房」『千龍網』2017 年 2 月 22 日、http://interview.qianlong.com/2017/0222/1425407.shtml。

31) 「城中村的警察的一日　掃黃抓賭」『中国青年報』2016 年 8 月 18 日、http://picture.youth.cn/qtdb/201608/t20160818_8563311_3.htm（最終アクセスは 2018 年 5 月 30 日）。

32) 趙吉翔・趙蕾・李戈戈・高興・王露暁「百度外賣 16 家餐庁神秘隠身城中村、銷售過期菜品、多家"虛擬店舗"共用一地址」『新京報新媒体』2016 年 8 月 8 日、http://www.bjnews.com.cn/news/2016/08/08/412747.html（最終アクセスは 2018 年 5 月 30 日）。

33) 「城中村自建林立　燕郊"禁煤区"依旧燒煤取暖」『北京晩報』2016 年 11 月 22 日。

34) 福本勝清（2015）を参照。

第 15 章　中国の非正規労働問題と「包工制」

梶谷　懐

はじめに

　「包工制」は「包工頭」と呼ばれる独立した業者が企業から委託を受けて労働者を募集し、労働者の労務・生活に関する責任および管理を請負う雇用形態のことであり、戦前からその前近代性を指摘されながら形を変え現代まで存続している。本稿では、「包工制」の名で知られてきた労働慣行に注目しつつ、現代中国の経済社会において労働者を取り巻く環境を概観し、その固有の問題点について考察する。戦前からの議論にもみられたように「包工制」のようないわゆる前近代的な労働慣行が中国社会において残存していることの意味を問うことは、それらの現象を他の先進諸国との遅れとして「段階論」的に捉えるのか、あるいは中国社会の「独自性」「特殊性」を表すものとして類型的に捉えるのか、という視点の違いに深く結びついている。本稿では、この問題について「包」（請負い）をめぐる中国研究者の議論を参照しつつ考察するほか、近年のテクノロジーの進展により、現代中国では非正規労働をめぐる問題について世界の最先端ともいえる現象と、かつての日本社会が社会運動や行政の取り組みによって克服してきたはずの「古い」タイプの問題が共存するという「まだらな発展」を遂げているという事態にも注意を喚起する。

1．在華紡のストライキと「包工制」──1920年代上海の経験より──

本節では、中国において「包工制」が置かれてきた社会的文脈をたどるために、1920年代の繊維産業における労働慣行、そこに「直轄制」の採用を掲げて参入してきた日系の繊維会社、すなわち「在華紡」の参入がどのような動揺をもたらしたのかについて検討する。なお、包工制は戦前の中国では広く見られた雇用形態であり、特に炭鉱労働における包工制（把頭制）については、旧満洲において日本人・日本資本による経営の炭鉱が数多く存在したこともあり、日本人研究者による既存研究がかなりの分量に上っている。それらの研究成果については、木越（2009）を参照されたい。

さて、1920年代以降には、中国（中華民国）の軽工業を中心とした急速な工業化を背景に、日本の紡績企業が低廉な労働力を求めて我先にと中国大陸に進出する、今で言う直接投資のラッシュが生じる。これにより設立されたのが、いわゆる「在華紡」といわれる日系の工場群であった。この時期には、日本国内の綿製品市場の縮小や賃金水準の上昇、さらには中国の関税引き上げなどの要因もあって、中国市場を主要な販売市場としていた日本の輸出用綿糸は市場を失い、在華紡という形式をとった中国進出が一般的になっていく（高村 1982）。第一次世界大戦当時欧州への綿製品輸出のブームは中国だけでなく日本の紡績業にも大きな利益をもたらしたが、在華紡の大量進出の背景にも輸出ブームに支えられた日本紡績業の資本蓄積の進展があった。

以上のような事情にもかかわらず、在華紡は特に中国共産党に近い公式見解の中では「民族資本を圧迫する外国資本」として否定的に捉えられる傾向が強かった。その一つの大きな原因は、近代以降の日本を始めとした列強諸国やその資本の中国進出に対峙する、労働者を含めた中国民衆のナショナリズムの高まりが、中国共産党の唱える「革命史観」の中で、いわば絶対的な「正義」とされてきたことにある。

もう一つ重要な要因として、当時の紡績工場が現在よりも遙かに労使対立の激しい現場であったこともあげられるだろう。当時の在華紡でも、工場における劣悪な労働条件に職工たちが反発し、大規模な労働争議がたびたび生じた。

そこに中国共産党などの政治組織が介入することにより、労働争議は往々にして「反帝国主義資本」のための闘争、という性格を帯びたのである。

そういった、在華紡を中心に生じた労使間の対立が表面化して生じた大規模な労働争議の代表的なものが、1925年に生じた「5.30事件」である。これは、当時の上海における代表的な在華紡「内外綿」で生じた労働争議を発端として、上海における在華紡の工場が長期間にわたるストライキと製品ボイコットによって大打撃を受けたものである（江田 2005）。

重要なのは、この労働争議の背景に、工場における雇用制度をめぐる利害の対立の構図があった点である。当時、内外綿などの在華紡は生産効率を上げるために、中国の伝統的な労働慣行とは異なる労務管理の方式を導入したが、このことが労使間の矛盾を顕在化させたことが指摘されてきた。当時中国の代表的な労働慣行として行われていたのが、「包工頭」と呼ばれる請負人が、企業側から依頼を受けて個人的なネットワークを辿って人員を募集する「包工制」であった。

なお、「包」という概念は現在の中国でもよく用いられるもので、もともと「ある仕事を第三者に丸投げすること」というほどの意味をもつ。戦前から戦後に欠けて活躍した社会学者の柏祐賢は、この「包」という概念の中に中国社会の構成原理を説くカギがあると考えて（「包の倫理規律」）、詳細な考察を行った（加藤 2016）[1]。

加藤は、中国の経済社会に広く見られる「包」的な取引関係について、その本質を①請負関係を結ぶ当事者の「水平性」、②請負関係の「多層性」、③経済環境の「不確実性」という三つの点に要約できるとしている。特に在華紡の全盛期であった20世紀初頭の中国は近代的工業がようやく離陸をはじめた時期にあたり、関連する法制の整備も十分ではなかったため、経済環境の「不確実性」への対応として「包」的な請負関係に頼る部分が大きかったと考えられる。不確実性の大きな環境の下で、ある仕事を中間に入ってくる第三者に丸投げ（包）することにより、元請け業者はリスクを回避することができる。また、仲介者の方は仕事を一定の金額で請負えばその実行方法は自由にまかされていたので、才覚次第で利益を上げることもできる。いわば、リスクとリターンを交換するような契約の仕組みがそこでは見られたのである。

戦前の在華紡における包工制度を取り巻く構図も基本的には同じであったと考えられる。労働者の募集を請け負う包工頭ができるだけ安い賃金で職工を雇おうとするため、職工にとって賃金面での条件決してよくなかった反面、工場の労務管理もそれほど厳しくはなかったようである。包工制が一般的だった民族紡では、職工たちが工場内で談笑したり、時間外に食事をしたり、工場内に子供をあやしたり遊ばせるという光景がよく見られたという報告がある（高村1982）。

それに対して、内外綿などの在華紡企業は、包工頭による中間的搾取を嫌って企業が職工を直接募集し、工場の監督も日本人が行う直轄制を採用した。同時に、「特選工」と呼ばれる中国人の役付き職工を通じ、徹底した労務管理によって効率性の向上を行った[2]。この徹底的な効率性追求による生産性の高さのために、在華紡は民族紡に対して競争面で優位に立ったが、反面、職工たちの不満が中間で吸収されず直接工場側に向けられたため、何かきっかけがあればストライキに代表される労使紛争が生じかねない状態が生じていた。一方、当時の在華紡において多発していた労働争議は、多くの場合共産党や国民党によって組織的に「動員」されたものだったことが広く知られている。興味深い点は、その動員の方式にも包工制は深く関係していたことである。

中国近現代の労働問題を専門とする衛藤安奈は、共産党などが労働者を「動員」する際には、当時上海の裏社会を取り仕切っていた青幇などのネットワークを積極的に利用していた、と指摘している（衛藤 2015）。青幇は、雇用仲介者である包工頭と彼らが集めてきた職工との間の「親分－子分関係」をうまく利用し、在華紡の経営に不満を持つ労働者の大規模な動員を可能にした。また、直轄制の採用になって自分たちの利権が奪われることに脅威を感じた包工頭たちも、「子分」である職工たちの不満を煽る形で労働争議に積極的に介入していった。当時の労働争議がしばしば暴力的でマッチョな性格を帯びたのは、その動員にあたってヤクザの世界にも通じるホモソーシャルな人間関係やネットワークが利用されたためであった。

衛藤は、当時中国で多発していた労働争議がこのような「親分－子分関係」に基礎づけられた「孤立した集団」によって担われていた以上、そこから外部に開かれた交渉可能な「公共圏」につながる動きが生じることは困難だった、

と否定的な評価を下している。この点は、後述するような、包工制と公権力との関係について考察する上で重要な示唆を含んでいると考えられる。

2．現代中国の包工制（建築業）と包工頭

　繊維産業に限らず一般的な傾向として、工場の機械化が進み労働者に要求される熟練度が上がるにつれにつれ、包工制は次第に直轄制に代替されていった。その一方で、中華人民共和国成立後も、包工制は一部の産業でしばらくその命脈を保っていた。1949年から1957年にかけて、戦後の復興・復興事業を実施するため建設部門には多くの労働力が必要だったが、当時専門の建設会社は非常に不足していた。このため様々な請負＝包によって必要な労働力を確保するということが行われたのである（潘＝盧 2009）。例えば、鉄道部など政府内の一部署、あるいは国有企業の労働者が建設部門の労働を請け負ったり、中小の私営企業が政府によって建設会社に改組されたりする方式が行われた。

　その後、1950年代後半に中国が独自の社会主義路線を追求するとともに反右派闘争や大躍進運動など社会主義の急進化が図られると、包工制度は資本主義の残存であるとして批判の対象となり、1959年には労働者の給与は基本的に国家財政をもって支払われることになり、包工制は正式に廃止された。その後市場経済原理を部分的に取り入れた調整政策が始まった1962年になると、包工制も一部再開されるが、1970年に再び廃止される（潘＝盧 2009）。

　包工制が中国の労働市場において本格的に復活するのは、改革開放路線による市場経済化が進む1980年代になってからである。1980年に政府は「建築安装工程包工合同条例」を発令し、建設業者が中小の請負業者と請負契約を結ぶことを解禁した。また1984年には国務院により「建築業の改革と基本建設管理体制の若干の問題に関する規定」が公布され、建設業における労働請負制度が全面的に復活する（潘＝盧 2009）。

　1990年代以降、建設業における市場化の進展と労働市場の流動化は一層進むが、それと同時に建設労働者のおかれた劣悪な労働条件、ならびに「包工頭」による搾取や賃金未払いが社会問題として指摘されるようになる。このような状況を受け、1998年に成立した「建築法」29条では、労働雇用の「孫請け」

が正式に禁止された。また2005年に政府建設部は「労務請負制度の建設と完成および建設労務企業の発展に関する意見」という文章を発表し、3年以内に包工制の解消を図ることを表明した。

しかし、このような政府の取り組みにもかかわらず、建設業の労働慣行として包工制は根強く残り続けた。この背景として、建設業者と包工頭との「持ちつ持たれつ」の関係が指摘できる。すなわち、包工頭は建設企業の名義を、建設労働者の募集を行う農村における地縁・血縁に規定されたネットワーク関係を利用して労働者を募集し、中間マージンを得ることができた。また建設業者は、労働者の募集と管理を包工頭に「丸投げ」することにより、少ないコストで安価な労働力を確保することができたほか、労務管理上のトラブルの責任を包工頭に押し付けることができたのである（チョウ 2014：潘＝盧＝張 2010：任＝賈 2010）。

ただし、このような包工制では募集の過程で包工頭と労働者が成文化された労働契約を交わすことはほとんどなく、また後述するように労働現場で労災などのトラブルが生じた時も、労働者と元請けの建設業者は没交渉となる。すなわち、労働契約をめぐる「包」の連鎖が常態化した中で、最底辺に位置する労働者が常にリスクの負担を押し付けられる構図がそこには存在する（図）。

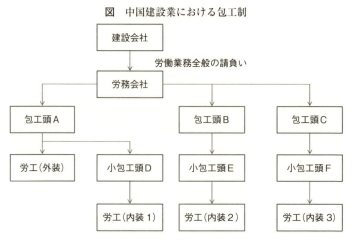

図　中国建設業における包工制

※矢印は請負関係をあらわす。
出所：チョウ（2015）、潘＝盧＝張（2010）などを元に著者作成

特に問題なのは建築現場で生じた労災の補償において、労働者が企業に対して補償を求める際の障害に包工制がなっているケースが数多く見られることである。NGO北京行在人間文化発展中心が、2007年から2012年までの5年間に北京市における50カ所の建設現場で発生した131件の労災事故（有効回答数は73）について行った調査報告を紹介しよう（李2013）。同報告によれば、作業中に事故が生じた場合、労働者と直接対峙する包工頭が労災にあった労働者の立場に立ってその権利の保護を支持したケースは全体の8.2%にしか過ぎず、49.1%の包工頭は何らかの責任逃れを行っており、さらに労働者が会社などに補償を求める行為を邪魔したケースが37.1%にのぼっていた。

　また、労災が生じた原因の回答として最も多いのは、十分な事故防止策がとられていないことで、全体の54.8%にのぼる。また、作業の危険性に関する周知も十分ではなく、76.7%が作業に関する十分な研修を受けていなかった。また労災にあった労働者のうち、正式な労働契約を交わしていない者の比率が95.9%、また労災保険に加入していなかった者も93.2%に上った。

　同報告は、このような労災上の「責任逃れ」が多発する背景にとして、1. 建設業では労働者の雇用において、本来労災などの知識を持たず、建設業者の正式な社員でもない建設業の資格を持たない包工頭に業者が「名義貸し」を行い（「資質挂靠」）、労働者を雇用させているケースが多いこと。2. 労働請負契約が多層にわたっており（層々分包）、末端の管理が困難であることなどを挙げている。実際、事故が発生した際に元請け企業はほとんどのケースで保障を拒絶しており（89%）、64.3%のケースで包工頭や企業の代理人が労働者に対し私的な賠償を行うことで解決が図られている。すなわち、包工制は劣悪な労働のもとで、本来企業が負うべき安全管理や事故の保障の責任を一方的に包工頭に負わせる責任逃れの温床となっていることがわかる。

3．「包工制」の位置づけをめぐって

（1）中国固有の現象か？

　包工制については、それが中国社会における固有な「制度」なのか、あるい

は資本主義の発展の未熟さから生じるものとして、段階論的に理解すべきなのか、という点について、中国研究者の中で活発な議論が行われてきた。例えば加藤弘之は上述のように、戦中期から戦後にかけて活躍した社会学者、柏祐賢によって唱えられた「包」の倫理規律に注目し、不確実性に満ちた中国における資本主義のダイナミズムの源泉をそこに見出している（加藤 2016）。一方、経済史家の木越義則は、前述の「包」を中国に社会に独特の制度とする加藤の主張に対し、「『包』とは、市場経済化と体制崩壊により社会が流動化した際に発展したもの」であり、「中国の場合でも、成功を収めた近代企業は、いち早く『包』を解消していったことが紡績労働研究などから指摘されている」という批判を行っている（木越 2014）。

　木越はまた、中国の石炭業（炭鉱）における包工制（把頭制）に関する研究者の見解について、以下のように整理している。1．請負制度の形態としては日本における納屋制度や飯場制度と同様のものである。2．把頭制度は、経営規模が大きく機械化が進展している炭鉱で広範に展開したことにしめされるように、中国旧来の制度の残滓ではなく、資本主義的経営に応じて形成された制度である。3．近代的性格を持ちながらも、組織の構成員はすべて同郷者から構成されており、中国の伝統的な幇会に共通する地縁組織という性格を持つことである（木越 2009）。最後の点は、同郷・地縁のネットワークにより農村から都市への労働力供給が行われるという中国社会の特徴と深いかかわりを持つものだといえるが、それ以外の1．2はむしろ包工制が中国特有の制度ではなく、資本主義の発展段階においてどのような地域にでも普遍的に見いだせる現象だということを主張する見解だといえよう。

（2）所有権アプローチと包工制

　では、経済学的には「包工制」のような労働請負制度の存在には、どのような説明が与えられるだろうか。もし、文化や社会の特殊性を前提としない経済学の手法を用いて包工制の存在が合理的に説明されるなら、それを中国固有の制度として解釈することには無理があることになる。以下では、ハート＝ムーアの所有権アプローチによる説明を試みてみよう。

　所有権アプローチは、企業活動を雇用、投資、利益の分配などをめぐる「契

約の束」とみるロナルド・コースやオリバー・ウィリアムソンらの問題意識を継承しつつ、2016年のノーベル経済学賞を受賞したオリバー・ハートをはじめ、サンフォード・グロスマン、ジョン・ムーアらによって体系化が行われた経済理論である（Grossman＝Hart 1986：Hart＝Moore 1990）。

　新古典派経済学で前提とされていた完全競争の過程とは異なり、現実の経済では、しばしば予期せぬ事態が発生し、事後的にどのように対処するかを決定しなければならない。いわゆる契約理論では、そのような事態が生じる可能性がある契約を「不完備契約」と呼んできた（伊藤 2016）。その場合、当事者間の再交渉などを通じて事後的に取引を環境に適応させることが必要となる。所有権アプローチを始めとした契約理論は、特に企業間の共同開発や、関係特殊的な部品取引などの不完備な契約が行われるときの経済主体の合理的な行動を解明する際に威力を発揮してきた。

　例えば、労働者がその企業でしか能力を発揮できない特殊な技能を持っていたり、サプライヤーがメーカーからの特注の部品を生産している場合など、取引当事者が所有する資産の関係特殊性が高いケースには、取引関係を解消する費用が高くつくため、事前の関係特殊的投資が望ましい水準よりも過小になりがちだと言う問題が生じる。これを契約理論では「ホールド・アップ問題」と呼んでいる[3]。

　所有権アプローチは、このような「ホールド・アップ問題」による非効率をできるだけ少なくするために、事前に資産の所有権をどのように割り当てる（企業の境界をどのように画定する）のが望ましいか、を明らかにしてきた。すなわち、異なる経営資源を持つ二つの企業が存在する場合、①互いの資産の補完性が高い場合については所有権（経営権）の統合が望ましい。またその際、②経営にとってより本質的な資産の所有者が双方の資産を統合するのが望ましい、というのがその理論的帰結である（ハート 2010）[4]。

　この所有権アプローチの成果を「包工制」と「直轄制」の選択をめぐる議論にあてはめてみよう。この場合、物的資産を所有する企業、そして労働者の雇用に不可欠な無形資産（具体的にはワーカー募集とその管理のノウハウ）を所有する請負業者（包工頭）の関係については、以下の二つのケースがありうることになる。

第一のケースは、企業と請負業者が労働者の雇用や管理に関する請負契約を結ぶというもので、これがいわゆる「包工制」にあたるものである。第二のケースは企業が派遣業者の無形資産を所有、すなわち企業が包工頭および労働者を直接雇用し、包工頭は会社の指示に従って労働者を管理するというものであり、これが直轄制にあたるものである。

　所有権アプローチによれば、①無形資産にあたるワーカー募集や労務管理のノウハウと企業本来の業務内容の補完性が高く、②企業本来の業務に関する人的資本への投資（研修や資格取得など）が重要である場合は企業が包工頭を直接雇用する直轄制が望ましいが、そうではない場合には包工制が望ましい、ということになるはずである。

　包工制の慣行が現在まで存続する建設業で必要とされるのは基本的に単純な肉体労働であり、すでにみたように現場において十分な職業訓練・教育がなされているとはいいがたい。また、労働者の募集についても、そのノウハウは本来の企業の業務とほとんどかかわりを持っていない（補完性が低い）と考えられる[5]。このように現代中国において、特に建設業において包工制が存続している現象は、所有権アプローチという普遍的な理論によってかなりの程度合理的に説明されるといってよい。

（3）伝統中国と仲介経済

　上述の所有権アプローチのような立場に立つ限り、包工制は経済学の内部の議論で十分にその合理性が説明できる現象であり、そこからは特に中国社会に固有のものということはできない、ということになるだろう。しかし、それだけでは説明として不十分な点も残る。上述の所有権アプローチを援用したロジックにおいても、制度化された労働者市場の不在や、包工頭に支払う仲介コストの水準、あるいは労働者にとっての労働契約についての社会規範（どのような労働契約が「当たり前」とされていたか）など、市場経済の外部環境によって説明される要素が、企業及び請負業者（包工頭）の行為に一定の影響を与えていることは否定できないからである。以下では、包工制の背景として考えられうる、市場経済の外部環境に関する要素を三つ挙げておこう。

　一つ目は、包工制が都市と農村の格差が大きいもとでの伝統的な地縁組織を

利用した労働者の募集、という側面を持つ点である。これは前述のように、同郷・地縁のネットワークにより農村から都市への労働力供給が行われるという中国社会の特徴と深いかかわりを持つ。このような中国社会の中に伝統的に埋め込まれた、都市―農村間の二元構造という市場経済の外部環境が、建設業における包工制の存続に一定の影響を与えていることは否定できない。

　第二は、中国社会においては、その伝統的な商慣習によって、取引における「仲介」にかかるコストが他の地域よりも低くなっている可能性がある、という点である。

　王朝期から現代にまで続く中国経済の制度的特徴として、取引における第三者による仲介の比重が大きいことについては、歴史学者を中心に多くの指摘がなされてきた。たとえば、近代中国経済を専門とする古田和子は「仲介は、中国経済の中で物と物との一般的な取引関係から土地の売買や徭役に関する契約、人の紹介・雇用・保証に至るまで、二者間で結ばれるさまざまな社会経済関係に介在する存在」であり、このため「『中人』や『保人』、『舗保』など仲介者を表す言葉も豊富」である、と指摘している（古田 2013, 149）。

　また、西欧諸国および日本前近代においてみられた封建社会との対比によってその特徴を明らかにする試みを続けてきた足立啓二は、「専制国家」を経済システムの上で特徴付けるものとして、客商－牙人（行）制度に代表される伝統的商秩序の存在を強調している（足立 2012）。

　広域的な商取引に従事する商人（客商）は，原産地からの商品の買い付けあるいは消費地における商品の販売に当たって、必ず現地の事情に精通した仲買人（牙人）に業務を委託した。そして牙人は、いわば地域間の情報の非対称性の大きさを裁定することによってレント（利鞘）を獲得した。そしてこのような客商と牙人（行）間の取引関係は、その短期的な性格によって特徴づけられる。この点に関して足立は、「客商と牙人の関係を考える上で注目すべきは、そのある種一過性的な関係である。（中略）遠来の客商が、消費地の小売商などと固定的な関係にないことはもちろん、仲介をする牙人そのものが、外貌・物言いなどを基準に、万全の注意を払って選択されるべきものであり、牙人を選ぶことは、客商の一大重要事だというわけである。（中略）こうして選ばれた牙人であるが、あるいは、この一過性ゆえに、客商にとってその信頼性はけっ

して高くない」と述べている（足立 2012, 528-529）。

　このような伝統中国社会における「仲介」への偏重が、例えば長期的な信用取引や法・裁判制度といったよりフォーマルな取引制度に比べて、その取引コストを著しく引き下げてきた可能性がある。「包の倫理規律」を唱えた柏祐賢が、仲介業が発達した商品市場の重層構造を「包」の重要な構成要素としてとらえていたことからみても、このことは現代の包工制のような「多層な請負関係」を支える社会的な背景として指摘できるのではないだろうか。

（4）公権力との関係

　包工制に関する市場経済の外部環境として第三のものが、経済活動と公権力との関係性である。伝統的な中国社会では、より高い信頼性と独自の情報ネットワークを持つ有力な「仲介者」が、公権力との間に常に深い関係を維持する、という現象が常に見られた。零細な経済主体同士の小口の経済取引を大手業者が「仲介」することで、公権力にとって掌握可能になり、零細な業者を直接相手にしていたのではコストがかかりすぎて不可能だった徴税などの管理が可能になる、という構図が存在したからである（村上 2013）。

　また、『中国経済の社会態勢』の著者として知られる村松祐次は、清代から民国期にかけて中国江南地域において一般的にみられた大地主（租桟）制度について以下のように述べている。「（租桟とは）他の地主からその所有地の管理経営を委託されて、これを自己の所有地や、受典地などとともに一括して管理し、（中略）その全体から小作料を徴収し、その全体について税を代納」する存在であり、「総じて租から税へ、小作人から地主を経て国庫へ、農業余剰移転の連鎖関係は一貫して実質的・内容的につながっており」「このような理由づけによって、官権と地主利益との抱き合わせが実現」する。すなわち、この租桟制度のもとで大地主は公権力との間に強い結びつきを持ち、公権力による零細的な小作農の統治を「仲介」する機能を果たしていたことが示唆されている（村松 1970）[6]。

　すなわち、長期的信用取引が未発達なもとで第三者による仲介に多くを依存するという中国における伝統的な商慣習は、有力な仲介者の存在とその公権力への結びつきの強さ、その裏返しとしての民間の商取引の「法」を盾とした公

権力からの自立性の弱さと相互補完的な関係にあったと考えられる。

　これは前節でみた、建設業における労災問題における労働者に対する「法」的救済という枠組みの脆弱さとも関わる問題であろう。すなわち、企業と労働者が直接契約を結ぶのであれば、労使間の矛盾や業務遂行に関するリスクが大きなものであっても、労使の交渉によって何らかの一般的なルールが形成されたり、あるいはそれが公権力によって成文化されたりする契機が存在する。しかしそこに「仲介者」である包工頭が介在することにより、労使間の矛盾や不確実性は軽減される一方で、労使間におけるより一般的なルールが形成されない、あるいは実際の労災などのケースにおいて効力を発揮しない、という構図が存在すると考えられるからである。

4．「まだらな発展」を遂げる中国経済

　さて、前節でみたような包工制を支えてきた中国社会における市場経済の外部環境は、今後も存続するのだろうか。ここで注目しておきたいのが、アリババ集団や騰訊控股（テンセント）などの大手IT企業、あるいは配車サービス大手の滴滴出行のように、インターネットを通じて取引仲介のためのプラットフォームを提供するビジネスモデルが急速に広がりつつある、という事実である。このことを背景に、昨今の中国ではオンラインのプラットフォームを利用したシェアリング自転車サービスなどのシェアリング・エコノミーやフードデリバリーの餓了麼や美団点評などのO2O（Online to Offline）ビジネスも、目覚ましい拡大を続けている。

　国家情報センターが発表した『中国シェアリング経済発展報告2017』によれば、2016年のシェアリング経済の市場規模は3兆4520億元と前年より比103％の増加、また就業する人々者数は前年よりに比べ約1000万人増加し6千万人を超えているという（国家信息中心分享経済研究中心・中国互聯網協会分享経済工作委員会 2017）。翌2018年の同報告書によれば、シェアリング・エコノミーの取引規模は2017年にさらに47.2％増えて4兆9205億元に達しているという。2017年3月の全国人民代表大会全人代で李克強首相により行われた「政府活動報告」の中でも、新興産業としてのシェアリング・エコノミーの

発展をサポート支援することが明記された。

昨今のアリババなどのIT企業により提供される取引仲介のプラットフォームは、それが中国の伝統的な商慣習にマッチしていたという理由もあり、すさまじい勢いで中国社会に普及し、人々の生活スタイルを急速かつ根本的に変えつつある。それらの膨大な顧客情報の集積を通じた仲介サービスの提供は、「仲介」や「評判」をベースにした「包」などの伝統中国の商習慣をテクノロジーによって現代的にアレンジしたものという側面をもっている。

このようなシェアリング・エコノミーの拡大により、そこに就業する「新しい非正規労働者」の権利をどう保障するのか、ということが改めて問われている。例えば滴滴出行に登録しているドライバーは、同社の従業員なのか、それとも個人事業主なのか。その労働者としての権利はどの程度守られるのか、あるいは年金などの社会保障は誰がカバーするのか。これらの点が中国の労働問題専門家の間では一大関心事になっている[7]。

その一方で、中国社会における代表的な非正規労働者である農民工の置かれた不安定な状況や劣悪な労働環境など、労使関係をめぐる「古い」問題はいまだ解決されず、深刻な状況にある。中国社会ではこれらの「古い」労働問題の解決に寄与するはずの近代的諸制度、すなわち法の支配や政府から自立した労働組合などが十分社会に根付いていない。そこに生じたシェアリング・エコノミーの広がりは、個々の労働者が個人営業の零細的な業者としての性格を強め、労使間の矛盾を「法」によって調整する空間をむしろ狭めつつあるような印象さえ受ける。

テクノロジーの進歩によって、中国ではある部分では日本よりもずっと進んだ、これまで誰も経験してきていない情景が広がっている。一方で、かつての日本社会が社会運動や行政の取り組みによって克服してきた「古い」タイプの労働問題も、いまだ存在している。特に包工制は戦前からその「前近代性」を指摘されながら、形を変えて現代まで存続している。このような「まだらな発展」ともいうべき状況が、労働問題に限らず中国ではそこかしこに広がっており、それが独特のダイナミズムと同時に深い矛盾も生みだしている。このことを抜きにして、現在の中国社会や経済を語ることはできないのではないだろうか。

参考文献

芦沢知絵（2011）「内外綿の中国人管理者と監督的労働者――「特選工」から「役付工」へ（1911-45 年）」（富澤・久保・萩原編『近代中国を生きた日系企業』大阪大学出版会）

足立啓二（2012）『明清中国の経済構造』汲古書院

伊藤秀史（2016）「「契約理論」はわれわれの身近で役立っている――2016 年ノーベル経済学賞 2 人の重要な業績」『東洋経済 ONLINE』2016 年 10 月 24 日、（http://toyokeizai.net/articles/-/141374）

江田憲司（2005）「在華紡と労働運動」（森時彦編『在華紡と中国社会』京都大学学術出版会）

衛藤安奈（2015）『熱狂と動員――1920 年代中国の労働運動』慶應義塾大学出版会

梶谷懐（2017）「中国社会と自生的秩序――リスクと仲介の視点から――」『現代中国』第 91 号

加藤弘之（2016）『中国経済学入門――「曖昧な制度」はどう機能しているか――』名古屋大学出版会

木越義則（2009）「満鉄撫順炭礦の労働管理制度と小把頭――1901-1940 年」『日本研究』第 560 号

木越義則（2014）「曖昧な制度と経済史研究：加藤弘之氏の著作に寄せて」『現代中国研究』第 35・36 合併号。

高村直助（1982）『近代日本綿業と中国』東京大学出版会

チョウサンサン（2014）「中国建築業界における労働組織の研究」『農業市場研究』第 23 巻第 2 号

富澤芳亜（2017）「近代中国の労働組織――鉱業における請負労働制度について」社会経済史学会第 86 回大会報告資料

ハート、オリバー（2010）『企業　契約　金融構造』鳥居昭夫訳、慶應義塾大学出版会

古田和子（2013）「近代中国における市場秩序と情報の非対称性――19 世紀末～20 世紀初頭」（古田編『中国の市場秩序――17 世紀から 20 世紀前半を中心に』慶應義塾出版会）

村上衛（2013）『海の近代中国――福建人の活動とイギリス・清朝』名古屋大学出版会

村松祐次（1970）『近代江南の租桟――中国地主制度の研究』近代中国研究委員会

国家信息中心分享経済研究中心・中国互聯網協会分享経済工作委員会（2017）『中国分享経済発展報告 2017』国家信息（http://www.sic.gov.cn/News/250/7737.htm）

潘毅＝盧暉臨（2009）「暴力的根源――掲開建筑業施欠工資的面紗」『南風窓』2009 年第 4 期（転載：http://wen.org.cn/modules/article/view.article.php/1772）

潘毅＝盧暉臨＝張慧鵬（2010）「階級的形成：建筑工地上的労働控制与建筑工人的集体抗争」『開放時代』第 5 号

任焰＝賈文娟（2010）「建筑行業包工制：農村労働力使用与城市空間生産的制度邏輯」

『開放時代』第 12 号

李大君（2013）「無約束的資本・傷不起的工人——建築業農民工職業安全与職業保護調研報告」『中国工人』3 月号

Grossman, Sanford J. and Hart, Oliver D.（1986）, "The Costs and Benefits of Ownership: A Theory of Vertical and Lateral Integration," *Journal of Political Economy*, vol.94, pp.691-719.

Hart, Oliver D. and Moore, John（1990）, "Property Rights and the Nature of the Firm," *Journal of Political Economy*, vol.98, pp.1119-58.

注

1) 加藤は柏の議論に依拠しつつ、中国の経済社会において見出せる「包」の倫理規律について、以下の 5 つの側面があることを指摘している。①仲介業が発達した商品市場の重層構造。②農業経営における多層的な請負関係。③市場価格の外側に発生する「利潤（レント）」を獲得する手段としての「包」。④官僚組織が徴税などの業務を行う際の「包」。⑤請負関係の「束」としての企業経営。「包工制」のケースは、⑤で挙げられた、企業経営が「包」すなわち請負関係の「束」として行われる側面に関わるものと言えるが、後述するように④で示されているような、官僚機構や公権力の性質もこの問題を考える上では重要だと考えられる。

2) こうした背景もあって、1926 年の 3 月に内外綿で発生したストライキでは、職工たちが賃金の値上げと共に「特選工」と呼ばれる中国人役付き労働者の一斉解雇を条件として掲げていた（芦沢 2011）。

3) サプライヤーにとって、特定のメーカーとの取引関係に依存した関係特殊投資は、いったんそれがなされてしまうと他者との取引が困難なため、事後的な交渉においてメーカーに有利な条件契約を飲まざるを得なくなる。「ホールド・アップ」とはこのような状況を指したものである。その結果、サプライヤーにとっての関係特殊投資のリスクが非常に大きくなり、投資を控えるようになるという問題が生じる（「ホールド・アップ問題」））。

4) この場合、ある資産が「経営にとってより本質的」とは、その資産を利用するための人的資本への投資が企業の経営にとってより重要であることを意味する。例えば、保険会社が顧客との保険契約を会社のスタッフが直接行うのか、独立した代理店に委託するか、というケースを考えてみればよい。所有権アプローチによれば、保険の顧客リストが保険業にとってより本質的な資産であり、しかも独立した価値を持つ（どの保険会社にとっても価値を持つ）のであれば、後者の独立系代理店が選ばれるはずである。

5) 戦前の炭鉱労働における包工制（把頭制）においても、採掘の工程が機械化され、作業に機械の操作を含む熟練が必要とされるにつれ、包工制は次第に労働者の社内教育が可能な直轄制に取って代わられていったことが指摘されている（富澤 2017）。

6) さらには、このような有力な仲介者が零細な取引を仲介して束ねることによって、公権力の側からの効率的な管理が可能になる、という構図は、現在のアリババやテンセント、滴滴出行など、現代中国のインターネットを通じた「仲介」のシステムにも受け継がれていると考えられる。梶谷（2017）参照。
7) 2017年5月19日に明治大学現代中国研究所主催で開催された「日中雇用、労使関係シンポジウム——非正規時代の労働問題」における中国からの参加者の多くがこの問題に関して報告を行った。

第16章　中国における新たな労働運動・労使関係の展開とそのゆくえ

石井知章

はじめに

　社会主義中国の成立以来、長年停滞してきた官製労働組合運動の性格を大きく塗り変えた2010年春の一連ストライキは、中国における労働運動の展開のゆくえを占う試金石として、これまでも中国の国内外でさまざまに議論されてきた。それは今では、一つの成功モデルとして、現代中国の労働組合運動史に深く刻まれている。とりわけ、中国広東省仏山市のホンダ部品工場で2010年5月、非正規労働者ら1800名余りの従業員の参加による大規模なストライキが、既存の官製労働組合（以下、工会と略）の改組を「下から」求める「合法的」労働運動として繰り広げられたことは、きわめて重要な歴史的意義をもつものである。
　この成功モデルの安定的運用とその制度化が、伝統的工会がこれまで実現できなかった非正規労働者（主に農民工）の権益を守り、かつそのよりよい労働条件を実現するための基礎をなしている。この当たり前の社会的権利を求めて農民工らとともに立ち上がったのが、広東を中心にその活動を繰り広げてきた労働NGOである。彼らは社会的弱者である一人ひとりの農民工に数々の法的・技術的アドバイスや労働組合と同様に使用者と団体交渉する能力を与えつつ、「非正規」労働運動の組織化を背後で「合法的」に支えてきた。だが、習近平体制の成立後、とりわけ2015年の一斉弾圧により、労働NGOはほとんど壊滅的な打撃を受け、2018年11月現在、その活動はほぼ「風前の灯」というべき状態にある。ここでは、こうした底辺労働者によって自然発生的に組織された

労働組合・労働運動の制度的・社会経済的背景とその今後のゆくえについて考える。

1. 中国における労使関係の「市場化」のプロセス

既述のホンダのストライキに象徴される新たな形態の「非正規」労働運動を可能にしたのは、大きな流れとしてその背景にある労使関係の「市場化」である。この動きは「労働契約法」(2008年)の成立を一つの到達点とする、一連の政治・経済体制改革のプロセスのなかで進んでいった。それは大まかに、以下のような三つの段階を経ている。

第一段階は、1980年代中頃から1990年代はじめにかけてである。それは国営・国有企業改革の一部としての雇用制度改革期であると同時に、労働契約制普及のための前提条件をなす、さまざまな労働改革の試行期間でもあった。西側の資本主義国家とは異なり、社会主義市場経済体制下における中国の労使関係は、自由主義的経済発展とともに自然発生的に形成されたのではなく、むしろ計画経済に対する政府主導の改革の一環として政策論的に築かれた。ここで労使関係の「市場化」とは、経済体制の移行期における中心的局面を含んでいるが、とりわけ80年代後半における趙紫陽の時代には、「所有権と経営権の分離」を背景にして、労働雇用制度の改革として実施されていった。この「所有権と経営権」をめぐる政治・経済体制改革は、企業の「財産権の明確化」と「独立経営」の原則に基づき、労働雇用制度の改革に沿って進められた。それ以前の計画経済体制下における労働者とは、たんに国の財産権の一部を有する「人民」であったにすぎないが、今や労働市場において労働力を提供し、それが自由に売買される「商品」となったのである。この改革の直接的目標とは、労働力が需給の論理によって流通する一つの労働市場を創出することであり、そのうえで「市場化された」労使関係を築くことであった。

第二段階は、ポスト天安門事件期にあたる1990年代初めから2000年代初めにかけてである。それは党＝国家による強力なリーダーシップの下、近代的企業制度の確立を目標としつつ、全面的改革の実施に着手された時期である。国有企業の大部分が市場化されたのにともない、これらの企業の労働者・職員は、

はじめて労働市場における「被用者」となった。また同時に、数億人もの農民が農業から離れ、「農民工」として近代産業に従事するようになり、純粋に市場化された産業労働者となったのもこの時期である。

　第三段階は、2000年代初めから、「労働契約法」が公布、実施された2008年までである。とりわけ、この時期に行われた「労働契約法」の公布・施行は、労使関係の「集団化」への移行の転機となった。それは中国の労働法制史において、従来の関連法を踏襲しつつ、新たな諸条件を生み出したのである。その公布・施行は、労使間の個別交渉に関する法的枠組み構築の初期段階が完了したことを示しており、かつ労使関係と団体交渉に関する起点として、労使関係の団体交渉に関する法的基盤ともなった。

　だが、習近平体制の成立（2013年）以降、中国の政治社会状況はかつて以上に厳しさを増し、当局は労働社会をその中心とする「市民社会」に対する弾圧を大幅に強めてきた。たとえば、改革派の代表的知識人や弁護士らをはじめとして、全国各地の労働分野を含む社会活動家、作家、ジャーナリストなどが、次々と当局による弾圧の対象となっていった。これらはみな、2013年5月、党中央が普遍的価値、報道の自由、市民（公民）社会、公民の権利、中国共産党の歴史的な誤り、権貴資産階級、司法の独立について論じてはならないとする、いわゆる「七不講」（七つのタブー）と呼ばれるイデオロギー統制下でおこなわれてきたことである。だが、こうした中国国内の動きに抗う形で台湾でのひまわり運動」（2014年春）が、香港での「雨傘（オキュパイ・セントラル）運動」（2014年秋）が、それぞれ中国の周辺地域において繰り広げられたが、恐らくはこれらの外部での動きが2015年の広東を中心とする労働NGOに対する弾圧につながっていったことの一因と見られる。こうした一連の動きは明らかに、いわば労使関係の「集団化」の動きに逆行し、「改革」そのものに背馳する第四段階に入ったことを示している。

2．中国における「ストライキ権」の法的位置づけ

　広東省仏山市のホンダ部品工場でのストライキは、「スト権」がいまだに法的には十分に保障されていない党＝国家体制下にある中国の労働社会において

発生したものであり、その特殊な社会的性格を考察するために、この法的権利をめぐる中国の法制史的再検討がその前提作業として求められる。日本を含めた西側社会では、通常、「スト権」は労働組合法や労働関係調整法などの労働法で定められているのに対し、中国における「スト権」は、一貫して憲法によって規定されている。このことは明らかに、「労農国家」たる社会主義中国独自の扱い方を物語っている。

そもそも中国の憲法は、1949年の中華人民共和国の成立以降4回にわたり制定され、それにともない「スト権」に関する規定も変化してきた。まず、1954年憲法では、「スト権」は公民の権利としては規定されず、その後1975年憲法で、「公民は言論、通信、出版、集会、結社、行進、示威、およびストライキの自由を有する」という条文として盛り込まれている。さらに1978年憲法では、「公民は言論、通信、出版、集会、結社、行進、示威およびストライキの自由並びに『大鳴、大放、大弁論、大字報』を行う権利を有する」と規定されるに至る。だが、1982年の現行憲法では、「ストライキの自由」という規定が削除され、「スト権」をめぐる法的地位は、これ以降、法的権利として明確に肯定されないものの、けっして否定されるわけでもないという、グレーゾーンに置かれることとなった。

1982年憲法から「ストライキの自由」が削除されたのは、当時の政治的背景が少なからず関係しているとされるが、だからといって、政府がこれによってストライキを禁止しているわけでもない。当時、憲法から削除された理由としては、1975年憲法に定められた「ストライキの自由」が「極左思想の産物」として、社会主義の発展の利益に相応しくなく、中国の実情に適合しないためとされている。中国の企業は人民に属しているがゆえに、ストライキによる生産の停止は、労働者階級を含む人民全体の利益の破壊であるとされた。たしかに、1975年には、まだ「左」（＝保守派）の強い影響力にあったものの、中国共産党はストライキ関連の法整備に関する思想的、あるいは理論的基礎をすでにある程度は有していた。たとえば、毛沢東は1956年の『中国共産党第八期中央委員会第二回全体会議での演説』で、「労働者によるストライキ、民衆による示威を容認する。示威行為は憲法における根拠がある。今後憲法を改定するにあたり、ストライキの自由を加え、労働者によるストライキを容認するこ

とを強調したい。そうすれば、国と工場長と民衆との間の矛盾を解決するのに役立つ」と指摘しているが、こうしたいわば「鶴の一声」によって、75年憲法に「スト権」条項を盛り込むことが可能になったのである。

　中国政府がストライキ行為の権利を認めていることは、中国の現行法により間接的に表現されているし、労働者の「スト権」についても関連の規定がある。2011年制定の「工会法」では、1992年「工会法」のストライキ、および職務放棄に関する規定が改定されている。これには全国人民代表大会における「経済的、社会的および文化的権利に関する国際人権規約」の批准が関係しているとされる。改定後の「工会法」では、「企業、事業所において作業停止、職務放棄が発生した場合、工会は従業員を代表して、企業、事業所又は関係方面と協議を行い、従業員の意見および要求を報告し、且つ解決のための意見を提出するものとする。企業、事業所は、従業員の合理的な要求を解決するものとする。工会は、企業、事業所が業務を適切に行い、生産および業務の秩序を早期に回復させるのに協力する」（第27条）と新たに規定されている。ここでは「作業停止」という概念が用いられているが、「作業停止」と「ストライキ」は事実上、同義である。同条文は、作業の停止、職務放棄の発生後、まず工会が従業員を代表して使用者側と協議を行い、従業員の意見および要求を報告し、さらに使用者は従業員の合理的要求を解決しなければならず、最後に工会は、生産秩序の早期回復に協力する、というステップを踏むことを求めている。

　さらに重要なのは、2001年2月に全国人民代表大会常務委員会で「経済的、社会的および文化的権利に関する国際人権規約」が批准されたことである。同規約第8条第1項（d）は、「同盟罷業（ストライキ）を打つ権利。但し、この権利は各国の法律に従って行使されることを条件とする」と規定している。中国が同規約採択の際に発表した声明では、この内容に関する保留、またはその他の特別な説明は一切行われなかった。同規約は国際法であり、同規定は中国国内法に対する効力を有するものの、その実現には中国国内における「スト権」関連の法整備が必要となる。恐らくはこの「同盟罷業をする権利」という国際法の原則に基づいて、中国政府はストライキを暗黙裡に容認しているといえるものの、同規約を中国にそのままには適用できないという難しい立場にある。しかし、中国でストライキが違法であるという結論に至れば、中国政府が国際

社会で窮地に立たされることは避けられない。

　たしかに、これらにおいて労働者が「スト権」を有すると規定されているわけではないが、ストライキの解決は、労働者による「スト権」の保持が前提となっていると解釈することが可能である。前掲工会法第27条においては暗に示されているだけであるとはいえ、ストライキの発生に際して求められているのは、（1）労働者・従業員の代表としての工会がその要求を使用者側に報告し、（2）使用者が労働者・従業員の合理的要求を解決し、工会が生産秩序を早期に回復させることである。しかも、前者の行為が、労働者・従業員によるストライキの「合法性」を前提にしたものであると解釈することには、それなりの「合理性」がある。なぜなら同条文は、もしストが非合法であれば、それを行った労働者・従業員をどのように処分・処罰するかを具体的に規定するにとどまり、労働側の代表としての工会が要求を提出し、さらに使用者が労働側の「合理的要求」を解決に導くように要請できなくなるからである。さらに、ストライキ状態を解決し、業務を再開することは、労働側の「合理的要求」の解決を前提としているのであり、ここでは要求の「合理性」が「合法性」を担保しているのだ、ともいえる。こうした条文の表現の意図が、労働者・従業員によるストライキの法的保護にあることは、そのロジックの順序からも読み取れるのであり、この労働側の「合理的要求」とは、ストライキの権利を行使する労働者・従業員には、逆に「合法的要求」であることが求められる。というのも、ここでの「合理的要求」の具体的基準は、一般的には労使双方の協議により決定されるのであり、したがって、ここでの「合法性」は、この労使間協議・交渉を通して形成される「合理性」によってこそ担保されるからである。いいかえれば、ここでの「合法性」の確保には、完全に「法的」には規定しきれない、一定レベルでの「政治的」性格が残されていることになる。この基本的性格は、「市民社会」に対する抑圧的姿勢を強めている習近平体制下にあっても、なんら変わりはないというべきである。

3．「個別的」労使関係から「集団的」労使関係へ

　既述のように、2010年春という一つの突破口を準備していた第3段階（2000

〜2008年）では、それが必ずしもホンダをはじめとする外資系企業のような顕著なレベルではないとはいえ、工会という社会集団を媒介とする労働者による「集団的」労使関係の構築が、とりわけ中国の労働社会において新興領域部分を占めつつあった民間・民営企業で、静かに、しかし着実に進められていた。したがって、ここには一つの「市場化」の流れとして、「個別的」労使関係から「集団的」労使関係という大きな社会的趨勢があったことが裏付けられる。

だが、「個別的」労使関係から「集団的」労使関係への移行とは、仮に市場経済における労使関係の調整に対する客観的要求であったとしても、けっして自然的過程で生じるものではなく、むしろ労使双方の駆け引きという力関係のなかでの人為的過程で生じてくるものである。その移行を促す内的要因のうち主要なものが、一人ひとりの個別の労働者というよりは、むしろ工会などの社会集団によって組織された労働者集団による、いわば「団体的」権利保護に対する「下から」の要求であることはいうまでもない。ここでは「集団的」労使関係が経済と社会のさらなる安定と持続可能な発展を促しており、良好な運営による労使間での不必要な対立の回避が、経営者にとっても団体交渉にともなう労働コスト上昇の抑制というメリットをもたらしている。

たしかに、「労働契約法」の公布は、法的責任の明確化と違法行為により発生するコストに関する規定の強化をもたらし、そのことが労働契約制度の整備と実施を大幅に促進したといえる。そのことは、労働契約の締結率が安定して上昇したことによっても裏付けられる。「労働契約法」施行以前は20％にも満たなかった労働契約締結の割合は、2008年1月から9月にかけて93％にも達しており、それまで進行していた労働契約の短期化に対する効果的抑制につながったことは明らかである。

「労働契約法」の強みは、「個別的」労使関係の交渉手段の一つとして、労働者の権利を法的に保護し、使用者の権利に対する一定レベルでの制限を目的としていることにある。これによって、「個別的」労使関係における「使用者は強く、労働者は弱い」という状況の改善を企図しているといえるが、他方、この法による「外部」からの行政的働きかけだけでは、労使関係の対等化が実現できるわけでないことも明らかである。こうした法的不備を「内部」から補うものこそ、労働者による「下から」の「集団的」労働行為であることはいうま

でもない。なぜなら、労働者自身の「集団的」働きかけがあってはじめて、「法的」根拠に基づくだけでは必ずしも達成できない、労使関係の「均衡」や「自治」が可能になるからである。

　たしかに、中国における政・労・使という三者構成主義の一定レベルの確立、および諸関係労働法の制定により、使用者の義務が規定されるとともに、労働者の権益が保障され、国の監督の下でより「健全なる」労使関係が築かれるようになったのかもしれない。ここで労働者は、工会を設立し、使用者と団体交渉を行ったうえで、双方の権利・義務関係を交渉力で確定するよう求められていることになる。だが、そもそも日本では労働基本権として認められている労働三権（団結権、団体交渉権、団体行動権＝争議権）ですら、法的にきちんと基礎付けられていない中国の現状には、今もまったく変化は見られない。さらに、党＝国家の指導の下で労使関係を築くことが求められつつ、とりわけ安定的な大企業における中華全国総工会という官製工会は、「正規」の労働者・職員によってのみ構成されている。しかも、農民工などの「非正規」労働者は、仮に企業・職場「外」工会によって組織されたとしても、企業・職場「内」の工会からは当初から排除されやすいという差別的構造が、こうした問題の根底に横たわっているのである。

　たしかに、中国における労使関係発達史の第3段階において、「個別的」労使関係から「集団的」労使関係という大きな社会的変化があったことは事実である。中国政府はかねてより、独立性の強い労働NGOの存在そのものを認めない傾向が強かったとはいえ、法的グレーゾーンでは、たとえそれが登録制度上、非合法組織であったとしても、中華全国総工会との一定の協力関係の下、労働NGOそのものの存続をいわば「暗黙の了解」として認めてきた。

　だが、習近平体制という第四段階に入ると、労働NGOなどとともに「集団的」労使関係を健全に育成すべき外部環境はほとんど手付かずのまま、同執行体制成立直後の1年間だけでも、労使紛争の件数は20％近く増加しただけでなく、その後も依然として増える傾向にある。かつて110箇所近くあった労働NGOのうち、とくに非政府組織としての自立性を維持したものは2018年までに10％以下にまで減少し、しかもそれら残存したものはたんに有名無実で、本来の活動が一切できない状況にある。その他は、すでに解体されたか、あるいは

政府系労働アウトソーシング組織としての「上から」の「NGO」へと改組することを余儀なくされている。さらに、2017〜2018年の労使紛争では、誰が組織者なのかいっさいわからない、SNSを通したトラック労働者、タクシー労働者など、全国数万人に及ぶ労働者が個人レベルで一斉にストに参加するといった、対象領域の拡大、労働組織を媒介しない個人間の連帯という傾向が顕著になりつつある。他方、これらの情報に対する当局の管理もますます徹底さをきわめ、マスコミに対する厳格な言論統制はいうまでもなく、SNSでの情報もネットに流れては潰され、また流れては潰されるという「いたちごっこ」を続けている。

おわりに

　既述のように、「労働契約法」は、多くの労働者に法的権利についての理解を深めさせ、労働者の意識に少なからぬ影響を与えている。ここでは、市場経済における労働者としての「集団意識」が自ずと高まり、その結果、労使関係の「集団化」への移行における有力な推進力となってきた。とりわけ、インターネットやスマートフォンの普及によって、若い労働者の間で「集団的」行動が容易にとれるようになったことで、労使間での対等で効果的な団体交渉が可能となり、労働者主体の団体交渉を労使の対等な関係において実現したのである。つまり、「体制外」の労働者によって自発的に行われる「集団的」行動、および法的手段による解決が、「体制内」の労働協約制度の実施を直接的に促進したことになる。だが、健全なる「集団的」労使関係を築くための政府と中華全国総工会、そして非正規労働者を含む広範な労働者集団との相互協力・対話関係は、習近平体制下では目下のところ、大幅に機能不全に陥っているようにしか見えない。これらの関係をよりよく調整すべき労働行政が健全に機能していないという指摘については、中国国内の多くの労働関係研究者・政策立案者らが公的言説空間を失いつつある昨今、ひそかに個人レベルでのみ口をそろえているという状況である。

　たしかに、ネット上での連帯は、すでに「工会」という組織を必要とせずに「集団的」行為を可能ならしめているものの、他方、党＝国家側は、「和諧社会」（調和の取れた社会）という名目で、労使関係の敵対的性格を隠そうとする傾

向を強めている。しかも、さまざまな使用者団体の設立など、資本側には「結社の自由」が大幅に認められているものの、他方、労働側には官製工会たる中華全国総工会による独占的な「団結権」のみが許され、それ以外の労働者集団に対する「結社の自由」は認められていない。だが、かつてトクヴィルが指摘したように、ビジネスや産業に関与する「市民的結社」で小さな仕事の経験を積むなかで、やがて大きな事業を共同で遂行する能力を身につけたとき、「市民的結社」は「政治的結社」の活動を容易にする一方、逆に「政治的結社」がこうした「市民的結社」を発展させ、完成させる可能性をもつであろう。その際、最大の鍵は、資本側と労働側とを問わず、「市民的結社」の経験を積んでいき、そのことが政府に承認された結果、自立的な「政治的結社」としての政治性がこの「市民的結社」に付与されるか否かにある。たしかに、習近平体制下において、そうした前向きな動きもその萌芽も、いっさい確認することが困難な状況にあるのは事実である。だが、「外部」からの行政的働きかけが、「上から」の国家権力を媒介としながらも、現行法に基づく「合法的」なものとして、労働者による「政治的結社」をはたしてどこまで正当化できるかが、今後とも問われ続けることになんら変わりはない。

参考文献

常凱「関与罷工合法性的法律分析——以南海本田罷工為案例的研究」、『戦略与管理』2010年（9・10）、「関与罷工的合法性及其法律規制」、『当代法学』2012年、第26巻第5期、「労働関係的集体化転型与政府労工政策的完善」、『中国社会科学』2013年第6期。

拙稿「『工会運動』から『労働運動』への新展開——労働の非正規化と『非正規』労働運動の胎動」、『世界の労働』、2010年7月、および「中国における社会的対話の推進と労使紛争の解決に向けて」、『DIO』（連合総研レポート）No. 256、2011年1月。

石井知章・緒形康・鈴木賢編著『現代中国と市民社会——普遍的〈近代〉の可能性』勉誠出版、2017年。

拙書『現代中国政治と労働社会——労働者集団と民主化のゆくえ』御茶の水書房、2010年、および『中国社会主義国家と労働組合——中国型協商体制の形成過程』御茶の水書房、2006年。

あとがき

　いつもながら、日中間で学術交流を行うことの難しさと、それを乗り越えることではじめて味わえる喜びという、アンビバレントな思いをかみしめている。すでに3回目とはいえ、その難易度でいえば、今回のシンポジウムの開催と本書の出版は、明らかにこれまでの最高レベルであった。日中間での交流イベントに携わったことのある方々には恐らくご理解いただけるであろうが、他の国々とは異なり、中国との学術交流には、さまざまな面での「想定外」の事態に直面することをあらかじめ十分、覚悟しておかなければならない。それはたとえば、開催直前の日程やタイトルの変更、参加者の入れ替え、論文提出の大幅なる遅延、論文提出後の差し替えや修正、一部参加者の開催直前のドタキャンなど、数々の思わぬ事態であったりする。それらが多くの場合、中国側の背後にある特殊な事情と政治的理由によるものであることはいうまでもない。とくに今回は、日本の中心都市、東京での、しかもすでにある一定の社会的「評価」を得ている、明治大学現代中国研究所主宰での開催なのだから、なおさらである。

　しかし、日中関係は現在、再び安定的な戦略的互恵関係へと、そのプラットフォームを回復しつつある。今回のシンポジウムの開催と本書の出版は、それが本来の相互依存関係へと順調に復帰していることを如実に物語っているといえる。もちろん、その成功には、日中間の舞台裏で、それを支えてきた数多くの人々のたゆまない熱意と努力があったことはいうまでもない。そのことに対して、この場をお借りして、再度、心から感謝の言葉を申し上げておかなければならない。ここで一人ひとりのお名前や大学・研究機関名を挙げることはあえて差し控えたいが、今回、労働分野における日中間での共同作業に携わった数多くの人々が、今後の東アジアにおける「社会的対話」を次のステップへと高めるうえで、さらなる貢献を成し遂げてくださるであろうことは確実である。そうした未来への大きな期待を抱きつつ、今回の成功という基礎のうえで、われわれがさらなる共同作業にともに携われるであろうことに、研究代表者の一

人として、このうえない喜びを感じている。

　今回もまた、御茶の水書房の橋本盛作社長、そして担当の小堺章夫氏のお二人には、本書の出版に際して、物心両面での格別なるご支援を賜った。周知のように、中国の社会科学の分野での出版では、同書房はすでに日本では揺るぎない地位を確立しているうえ、とくに労働分野でのそれは、国内でもトップレベルにある。しかるべき本がしかるべき出版社から出版できたことを、なににもまして幸せに思う。それゆえに、ここでお二人には、とくに衷心より感謝の言葉を申し述べておきたい。

　なお、上記シンポジウムの開催と本書の出版は、日本学術振興会の科学研究費助成事業基盤研究A:「中国における習近平時代の労働社会——労働運動をめぐる法・政治・経済体制のゆくえ」(2016〜2019年)の補助金を得て実現できたことを最後に記しておきたい。

　　2018年11月20日

　　　　　　　　　　　　　　　　　　　　　　　　　石井知章(明治大学にて)

■執筆者紹介 (執筆順)

濱口　桂一郎（はまぐち・けいいちろう）
　　1958 年生れ。1983 年　東京大学法学部卒業。同年　労働省入省。欧州連合日本政府代表部一等書記官（1995 年）、東京大学大学院法学政治学研究科附属比較法政国際センター客員教授（2003 年）、政策研究大学院大学教授（2005 年）、労働政策研究・研修機構労使関係部門統括研究員（2008 年）、などを経て、現在 労働政策研究・研修機構研究所長。主な著作として、『新しい労働社会』岩波新書（2009 年）、『日本の雇用と労働法』日経文庫（2011 年）、『若者と労働』中公新書ラクレ（2013 年）、『日本の雇用と中高年』ちくま新書（2014 年）、『働く女子の運命』文春新書（2015 年）、『日本の雇用紛争』労働政策研究・研修機構（2016 年）、『EU の労働法政策』労働政策研究・研修機構（2017 年）、『日本の労働法政策』労働政策研究・研修機構（2018 年）など。

龍井　葉二（たつい・ようじ）
　　1949 年東京生れ。東京経済大学卒業。日本労働組合総評議会（総評）本部勤務を経て、1989 年より日本労働組合総連合会（連合）にて、総合労働局長、総合政策局長、総合男女平等局長、非正規労働センター長などを歴任。連合総研・副所長（2009～2014 年）。主な著作として、共著『「解雇・退職」対策ガイド』（緑風出版）など。

高須　裕彦（たかす・ひろひこ）
　　1958 年生まれ。埼玉大学大学院大学院経済科学研究科修士課程修了。株式会社総合労働研究所職員、全国一般労働組合東京南部書記長、カリフォルニア大学ロサンゼルス校客員研究員（2004 年）、一橋大学大学院社会学研究科フェアレイバー研究教育センター・プロジェクトディレクターを経て、現在、法政大学大学院フェアレイバー研究所特任研究員。主な著作として、共著『社会運動ユニオニズム　アメリカの新しい労働運動』緑風出版、2005 年、「労働組合運動の新展開：社会運動ユニオニズムの可能性・日米を比較して」『社会政策』第 2 巻第 1 号、2010 年、「格差と貧困大国アメリカの変革：最低賃金の大幅な引き上げはいかにして実現されたか」『季刊労働者の権利』317 号、2016 年など。

花見　忠（はなみ・ただし）
　　東京大学法学部卒業（1953 年）、東京大学大学院特別研究生修了（1958 年）。東京工業大学非常勤講師を経て、上智大学法学部教授（2000 年まで）。ルーバン大学、ハーバード大学ロースクール、コロンビア大学などでの客員教授を経て、中央労働委員会会長、国際労使関係研究協会（IIRA）会長、日本労働研究機構研究所長などを歴任し、現在、弁護士法人松尾綜合法律事務所客員弁護士。主な著作として、『労使間における懲戒権の研究』（勁草書房、1959 年）、『ILO と日本の団結権』（ダイヤモンド社、1963 年）、『労

働組合の政治的役割——ドイツにおける経験』（未来社、1965 年）、『労働政策と労働法』（日本労働研究機構、1993 年）、『労働政策』（日本労働研究機構、1999 年）など。

小玉　潤（こだま・じゅん）

1973 年生まれ。青山学院大学大学院法学研究科修士課程修了。修士（ビジネスロー）。やまのて総合会計事務所職員、UT ホールディングス株式会社職員を経て、現在、ケン・ジャパン株式会社代表取締役、社会保険労務士法人 J＆C マネジメントパートナー代表社員、特定社会保険労務士。主な著作として、『今、あなたが内定をもらったら』（日本中小企業・ベンチャービジネスコンソーシアム編、2014 年 2 月）、「発効目前、日中社会保障協定」（日本法令、『ビジネスガイド』8 月号、2018 年）、「中国社会保険法の現状と留意点」（日本法令、『年金相談』10 月号、2012 年）、「遂に社会保険法施行、保険料負担等の日本企業の対応」（日本法令、『ビジネスガイド』2 月号、2012 年）など。

戸谷　義治（とや・よしはる）

1981 年生まれ。北海道大学大学院法学研究科博士課程単位取得満期退学。日本学術振興会特別研究員、琉球大学法文学部専任講師を経て、現在、琉球大学人文社会学部准教授。台湾・国立勤益科技大学日本研究センター客員研究員（2018 年～）、仏・パリ第十大学客員研究員（2016～2017 年）。主な著作として、『18 歳から考えるワークルール（第 2 版）』（共著）法律文化社 2018 年、『労使関係法の理論課題』（共著）日本評論社 2017 年、『変貌する労働時間法理』（共著）法律文化社 2009 年、「企業倒産における関係者の利害調整と労働者」『日本労働法学会誌』127 号 2016 年、「労使慣行の成立とその改廃及び就業規則との関係」『琉大法学』93 号 2015 年、「期間を定めた労働契約の期間途中における解除の検討」『琉大法学』89 号 2013 年、など。

山下　昇（やました・のぼる）

1971 年生まれ。九州大学大学院法学研究科博士後期課程修了。博士（法学）。日本学術振興会特別研究員（PD）、久留米大学法学部講師・助教授、九州大学大学院法学研究院准教授を経て、2015 年 10 月より同教授。主な著書として、『中国労働契約法の形成』（信山社、2003 年）、山下昇＝龔敏編著『変容する中国の労働法』（九州大学出版会、2010 年）、野田進＝山下昇＝柳澤武編著『判例労働法入門（第 5 版）』（有斐閣、2017 年）など。

常　凱（じょう・がい／チャン・カイ）

博士（法学）。中国人民大学労働人事学院教授を経て、現在、首都経済貿易大学労働経済学院教授。九州大学客員助教授、東京大学客員教授、北海道大学客員教授を歴任。中国人的資源開発研究会副会長およびその労働関係分会会長、中国法学会社会法研究会副会長などを歴任。主な著作として、『労働法通論』、『労権論』、『労働関係学』、『Industrial Relations in China』など。発表された論文として、「労働関係の集団化する方向転換と

完全なる政府労工政策」、「不当労働行為立法を論ず」、「中国におけるストライキ権立法」など百を越える。

鄭　小静（てい・しょうせい／ジェン・シャオジン）
1986年生まれ。中国人民大学人事学院博士課程在学。研究分野は労働関係と労働法。主な研究テーマはインターネット経済における雇用関係、労働権保障、労働契約法、実施効果の評価、労働運動、企業労働関係管理、参謀役と業務システムなどである。学術定期刊行物に10篇近く論文を発表した。学術書2部の翻訳に携わり、5件の研究プロジェクトに参画する。北京師範大学管理学修士。

范　囲（はん・い／ファン・ウェイ）
1981年生まれ。首都経済貿易大学労働経済学院副院長・准教授。博士（法学）。専門は労働法及び労使関係と社会保障法。主な著作として、『工作環境権研究』（中国政法大学出版社、2014年）、『労働法精要与依拠指引』（北京大学出版社、2011年）など。その他、『中国人民大学学報』・『中国人力資源開発』等の学術誌に発表の論文多数。数多くの研究プロジェクト代表をはじめ、中国社会法学会理事、中国人力資源開発研究会労働関係分会常務理事を歴任。

劉　誠（りゅう・せい／リウ・チェン）
1962年生まれ。上海師範大学哲学・法政学部教授。博士（法学）。中国社会法学研究会副会長、アジア労働法学会会長。主要研究分野は、社会法、労働関係。労働契約立法順守保証に関して、米「ニューヨーク・タイムズ」「ニューズウィーク」、英「フィナンシャル・タイムズ」、独「南ドイツ新聞」などに注目され、米国会での証人経験もある。

王　晶（おう・しょう／ワン・ジン）
1960年生まれ。南開大学大学院経済学研究科博士課程修了。博士（経済学）。現在、首都経済貿易大学労働経済学院准教授、中国人力資源開発研究会労働関係分会事務局長。専門は労働三権、集団労働紛争の処理、ネット経済下における労働関係など。最近の研究成果として、「経済下降期における集団労働紛争の特徴と結末」、「企業労働組合改革の可能性と限界──組織の有効性と合法性をめぐって」など。

呂　学静（ろ・がくせい／リュ・シュエジン）
1958年生まれ。流通経済大学大学院経済学研究科博士課程修了。博士（経済学）。現在、首都経済貿易労働経済学院教授、社会保障研究センター主任、博士課程指導教員。人的資源・社会保障部専門諮問委員会メンバー、民政部全国養老サービス専門家委員、中国雇用促進会専門家顧問、中国社会保障学会常務理事、中国社会保険学会常務理事、中国

医療保健研究会常務理事、北京市人的資源・社会保障学会副会長、中国社会学会社会政策専門委員会理事などを兼務。主な研究分野は、社会保障と社会福祉。

曹　霞（そう・か／ツァオ・シア）
韓国嶺南大学大学院経済学研究科博士課程修了。博士（経済学）。南開大学大学院商学研究科人的資源管理学科博士課程修了。博士（管理学）。山西財経大学ビジネス管理学部講師。主要研究分野はフレキシブル雇用、人的資源管理、包括的管理。国家自然科学基金、教育省人文社会科学、中国ポストドクター科学基金各プロジェクトの複数にわたる研究に参加。「管理学報」、「華東経済管理」、「中国人的資源開発」などの学術誌に論考を発表している。

崔　勲（さい・くん／ツイ・シュン）
1983年生まれ。南開大学商学部人的資源管理学科教授、同大学労働関係・人的資源管理センター主任。主要研究分野は労働関係、人的資源管理、組織行為学。中国国家自然科学基金、教育省人文社会科学基金をはじめとする、企業・政府管理のプロジェクトに多数関わっており、国内外で40本以上の論文を発表、単著、訳書を2冊出版している。中国教育省ビジネスマネージメント教学指導委員会委員、中国人的資源開発分野教学・実践研究会会長、労働関係研究会副会長を歴任。

瞿　皎皎（く・こうこう／チュウ・チアオチアオ）
1985年生まれ。南開大学大学院商学研究科人的資源管理学科博士課程修了。博士（管理学）。太原理工大学経済管理学部講師。主要研究分野は、人的管理資源、組織行為学、ブランド管理。国家自然科学基金青年プロジェクトにおける研究に従事。主な著作として、「国有企業員工組織政治知覚対績効行為的影響研究」（知識産権出版社、2015年）など。

阿古　智子（あこ・ともこ）
1971年生まれ。香港大学教育学部博士課程修了。Ph.D（教育学）。在中国日本大使館専門調査員、姫路獨協大学准教授、学習院女子大学准教授、早稲田大学准教授を経て、現在、東京大学大学院総合文化研究科准教授。主な著書に『貧者を喰らう国──中国格差社会からの警告』（新潮選書、2014年）、新保敦子・阿古智子著『超大国・中国のゆくえ5──勃興する「民」』（東京大学出版会、2016年）、阿古智子・大澤肇・王雪萍編著『変容する中華世界の教育とアイデンティティ』（国際書院、2017年）など。

梶谷　懐（かじたに・かい）
1970年生まれ。神戸大学大学院経済学研究科前期博士課程修了、博士（経済学）。神戸

学院大学経済学部准教授、神戸大学大学院経済学研究科准教授を経て、現在、神戸大学大学院経済学研究科教授。専門は現代中国経済論。主な著書として、『「壁と卵」の現代中国論——リスク社会化する超大国とどう向き合うか』（人文書院、2011年）、『現代中国の財政金融システム——グローバル化と中央—地方関係の経済学』（名古屋大学出版会、2011年、大平正芳記念賞受賞）、『日本と中国、「脱近代」の誘惑——アジア的なものを再考する』（太田出版、2015年）、『日本と中国経済——相互交流と衝突の100年』（ちくま新書）など。

■翻訳者紹介

野本　敬（のもと・たかし）

1971年生まれ。帝京大学短期大学現代ビジネス学科専任講師。専門は西南中国地域史・民族史。主な論文として「雲南の歴史と自然環境」（氣賀澤保規編『雲南の歴史と文化とその風土』勉誠出版、2017年3月）、「イ族史叙述にみる「歴史」とその資源化」（塚田誠之編『民族文化資源とポリティクス』風響社、2016年3月）、「清代雲南武定彝族土目那氏の動態にみる官——彝関係」（『国立民族学博物館調査報告』104、2012年3月）など。

清水　享（しみず　とおる）

1967年生まれ。日本大学大学院文学研究科博士課程修了。博士（文学）。日本大学スポーツ科学部教授。専門は中国少数民族彝族の社会・文化・歴史。主な著作として、清水享編『台湾中央研究院傅斯年図書館蔵彝文（儸儸文）文書解題』（2012年3月、東京外国語大学アジア・アフリカ言語文化研究所）など。

本田　親史（ほんだ・ちかふみ）

1966年生まれ。報道機関勤務などを経て、法政大学社会学研究科博士課程修了（2006年）。博士（社会学）。現在、明治大学商学部講師など。専門は東アジア社会研究。主要論文として、「メディア公共圏への中台当局の対応比較」『習近平政権の言論統制』（蒼々社、2014年、所収）など。

中村達雄（なかむら・たつお）

1954年生まれ。横浜市立大学大学院国際文化研究科博士後期課程単位取得満期退学、博士（学術）。明治大学現代中国研究所客員研究員、明治大学兼任講師、東京慈恵会医科大学非常勤講師。主な著作として「蔣経国の贛南における派閥形成について」『現代中国』第83号（現代中国学会、2009年9月）、共著として石井知章・鈴木賢編『文化大革命〈造反有理〉の現代的地平』（白水社、2017年）など。

《編著者紹介》

石井知章（いしい　ともあき）

1960年生まれ。早稲田大学大学院政治学研究科博士課程修了。政治学博士。(社)共同通信社記者、ILO（国際労働機関）職員を経て、現在、明治大学商学部教授、早稲田大学大学院政治学研究科兼任講師。コロンビア大学客員研究員（2017-2018年）、スタンフォード大学客員研究員（2007-2008年）。主な著作として、『中国社会主義国家と労働組合──中国型協商体制の形成過程』御茶の水書房、2007年、『現代中国政治と労働社会──労働者集団と民主化のゆくえ』御茶の水書房、2010年（日本労働ペンクラブ賞受賞）、石井知章・緒形康・鈴木賢編著『現代中国と市民社会』勉誠出版、2016年など。

日中の非正規労働をめぐる現在

2019年1月8日　第1版第1刷発行

編著者　石　井　知　章
発行者　橋　本　盛　作
発行所　株式会社　御茶の水書房
〒113-0003 東京都文京区本郷5-30-20
電話 03(5684)0751, FAX 03(5684)0753
印刷／製本：モリモト印刷

定価はカバーに表示してあります。
乱丁・落丁はお取替えいたします。

Printed in Japan
ISBN978-4-275-02097-0　C3033

中国社会主義国家と労働組合	石井知章 著	A5判・七八四頁・価格七八〇〇円
現代中国の移住家事労働者	大橋史恵 著	A5判・三三二頁・価格七八〇〇円
中国「国有企業」の経営と労使関係	李捷生 著	A5判・四七六頁・価格八二〇〇円
「貧困」の社会学――労働者階級の状態	鎌田とし子 著	菊判・四二〇頁・価格八六〇〇円
世界と日本の格差と貧困――社会保障と税の一体改革	香川正俊 著	A5判・二三六頁・価格三六〇〇円
東アジアの格差社会	塚田広人子 横田伸子 編著	A5判・二七六頁・価格四二〇〇円
日本鉄鋼業の経営・生産管理方式の形成と再編	上田 捷 編著	菊判・一一〇〇頁・価格一七〇〇〇円
鉄鋼業の労働編成と能力開発	木村保茂・永田萬享・藤澤建二・上原慎一 著	A5判・三一〇頁・価格五二〇〇円
仕事の再構築と労使関係	中村眞人 著	A5判・二三〇頁・価格三八〇〇円
接客サービスの労働過程論	鈴木和雄 著	菊判・四三〇頁・価格六六〇〇円
新自由主義と労働	法政大学大原社会問題研究所 鈴木玲 編	A5判・二二七頁・価格四二〇〇円
フランス家族手当の史的研究――企業内福利から社会保障へ	宮本悟 著	A5判・四二〇頁・価格七二四〇円

御茶の水書房
（価格は消費税抜き）